基于CDIO工程教育模式的高职教育教学改革研究

余建军 著

浙江工商大学出版社
ZHEJIANG GONGSHANG UNIVERSITY PRESS

图书在版编目(CIP)数据

基于CDIO工程教育模式的高职教育教学改革研究 / 余建军著. —杭州：浙江工商大学出版社，2017.10

ISBN 978-7-5178-2353-7

Ⅰ. ①基… Ⅱ. ①余… Ⅲ. ①高等职业教育—教学改革—研究 Ⅳ. ①G718.5

中国版本图书馆CIP数据核字(2017)第223289号

基于CDIO工程教育模式的高职教育教学改革研究

余建军 著

责任编辑 刘淑娟 谷树新

封面设计 林朦朦

责任印制 包建辉

出版发行 浙江工商大学出版社

(杭州市教工路198号 邮政编码310012)

(E-mail:zjgsupress@163.com)

(网址:http://www.zjgsupress.com)

电话:0571-88904980,88831806(传真)

排　　版 杭州朝曦图文设计有限公司

印　　刷 杭州恒力通印务有限公司

开　　本 710mm×1000mm 1/16

印　　张 15.5

字　　数 254千

版 印 次 2017年10月第1版 2017年10月第1次印刷

书　　号 ISBN 978-7-5178-2353-7

定　　价 48.00元

前 言

CDIO工程教育模式是由美国麻省理工学院和瑞典皇家工学院等院校经过四年的探索和研究而创立的，是国际工程教育改革的重要成果，其创始人克劳雷（Crawley）教授因该模式荣获美国工程院2010年“戈登奖”，该奖项被誉为“工程界的诺贝尔奖”。CDIO代表构思（Conceive）、设计（Design）、实现（Implement）和运作（Operate）。CDIO工程教育模式以产品研发到产品运行的生命周期为载体，让学生以主动的、实践的、课程之间有机联系的方式学习工程，是“做中学”和“基于项目的教育和学习”的集中体现。CDIO工程教育模式的核心是CDIO能力大纲和CDIO的12条标准。CDIO能力大纲定义了学生培养的具体目标，将工程毕业生的能力分为工程基础知识、个人能力、人际团队能力和工程系统能力四个层面，大纲要求以一体化的培养方式使学生达到这四个层面的预定目标。CDIO的12条标准是具有可操作性的，它包括背景环境、课程计划的设计与实施、学生的学习经验和能力、教师的工程实践和教学能力、学习方法、训练条件及评价标准等。CDIO工程教育模式体现了系统性、科学性和先进性的统一，代表了当代工程教育的发展趋势和前沿进展。

我国高等工科教育面临尽快培养与国际接轨的中国工程师的迫切任务，针对我国工科教育实践中存在的重理论轻实践、强调个人学术能力而忽视团队协作精神、重视知识学习而轻视开拓创新等问题，从2005年起，汕头大学工学院在执行校长顾佩华教授的指导下，开始学习研讨CDIO工程教育模式并加以实施，取得了明显的效果。为了进一步在中国推广这种模式，使CDIO工程教育模式服务于更多的国内高校，在教育部高教司理工处的领导和支持下，我国围绕CDIO工程教育模式开展了各种形式的交流、研讨、推广和培训活动。2016年1月，在教育部原“CDIO工程教育改革试点工作组”的基础上成立了“CDIO工程教育联盟”。CDIO工程教育模式自引入我国以来，大量高校应用CDIO工程教育理念，积极开展理论研究与实践探索，推进工程教育的改革创新，为我国工程技术人才培养做出积极贡献。

工程师和工科高素质技术技能人才同属工程人才的职业谱系，以现代工程师为培养目标的CDIO工程教育模式，对以高素质技术技能人才培养为目标的高职教育的借鉴和参考作用不言而喻，当前不少高职院校从不同层面开展了基于CDIO理念的探索和实践，并取得一定成效。为了借鉴国际经验，提高人才培养质量，浙江衢州职业技术学院信息工程学院在2013年启动了基于CDIO工程教育模式的人才培养模式改革，以计算机网络技术专业为试点专业，试点项目被立项为2013年浙江省高等教育教学改革研究项目(项目编号jg2013336)，本书是该项目的研究成果之一，本书的出版得到该项目经费的资助。

20世纪80年代开始，美国等一些国家发起并构筑工程教育与工程师国际互认体系，该体系有六个协议，其中《华盛顿协议》主要针对国际上本科工程学历(一般为四年)资格互认;《悉尼协议》主要针对国际上工程技术人员学历(一般为三年)资格互认，与我国高职教育相匹配;《华盛顿协议》和《悉尼协议》都以“学习成果”导向(OBE，outcome based education)的认证标准为核心。我国于2016年6月成为《华盛顿协议》正式成员，标志着我国工程教育质量标准实现了国际实质等效。高职教育在专业建设上对接国际标准，参与国际认证，已成为必然趋势。2016年12月，我国成立了《悉尼协议》应用研究高职院校联盟，发表了《南京共识》，虽然我国尚未加入《悉尼协议》，但《悉尼协议》所提出的“以学生为中心、以成果为导向、质量持续改进”的理念，对高职工程技术专业的建设具有很强的指导性和适用性。

OBE和CDIO是互相融通的。起源于美国工程技术认证委员会(ABET)所颁布的EC2000的OBE工程教育，是以“预期学习成果”来驱动整个教育结构的模式，其核心是围绕预期学习成果的持续改进过程;而CDIO工程教育模式实质上是一套实施“基于学习成果的工程教育模式”系统，是以CDIO能力大纲所代表的“预期学习成果”集合来驱动课程内容、教学方法、教育文化等设计的模式，其核心是以结果为导向、以生为本和持续改进，并呈现了三个要素之间的逻辑关系，其中渗透着CDIO工程教育模式的12条标准，并且CDIO能力大纲制定的主要依据之一就是EC2000。CDIO工程教育模式和《华盛顿协议》或《悉尼协议》认证标准相比具有更强的可操作性和可查证性，不仅是专业建设的标准，也是其实施指南。基于CDIO工程教育模式开展高职教育教学改革实践和研究，既能为后续专业建设对接国际标准，参与国际认证，提供实践经验的积累，也能为相关高职教育教学改革实践和研究提供参考。

本书首先介绍了CDIO工程教育模式及其特征，然后从方法论、人才培养规格、教育理论基础、CDIO标准、产学合作和专业认证等视角说明了CDIO工程教育模式在高职教育中的适用性；接着分析了基于CDIO工程教育模式的高职教育教学改革的现状，并指出在理论研究、可持续性、系统性设计、改革实施和评估等方面存在的问题；最后，在分析改革的成功因素、动力机制、策略选择和模式选择等的基础上，提出领导积极推动、加强理论研究、做好系统设计、发挥教师主体作用、整体推进和渐进实施、引导学生积极参与、定期开展改革成效评估等对策和建议，并给出基于CDIO工程教育模式的高职教育教学改革实施路径的建议，以期为在高职教育中推广应用CDIO工程教育模式，提高人才培养质量，提升专业竞争力，贡献绵薄之力。

2017年4月于浙江衢州

目　录

第 1 章　CDIO 工程教育模式

工程教育是受复杂工程环境包围的、处于运动状态的工程系统和教育系统融合的复杂系统，有自身培养工程师的目标，有自身的要素和结构，有自身内部的功能和关系。[1] 工程教育本身是一个复杂系统，又是高等教育体系的有机组成部分，并与政治、经济、科技、文化和社会等有着不可分割的联系。世界范围的工程教育经历了从"技术范式"到"科学范式"的阶段，目前正在从"科学范式"跨进"工程范式"。CDIO 工程教育模式是国际工程教育从"科学范式"跨进"工程范式"过程中，麻省理工学院关于工程教育改革的最新研究成果。

1.1　CDIO 工程教育模式的产生与传播

1.1.1　工程教育的二次革命

自 19 世纪正式出现工程教育之后，工程教育一直在理论和实践之间摇摆，即在工程教育的重点是以理论为主还是以实践为主之间摇摆。[2] 从 19 世纪到第二次世界大战的一百余年间，工程教育经历了从传授工匠技艺技术开始的技术教育的"幼年期"。在该阶段，工程教育虽然完成了由作坊学徒模式到课堂讲授模式的转变，但仍旧注重传授技术技能、技艺技巧，采用经验主导、面向工程实践的模式，并不强调学科性知识的教授，即属于"技术范式"[3]。随着社会经济技术的发展，人们逐渐认识到，所有技术工作在方法、数学和科学上都有一个共同基础，数学理论和科学的普遍原理能将以实践和熟练经验为基础的技术提升到更高水平，特别是在第二次世界大战期间，原子弹和雷达的发明所发挥的关键作用，使欧美、苏联等国家认识到了科学的重要性,使得在第二次世界大战之后,科学进入工程教育领域,工程教育发生了第一次革命性变化,即工程教育的科学化,强调科学作为工程的基础,基于科学导向进行工程教育的课程设置,实现工程教育从"技术范式"到"科学范式"的转移,麻省理工学院的教授万尼瓦尔·布什(Vannevar Bush)于1945年提交给总统的报告《科学:没有止境的前沿》[4]、美国工程教育学会于1955年发表的《格林特报告》[5]等代表了工程教育科学化的起步,重理论轻实践、重分析轻综合、重技术轻人文成为"科学范式"工程教育的最大特征。

20世纪70年代开始,石油危机、现代环境运动、美国取消超音速运输项目、美国工业渐次退出一系列产品领域的霸主地位、英国经济发展滞缓等一系列事件,导致工业界、学术界和工程教育界都对工程教育所培养的学生与工业界期望不匹配、工程教育严重偏离工程实践等问题进行质疑和反思。进入20世纪80年代,工程实践需求与工程教育供给之间的矛盾在新的经济社会发展环境下日渐突出。英国工程专业调查委员会(CIEP)于1980年1月发表的《工程:我们的未来》[6]报告,以及美国国家研究理事会(NRC)与国家科学基金会(NSF)的《美国工程教育与实践》报告,大力呼吁工程教育必须直面国家利益和现代工业的新需求,揭开了波及全球的新技术革命浪潮冲击下的工程教育改革序幕。作为美国工程教育发展史上始终扮演着先锋角色的麻省理工学院,在1989年发表了它的研究报告——《美国制造:夺回生产的优势》,[7]报告中指出,"战后工科课程计划向着工程科学方向演进是不可避免的,也是合理的,理论和实践都是现代工程教育的基本组成部分;但在今天,钟摆很可能已经荡过了头,过分偏离了真实问题的解决,大学只是教工科学生去分析系统,而没有真正地教学生去设计系统"。1994年,麻省理工学院的维斯特(Vest)校长发表了《我们的革命》,[8]提出再造工程教育的四点主张:(1)工程教育必须坚决回归到工程实践的根本。(2)重构课程计划并增添工程新内容。(3)学生需要接受工程设计和实践的完整训练。(4)增加人文社会科学素养,以开阔眼界。同年,麻省理工学院工学院院长莫西斯(Joel Moses)推出新的学院发展规划——《大E工程:集成的工程教育》,[9]莫西斯教授果断地宣称"我们正在招回工程的灵魂"。麻省理工学院将工程定义为"关于科学知识的开发应用以及关于技术的开发应用的,在物质、经济、人力、政治、法律和文化限制内满足社会需要的一种有创造力的专业"[10],直指工程的"实践性""综合性"和"创造性"的灵魂与本质,由此开启的工程教育的转型和模式创新探索，渐渐把"回归工程"的第二次革命推向深入与高潮，以工程本来面貌为标志的"工程范式"逐渐形成。

需要强调的是，"技术范式"的工程教育强调的是以技术图纸、应用手册和公式等为主的工程实践；"科学范式"的工程教育强调科学和工程科学，以科学原理的应用为主；而"工程范式"的工程教育，并非简单地退回到"技术范式"，而是强调工程的整体性、综合性和跨学科性的实践本质，强调工程专业创造性地满足社会需要的社会责任，强化在"科学范式"时期被冷落的设计制造、工程管理、工程服务与专业伦理等教育，回归工程的本位。

1.1.2 CDIO工程教育模式的产生与发展

作为对校长的《我们的革命》和工学院规划的《大E工程：集成的工程教育》的具体回应，麻省理工学院航空航天工程系的克劳雷(Crawley)教授和他的同事着手推动"回归工程"的工程教育改革，围绕工程教育的两个中心问题：(1)工科学生毕业时，他们学到的全部知识、能力和态度应该有哪些？掌握的水平如何？(2)如何能更好地保证学生学到这些知识和能力？应用"工程问题求解范式"，酝酿CDIO工程教育模式改革计划。术语CDIO即构思(Conceive)、设计(Design)、实现(Implement)和运作(Operate)之意，CDIO所构成的不仅是一个工程产品、过程或系统从概念研发到运行服务的完整的生命周期，也是人类的一种实践性活动的完整过程。

1997年麻省理工学院航空航天工程系将CDIO工程教育模式作为推动改革的主要抓手，并在1999年与瑞典的皇家理工学院、林雪平大学、查尔摩斯工业大学等三家瑞典大学就开展CDIO工程教育模式改革进行跨国合作研究。其中，瑞典的查尔摩斯工业大学、皇家理工学院、林雪平大学分别在机械工程学院、汽车工程学院、电子工程学院实行CDIO工程教育模式改革，而美国的麻省理工学院则在其航空航天工程系进行CDIO工程教育模式改革。CDIO项目作为跨国合作研究项目于2000年获得克纳特及爱丽丝·瓦伦堡(Knut and Alice Wallenberg)基金会近2000万美元的巨额资助。

2001年，麻省理工学院发表了它的"第一号CDIO报告"，题为《CDIO能力大纲：本科工程教育的目标声明》[11]以及CDIO能力大纲1.0版[12]，回答了工程教育的第一个中心问题，即培养什么样的人的问题，CDIO能力大纲集成了麻省理工学院自1988年起逐步完善的跨世纪本科工程教育目标，以及美国工程技术认证委员会（ABET）的2000标准和波音公司要求的工程师标准，并且与联合国教科文组织“学习知识”“学习做人”“学习生存”和“学习做事”的教育四项基本原则完美对接；2002年，贝尔法斯特女王大学加入合作；2004年，发布了CDIO标准1.0版[12]，回答了工程教育的第二个中心问题，即如何培养人的问题，同年成立了CDIO国际合作组织，最初成员包含10所大学；2005年，CDIO国际合作组织第一届大会召开，该模式正式走向国际，并在全球获得响应，此后CDIO国际合作组织大会每年在全球陆续举行；2009年，CDIO国际合作组织第五届大会在新加坡召开，这是该大会首次在欧美之外举行；2010年，研发CDIO能力大纲2.0版[12]和CDIO标准2.0版[12]（2011年发布），同年，由于基于CDIO工程教育模式的改革效果显著，并对国际工程教育及课程改革产生了深远影响，CDIO工程教育模式的创始人克劳雷教授荣获美国工程院“戈登奖”，该奖项被誉为“工程界的诺贝尔奖”。至2016年7月底，全球已经有136所大学加入该组织，至于借鉴CDIO工程教育模式进行教育教学改革的学校远不止于此。

总之，CDIO工程教育模式作为国际工程教育改革的最新成果，自创立以来，得到国际工程教育界的广泛认同，并得到广泛传播。

1.1.3 CDIO工程教育模式在中国

在中国，20世纪80年代开始改革的工程教育几乎全盘接受了美国的“科学范式”，存在重理论轻实践、强调个人学术能力而忽视团队协作精神、重视知识学习而轻视开拓创新能力培养等诸多问题。面对尽快培养与国际接轨的中国工程师的迫切任务，从2005年起，汕头大学在执行校长顾佩华教授的指导下，开始在中国率先引入CDIO工程教育理念，通过学习研讨CDIO工程教育模式，结合我国的实际情况，在工学院全面进行工程教育改革，提出新的工程教育模式EIP-CDIO，[13]并加以实施。EIP（Ethics，Integrity，Professionalism）是指讲道德、讲诚信和职业化。EIP-CDIO工程教育模式是汕头大学鉴于我国在职业化和职业道德方面的教育欠缺，所提出的全新高等工程教育模式，EIP-CDIO工程教育模式以工程设计为导向，注重职业道德与诚信并与构思—设计—实现—运行进行有机结合，以提升学生个人能力、团队能力和系统调控能力，从而实现高级工程专业人才的培养。2006年，汕头大学加入CDIO国际合作组织，成为中国在该组织的首个成员。

2007年11月5日，教育部组织的“2007年中国高等工程教育改革论坛”在汕头大学召开，汕头大学的顾佩华教授，在会上对工学院正在实施的EIP-CDIO工程教育实践情况做了详细的汇报。2007年11月6日，“2007年国际CDIO研讨会”在汕头大学举行。

2008年4月，教育部高等教育司发文成立“CDIO工程教育模式研究与实践课题组”，课题组的任务是研究国际工程教育改革情况和CDIO工程教育模式的理念及做法；对我国工程教育改革情况进行调研并指导有关院校开展CDIO工程教育模式试点工作；组织开展CDIO工程教育模式的研讨与交流活动。课题组成员来自国内15所高校和4家企业以及高等工程教育研究编辑部，汕头大学顾佩华教授担任组长，华中科技大学王乘教授、北京交通大学查建中教授和浙江大学王沛民教授担任副组长，秘书处办公室设在汕头大学。

2008年12月14日—15日，教育部高教司理工处和汕头大学联合主办了CDIO工程教育模式试点工作会议。会议确定了第一批18所CDIO试点高校名单，并成立了CDIO试点工作组，决定由汕头大学任试点工作组组长单位并作为秘书处常设地点，成都信息工程学院任副组长单位，燕山大学、成都信息工程学院、合肥工业大学、广州大学分别作为机械类、电气类、化工类和土木类的专业类小组召集单位。

2009年3月，第一次试点工作会议在北京举行，中国CDIO网站开通。

2010年4月，第二批21所CDIO试点高校产生，全国共计有39所高校在开展CDIO试点工作。

2011年5月，CDIO区域性国际会议在北京召开，大会由北京交通大学主办，清华大学、北京航空航天大学、汕头大学、北京石油化工学院等单位协办，来自全球的100多所大学、20多家企业的430多位代表参加了大会，国内参会学校中，既包括一些国内“985”“211”院校，如清华大学、北京航空航天大学、天津大学、北京交通大学等，也包括一些地方本科和高职高专院校，如温州大学、苏州工业园区职业技术学院、石家庄铁路职业技术学院等。作为国内CDIO研究和实施最佳实践的代表院校之一，大连东软信息学院校长温涛做了题为《构建一体化TOPCARES-CDIO人才培养模式》的英文报告，分别从培养目标、培养方案、教学方法、教学实践环境和质量管理与保障五个方面，对CDIO工程教育模式的理论和实践方面的经验做了介绍。从2008年开始，大连东软信息学院借鉴CDIO工程教育模式，基于“教育创造学生价值”的理念，在继承CDIO的基础上，创造性地将CDIO工程教育模式中国化和本校化，在充分考虑学生、教师、产业和社会等利益相关者的需求基础上，结合中国高等教育的实际和IT行业的人才需求标准，针对学校IT专业的设置情况，在继承的基础上对CDIO能力大纲做了创新，构建了具有东软特色的TOPCARES-CDIO“八大能力”指标体系，在此基础上提出了TOPCARES-CDIO一体化人才培养模式，并在全校范围内全面进行TOPCARES-CDIO教育教学改革。

2011年6月，我国CDIO试点工作组副组长单位成都信息工程学院加入国际合作组织，与清华大学、北京交通大学、汕头大学等高校同属CDIO国际合作组织亚洲区域中心成员。

2012年7月，大连东软信息学院和北京石油化工学院成为CDIO国际合作组织正式成员，与清华大学、北京交通大学、汕头大学、成都信息工程学院等8所中国高校同属CDIO国际合作组织亚洲区域中心成员。

2008年至2013年，全国CDIO试点工作组先后开展了“CDIO工程教育模式试点工作会议”“CDIO工程教育模式与实践培训班”“CDIO工程教育模式骨干教师培训班”“CDIO工程教育模式高级研修班”“中国CDIO工程教育年会”等一系列活动，为推动CDIO工程教育模式在中国的推广做出了很大努力，并取得了明显成效。

2013年5月，由教育部CDIO试点工作组主办，广州大学和汕头大学承办的中国CDIO工程教育2012年会在广州召开，年会以“工程教育质量与可持续发展”为主题，旨在促进CDIO工程教育持续改革和全面提高高等工程教育质量。顾佩华教授做了题为《CDIO工程教育与工程专业认证》的闭幕词，论述了CDIO教育模式与《华盛顿协议》[14]认证标准在基于学习产出的工程教育模式OBE[15](Outcomes-Based Education)上的契合性，着重阐述了基于学习产出的工程教育模式的特征和认证重点，并就中国加入《华盛顿协议》组织后，各工程类专业如何准备认证进行了详细讲述，还对中国工程教育未来发展所面临的机遇和挑战进行了前瞻性思考。

2013年11月，由教育部CDIO试点工作组主办，汕头大学承办，中国石油大学(北京)协办的中国 CDIO 工程教育 2013 年会在北京召开。本次年会以“迎接新工业革命挑战,创新工程人才培养模式”为主题,顾佩华教授介绍了汕头大学面向工程认证的 CDIO-OBE 工程教育改革情况,指出汕头大学 CDIO-OBE 工程教育模式实践,是以 CDIO 工程教育实践为基础,借鉴、挖掘和利用 CDIO 工程教育所蕴含的思路与主旨,结合国际工程教育改革及工程教育认证的 OBE 发展趋势,对两者内在关联进行有机整合基础上的再创新。

2015 年 6 月,CDIO 国际合作组织大会(第十一届)首次在中国召开,会议由成都信息工程大学和汕头大学联合承办,会议主题为“合作与发展”,来自近 40 个国家的国际高水平工程类高等院校及科研院所的资深专家、教授 300 余人参加本届年会。顾佩华教授主持了围绕 OBE、CDIO 和工程认证的大会主题研讨会,围绕“CDIO 如何开展”“如何克服障碍”“CDIO-OBE 与专业认证的关系”等主题,顾佩华教授分享了汕头大学 CDIO-OBE 改革的经验与心得。

2016 年 1 月,在教育部原“CDIO 工程教育改革试点工作组”的基础上成立“CDIO 工程教育联盟”,目前共有 10 所“985”院校、26 所“211”院校和 69 所普通高校加入联盟。在成立大会的 CDIO-OBE 教学模式研讨会分会场,汕头大学的教师,发展与评估中心主任陆小华,介绍了汕头大学 CDIO 工程教育改革与 OBE 教学体系的构建;汕头大学工学院副院长林鹏汇报了基于 CDIO-OBE 的一体化教学体系的构建与实施;喻莹副教授、王英姿副教授分别介绍了基于 OBE 的课程、项目设计的构建与实施。

2016 年 3 月,CDIO 亚洲区会议暨亚洲工程教育会议在燕山大学召开,共有来自 12 个国家和地区的 260 余名代表参会。会议围绕“CDIO 与工程教育认证”“全球化和创新时代背景下工程教育的现状与未来”两个主题进行了深入交流。

2017 年 4 月,CDIO 工程教育联盟会议在杭州召开,来自全国“985”“211”等 100 余所高校和单位的 600 余名专家学者和代表参加会议。大会围绕“建设新工科背景下的 CDIO 工程教育改革与发展”主题,深入探讨了新形势下如何创新发展 CDIO 工程教育,推进新工科建设、创业创新教育、工程认证和卓越计划实施等内容。

CDIO 工程教育模式自 2005 年引入我国以来,十余年间,CDIO 工程教育模式在中国教育界逐渐萌芽、扎根、开花和结果,除试点高校以外,还有大量高校以不同形式、不同程度地学习、研究、借鉴、探索或实践 CDIO

理念，CDIO理念也已超越了工程教育的范畴，在商学、艺术、传媒、体育等专业领域被广泛地研究、借鉴或应用。

1.2 CDIO工程教育模式简介

1.2.1 工程和工程师

历史上对工程有很多种不同的定义，英国工程师、作家托马斯·特雷德戈尔德(Thomas Tredgold)认为“工程是为了人类的利益而综合利用自然资源的一种艺术”。美国工程教育协会则把工程定义为“一种把科学和数学原理、经验、判断和常识运用到造福人类的产品制造中去的艺术，是生产某种技术产品的过程或满足特定需要的体系”。“工程”实际上是人们将自然科学和数学结合起来的某种应用，这种应用在人类古代社会就已经存在，当时人们发明了滑轮、杠杆、轮子等工具并运用到生产生活当中，以节省人力和提高生产效率。后来随着科技的发展，人们开始建造更加复杂，功能更加强大的“人造系统”(比如汽车、飞机、轮船、建筑物等)来为人类服务。到了现代，工程所涵盖的内容也越来越丰富，同时也具有了新的意义。麻省理工学院把“现代工程”理解为人们利用现代科学知识和技术手段，创造满足社会的物质及文化需要的产物。随着人类历史的发展，现代工程已经延伸到了人类的社会、经济、环境、教育等各个领域，成为人类社会生活不可分割的一部分。

工程师，顾名思义，是指专门从事工程工作，具有深厚的数学、自然科学和工程科学知识，能够把工程原理和超出技术范畴的经济、社会、法律、艺术、环境和伦理等问题结合起来，从而去创造人类社会还不存在的人工物来为人类服务的那样一些人。工程师和科学家往往容易混淆，科学家努力探索大自然以发现一般性法则，工程师则遵照此既定法则，在数学和科学的基础上，解决技术问题；科学家探索世界以发现普遍法则，工程师则使用普遍法则以设计实际物品。传统的工程师主要在相关行业的生产技术领域和研究开发部门工作，担负的职责不外乎研究、设计、开发、生产、建造、安装、运行与维修，以及管理等。但现代的工程师不仅仅只限定于这些技术领域，他们的范围已经拓展到经济、商务、社会等各个领域，出现了经济工程师、商务工程师、系统工程师等新兴职业。这也表明,新世纪的工程人才培养,要更加注重体现素质的教育和全面的发展。

1.2.2 现代工程师的职责

工程师的工作是通过个人的创造服务于社会。航空工程的先驱者、美国加州理工大学的冯·卡门(Von Karman)教授曾说,“科学家研究已有的世界,工程师创造未有的世界”。当代工程师领导或参与产品、过程和系统生命周期的各个阶段,也即构思、设计、实现和运行,如软件工程的任务是构思、设计、编写和运行软件,制造工程师的任务是针对产品和系统的制造过程进行规划、设计、实现和运行,需要强调的是,当代工程师总是以团队的形式开展工作。

构思阶段的任务包括确定客户需求、技术战略、企业战略、开发理念、技术计划和商业计划等;设计阶段的任务集中在创建设计,包括计划、图纸和描述产品、过程和系统实现的方法和算法等;实现阶段的任务是完成从设计到产品的转变过程,包括硬件制造、软件编程、测试和验证等;运行阶段的任务是用实现了的产品、过程和系统为用户提供预期的价值,包括对系统的维护、改造、回收和报废。各阶段的详细任务见表 1-1。

表 1-1 构思—设计—实现—运行四阶段任务

构思		设计		实现		运行	
使命	概念设计	初步设计	详细设计	元件制造	系统整合与测试	全生命支持	演化
商业战略	需求功能	需求定位	元件设计	硬件制造	系统整合	销售和铺货	系统改进
技术战略	概念技术	模型开发	需求确认	软件编程	系统测试	运行物流	产品家族扩张
客户需求	构建平台计划	系统分析	失效和预案分析	资源元件测试	改进取得认证	客户服务	报废
目标竞争	市场定位	系统解构	确认设计	元件改进	投产	维护和维修	
项目计划	法规	界面要求			交货	回收升级	
商业计划	供应商承诺						

1.2.3 CDIO理念

基于需求决定论的价值观，根据现代工程师的社会角色是领导或参与产品、过程和系统的构思、设计、实现和运行，即领导或参与产品、过程和系统的生命周期，确定工程教育的目标是将学生培养成具备在一个现代的、基于团队的环境下构思—设计—实现—运行复杂、高附加值的工程产品、过程和系统能力的"整装待发"的工程师，也即在其从事职业前具备较好的工程能力和深厚的技术基础知识[16]，这是工程教育的逻辑起点。CDIO工程教育模式最大的创新和理念是以产品、过程和系统的构思、设计、实现和运行的生命周期作为工程教育的背景环境，其主要依据是产品、过程和系统的构思、设计、实现和运行是：(1)工程师所做的工作。(2)工业界向工程教育提出的工科毕业生所需要的能力。(3)培养工程学生能力的自然背景环境。CDIO工程教育模式的核心信念是，个人能力、人际交往能力，以及系统、过程和产品建造能力必须在真实的工程实践和解决问题的过程中取得。

1.2.4 CDIO工程教育模式的教育理论基础

以产品、过程和系统的构思、设计、实现和运行的生命周期作为工程教育的背景环境的理念，并非仅仅建立在经验的基础上，还建立在学习的理论和模式的应用上。CDIO工程教育模式基于经验学习理论，根植于建构主义和认知发展理论。[16]

CDIO改革所依赖的认知发展理论关于学习的三个重要原理是：第一，学习的精要，是教导学习者对新的内容应用他们已有的认知结构；第二，因为学习者不能应用他们不具备的认知结构，所以必须首先依靠自己进化出的基本的认知结构；第三，如果想教会一个学习者掌握完全超出他现有认知发展阶段的概念，对于教导者和学习者来说都是浪费时间。

认知发展理论和社会心理及社会学习理论共同为建构主义理论提供历史铺垫，建构主义的基本假设是：学习者所学到的内容是他的背景环境、活动和目标的函数。建构主义认为，学习者本人构建他们个人内在的知识架构，而新的知识则添加在原来的架构之上，即学习者根据以前的经验测试概念，并将这些概念应用于新的环境，然后将新概念与原先的知识整合在一起，从而主动地构建自己的知识。建构主义认为，帮助学生处理新信息并同他们已有的知识建立有意义的联系，是教与学的基本要求。当前，建构主义和社会学习理论已经被用于很多课程计划和教学模式，如基于建构主义的探究式教学、案例教学和基于问题的教学等，而CDIO工程教育模式聚焦于其中一个模式，被称为经验学习。

"经验学习可以定义为创造经验并将其转化为知识、能力、态度、价值观、信仰和感受的过程"[16]，美国社会心理学家、教育家，著名的经验学习大师大卫·库伯(David Kolb)认为经验学习过程是由四个适应性学习阶段构成的环形结构，包括具体经验，反思性观察，抽象概念化，主动实践。[17]具体经验是让学习者完全投入一种新的体验；反思性观察是学习者在停下的时候对已经历的体验加以思考；抽象概念化是学习者必须达到能理解所观察的内容的程度，并且吸收它们使之成为合乎逻辑的概念；到了主动实践阶段，学习者要验证这些概念并将它们运用到制定策略、解决问题中去。大卫·库伯同时给出经验学习的六大特征：(1)对学习的最好理解是这样一个过程，概念衍生于经验，而又持续地修正经验。(2)学习是基于经验的一个连续的过程，即学习者通过对某问题多少有些清晰的想法而进入学习的境地，而有些想法可能是错误的理解。(3)学习的过程需要适应世界上两种相对立模式的紧张关系，学习者从具体经验到抽象概念和从反思观察到主动经验需要不同的能力。(4)学习是面向世界的一个全方位的过程，即学习活动比在教室里发生的事情要宽广得多。(5)学习需要学习者同真实世界进行互动。(6)学习是一个创造知识的过程，这是建构主义的传统理论。

基于经验学习理论的CDIO工程教育模式给学生创造一种具有双重影响的学习经验。一方面，以产品、过程和系统的构思、设计、实现和运行的生命周期作为背景，进行经验学习活动设计，以此提升学生的个人能力、人际交往能力，以及产品、过程和系统的建造能力；另一方面，这些学习经验让学生发展他们的知识结构，使他们能够更深入地学习和理解技术基础知识。

1.2.5 CDIO工程教育模式的核心内容

工程教育需考虑的两个中心问题是：工科学生毕业时，他们学到的全部知识、能力和态度应该有哪些？掌握的水平如何？如何能更好地保证学生学到这些知识和能力？CDIO工程教育模式，是以麻省理工学院领衔的CDIO创新国际合作组织对上述两个问题的回答。CDIO工程教育模式继承和发展了欧美几十年来工程教育改革的理念，是系统论在工程教育领域的成功实践，CDIO工程教育模式创造性地解决了现代工程教育中的两个关键目标之间的紧张关系，即学生既要具有严格的科学根底，又要具有解决实际问题的关键技能和态度认知，也就是理论与实践的关系问题。CDIO工程教育模式是将工程科学、工程学科知识和工程实践能力整合为一体的工程教育，体现了系统性、科学性和先进性的统一，代表了当代工程教育的发展趋势。

CDIO工程教育模式的核心内容包含1个愿景、1个CDIO能力大纲和12条CDIO标准。CDIO能力大纲和CDIO标准是CDIO工程教育模式提供的工程教育的最佳实践框架，是将学生培养成符合工业界需求的合格工程师的指南，是用工程的方法培养学生的工程实践能力，并使学生掌握工程实践所需的技术知识。CDIO工程教育模式以CDIO能力大纲和12条标准为基础，以工程项目从研发到运行的生命周期为载体，让学生利用课程之间的有机联系，以主动的、实践的方式学习和获取工程能力。

CDIO工程教育模式的愿景是为学生提供强调工程基础并以真实世界的系统、过程和产品的构思—设计—实现—运行的生命周期作为背景环境的工程教育，从而使学生能够实现以下目标：

(1)掌握深厚的技术基础知识。基础知识的学习靠的是理解而不是死记硬背，理解概念可以使人在各种不同的特例或环境下对知识进行灵活的应用，而光靠记忆和背诵是远远达不到这一层面的；传统的讲授教学方法，实际上就是期望学生在被动的听讲过程中取得知识；而CDIO工程教育模式，是让学生自己构建他们的知识，通过深入的学习去更好地掌握技术基础知识。

(2)领导开发和运行新产品、过程和系统。该目标意指工程教育需要为学生工程职业生涯做好准备。开发和运行新产品、过程和系统的能力要求将工程教育的目标指向个人、人际交往能力及系统、过程和产品建造能力。

(3)理解研究与技术开发对于社会的重要性和战略影响。我们的社会极大地依赖科学家和工程师在解决问题方面所做出的贡献，他们解决了从健康到环境，乃至保持国家竞争力等一系列问题。工程教育毕业生必须对科学和技术的社会角色有内在的理解，并负起相应责任。

根据当代工程实践准则所开发的CDIO能力大纲，从技术学科知识、个人、人际交往能力和工程系统建造能力等四个方面，明确了融合知识、能力和态度要求的工程教育人才培养规格，并通过对每个方面的逐层细化，构成课程设计和评估的基础，使工程教育改革具有更加明确的方向性和系统性。

具有可操作性的能力培养、全面实施，以及检验测评的12条CDIO标准，从专业培养理念、培养目标制定、一体化课程体系、工程实践场所、教与学的方法、教师能力提升、学习考核和专业评估等八个方面，给出标准化形式的专业设计、全面实施、评估和发展的指南。

1.3 CDIO能力大纲

1.3.1 CDIO能力大纲的制定依据和目标

19世纪至20世纪中期，建立在工程实践基础上的工程教育，是当时经济社会发展的需要；同样，在20世纪下半叶，工程教育经历了从基于工程实践到基于工程科学的发展历程，这也是由当时社会经济发展所决定的；然而，随着社会经济的进步，技术的发展，基于工程科学的工程教育的弊端越来越明显。20世纪末开启的将工程科学及工程实践进行最优融合的变革是顺应社会经济发展的必然。CDIO工程教育模式作为该场变革中兴起的教育模式，针对科学知识和实际能力的培养目标间的紧张关系，以现代工程实践对工程师的实际需求为问题起点，提出了在工程教育培养中注重学生实际能力和理论水平的平衡培养的解决方案，即该模式立足于解决工科学生培养过程中，技术基础知识和个人、人际交往能力，以及产品、系统和过程建造能力之间争夺时间和资源的矛盾问题，该模式不是在两者之间的妥协，而是同时保证两者的需要。

针对工程教育的第一个中心问题，工科学生毕业时，他们学到的全部知识、能力和态度应该有哪些？掌握的水平如何？换句话说，以工程师为培养目标的工程教育所希望得到的教学效果是什么？CDIO工程教育模式以现代工程实践对工程师的实际需求为依据，制定了CDIO能力大纲，对工程教育提出了明确的培养目标，即具备较好的工程能力和深厚的技术基础知识。CDIO 能力大纲是 CDIO 工程教育模式对工程教育的第一个中心问题的回答，并且在科学知识和实际能力的培养目标上进行平衡；同时作为课程设计和评估的基础的 CDIO 能力大纲，建立了一个清晰、完整、系统、详细和可观测的工程教育目标。

1.3.2 CDIO 能力大纲的内容和结构

2001 年，麻省理工学院航空航天工程系的克劳雷教授发布了第一版的 CDIO 能力大纲——The CDIO Syllabus V1.0。CDIO 能力大纲的内容和结构的选择主要基于三个目标：(1)创建一个基本原理非常清楚的结构。(2)获得一个与其他资源相关的全面的高层目标集。(3)创建一个清晰、完整而且一致的标题集以便于实现和评估。

基于工程实践的需求，根据现代工程师职能，确定工程教育需要培养的是在现代团队式的环境中，具备构思—设计—实现—运行复杂增值的工程、过程和系统能力的工程师，由此进一步确定工程教育人才培养目标，是掌握深厚的工程基础知识，具有引入新产品和新系统的创新能力，并能理解研究和技术发展的价值。通过对工程教育利益相关者——学生、工业界、大学教师和社会等的调查，参考美国工程技术认证委员会(ABET)推出的工程认证标准 EC2000，[18] 以及波音公司提出的工程师品质标准[19] 等业界标准，并经过评估和同行审查，最终完成 CDIO 能力大纲的开发。图 1-1 说明了从需求到目标再到 CDIO 能力大纲的制定过程，以及将大纲整合到课程计划的过程。

CDIO 能力大纲采用层次结构，第一层如图 1-2 所示，具体分为四个主题：技术知识和推理；个人能力、职业能力和态度；人际交往能力，包括团队工作和交流；在企业和社会环境下构思、设计、实现、运行系统。其中，第一主题取决于各专业具体要求；第二主题主要集中在学生个人的认知和情感能力的发展上，包括工程推理和问题解决能力、实验能力和知识探索能力、系统思维能力、批判性思维能力及职业道德等；第三主题主要集中在个人和团体之间的互动上，如团队工作能力、领导能力和交流能力等；第四主题强调产品、过程和系统建造能力。CDIO 能力大纲包含一整套个人和专业能力的品质，其核心是实践能力。

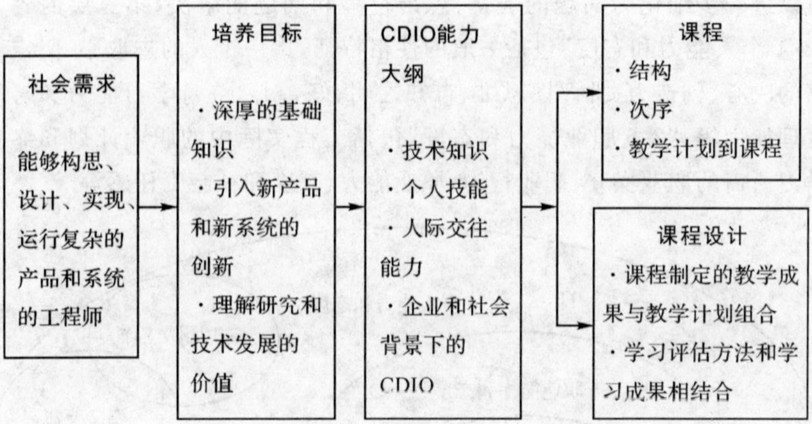

图 1-1　CDIO 能力大纲的开发及其一体化

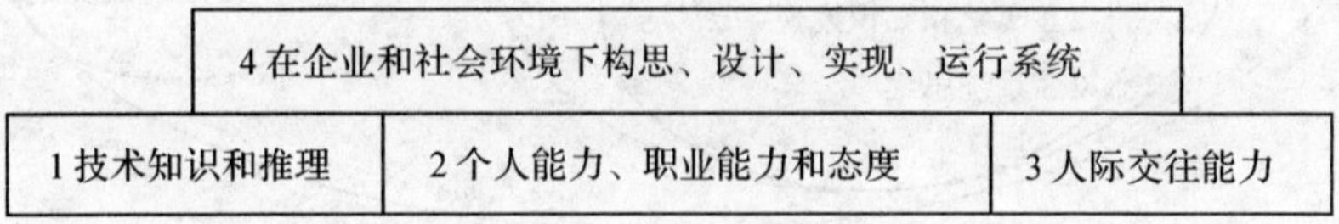

图 1-2　CDIO 能力大纲第一层

深厚的工程技术基础知识是工程教育的基本目标，故把“技术知识和推理”作为大纲的第一主题，大纲的其他三个主题，阐述毕业生应具备的更一般的知识、能力和态度。第一主题按递进关系展开。第二层内容如图 1-3 所示，现代工程有赖于“1.1 基础科学知识”，而“1.2 核心工程基础知识”建立在科学核心之上，“1.3 高级工程基础知识”则培养学生掌握开始职业生涯所必备的能力。

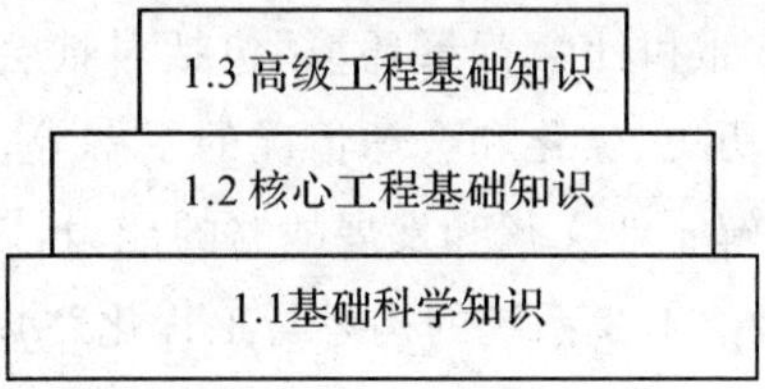

图 1-3　CDIO 能力大纲：技术知识和推理

图 1-4 给出了大纲另外三个主题“个人能力、职业能力和态度”和“人际交往能力：团队工作和交流”的第二层内容。“2.1 工程推理和问题解决能力”“2.2 实验和知识发现”和“2.3 系统思维”是工程师使用最多的三种思维模式，也被称为工程思维、科学思维和系统思维，每种思维模式

可以进一步细化为问题的表达、思维过程和问题的解决(第三层内容);"2.4 个人能力和态度"包括一般的性格特征,指一个人的进取心、坚定不移的决心、创造力、批评性思维、自知之明、好奇心、终身学习能力和时间管理能力等;"2.5 职业能力和态度"包括工程实际中的职业计划和终身学习所需的职业操守、职业行为、职业能力、态度和社会责任感等。

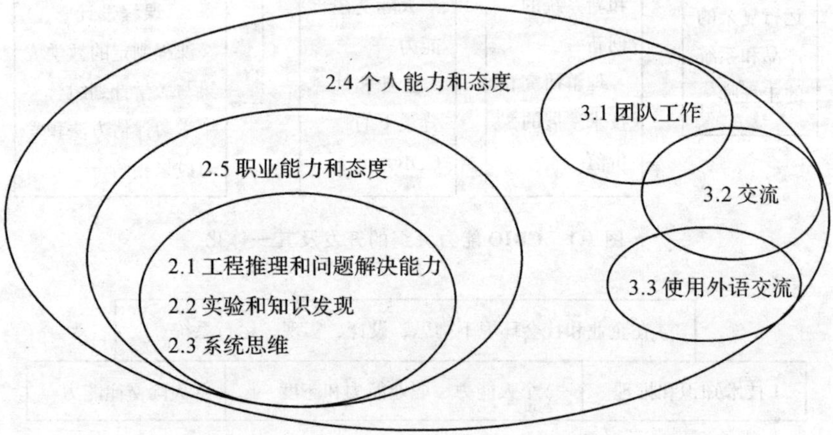

图 1-4　CDIO 能力大纲:个人能力、职业能力和态度、人际交往能力

人际交往能力分成三个重叠的子集:"3.1 团队工作""3.2 交流"和"3.3 使用外语交流"。团队工作是指形成技术团队,使之运作和成长,并领导该团队;交流能力则包括设计出交流策略和构架,并能使用书面交流、口头交流、图形描述和电子化手段等四种基本沟通模式。外语交流指的是传统的外语学习能力,并能够应用在特定的技术交流中。

图 1-5 给出大纲"4 在企业和社会环境下构思、设计、实现和运行系统"的框架。"4.1 外部和社会背景环境"包括对社会与工程之间关系的认识,以及对广泛的历史、文化和全球情况的了解等;"4.2 企业和商业环境"包含了工程师理解企业文化和发展战略的能力,以及以一名企业家的方式发挥作用的能力;"4.3 系统的构思与工程化""4.4 设计""4.5 实现""4.6 运行"包含开发一个产品、过程或系统的四个阶段的对应能力。

总之,大纲的第一层反映了工程师的职能——参与产品、过程和系统的建造;第二层对内容进行细化,反映当代工程专业的实践和学术方面的内容;进一步细化的第三层和第四层,把高层的目标转换成可讲授和可评估的学习效果,这种细化有助于教师深刻理解教学大纲的内容和教学效果,并科学地将这些能力要求整合到课程计划中去,由此制定教学与评估

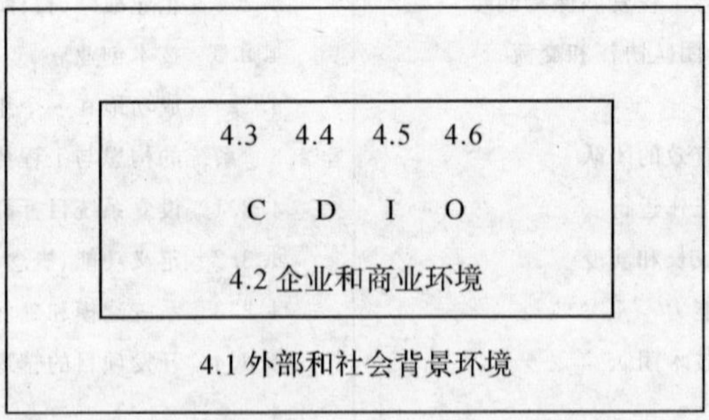

注：4.3 系统的构思与工程化

4.4 设计

4.5 实现

4.6 运行

图 1-5 CDIO 能力大纲：在企业和社会环境下构思、设计、实现和运行系统

的规划。表 1-2 列出了细化到第三层的 CDIO 能力大纲，完整的细化到第四层的 CDIO 能力大纲见附录 A。

表 1-2 细化到第三层的 CDIO 能力大纲

1 技术知识和推理
- 1.1 基础科学知识
  - 1.1.1 数学(包括统计学)
  - 1.1.2 物理学
  - 1.1.3 化学
  - 1.1.4 生物学
- 1.2 核心工程基础知识
- 1.3 高级工程基础知识

2 个人能力、职业能力和态度
- 2.1 工程推理和问题解决能力
  - 2.1.1 发现问题和表述问题
  - 2.1.2 建模
  - 2.1.3 估计和定性分析
  - 2.1.4 带有不确定性的分析
  - 2.1.5 解决方法和建议
- 2.2 实验和知识发现
  - 2.2.1 建立假设
  - 2.2.2 查询印刷资料和电子文献
  - 2.2.3 实验探索
  - 2.2.4 假设检验和论证
- 2.3 系统思维
  - 2.3.1 全方位思维
  - 2.3.2 系统内的显现和交互作用
  - 2.3.3 确定主次和重点
  - 2.3.4 解决问题时的妥协、判断和平衡
- 2.4 个人能力和态度
  - 2.4.1 主动性和愿意承担风险
  - 2.4.2 执着与变通
  - 2.4.3 创造性思维
  - 2.4.4 批评性思维
  - 2.4.5 了解个人的知识、能力、态度
  - 2.4.6 求知欲和终身学习
  - 2.4.7 时间和资源的管理
- 2.5 职业能力和态度
  - 2.5.1 职业道德、正直、责任感和勇于负责
  - 2.5.2 职业行为
  - 2.5.3 主动规划个人职业

2.5.4 与世界工程发展保持同步

3 人际交往能力:团队协作和交流

3.1 团队精神

3.1.1 组建有效的团队

3.1.2 团队工作运行

3.1.3 团队成长和演变

3.1.4 领导能力

3.1.5 形成技术团队

3.2 交流

3.2.1 交流的策略

3.2.2 交流的结构

3.2.3 书面的交流

3.2.4 电子和多媒体交流

3.2.5 图表交流

3.2.6 口头表达和人际交流

3.3 使用外语交流

3.3.1 英语

3.3.2 其他区域工业国语言

3.3.3 其他外语

4 在企业和社会环境下的构思、设计、实现和运行系统

4.1 外部和社会背景环境

4.1.1 工程师的角色和责任

4.1.2 工程对社会的影响

4.1.3 社会对工程的规范

4.1.4 历史和文化背景环境

4.1.5 当代课题和价值观

4.1.6 发展全球观

4.2 企业与商业环境

4.2.1 重视不同的企业文化

4.2.2 企业战略、目标和计划

4.2.3 技术创业

4.2.4 成功地在一个组织中工作

4.3 系统的构思与工程化

4.3.1 设立系统目标和要求

4.3.2 定义功能、概念和结构

4.3.3 系统建模和确保目标实现

4.3.4 开发项目的管理

4.4 设计

4.4.1 设计过程

4.4.2 设计过程的分段与方法

4.4.3 知识在设计中的利用

4.4.4 单学科设计

4.4.5 多学科设计

4.4.6 多目标设计

4.5 实现

4.5.1 设计实现的过程

4.5.2 硬件制造过程

4.5.3 软件实现过程

4.5.4 硬、软件的集成

4.5.5 测试、证实、验证及认证

4.5.6 实现过程的管理

4.6 运行

4.6.1 运行的设计和优化

4.6.2 培训与操作

4.6.3 支持系统的生命周期

4.6.4 系统改进和演变

4.6.5 弃置与(产品或系统)生命终结问题

4.6.6 运行管理

CDIO 能力大纲列出了工程教育合理而详细的普适性培养目标,是 CDIO 工程教育模式对工程教育的主要贡献。针对 CDIO 能力大纲,需要特别强调四点:第一,根据工程师职责制定的培养大纲涵盖了工程师的不同职业类型——研究员、系统设计师、设备/过程设计师或开发人员、产品/过程支持或操作工程师、企业工程师等所需的一般能力。当然,刚毕业的工程师不可能成为某一类型的专家,更不可能成为各类型专家,但现代工程实践的特征要求个人的角色随时间而改变和进步,以应对这些职

业类型中一个或多个组合的职业要求，无论学生要成为实际工程师还是工程研究人员，让他们经历系统及产品的构思、设计、实现和运行这些教育过程，将会增强他们的工作阅历和背景；第二，CDIO 能力大纲是一个通用型大纲，具体到不同工程领域，需要对教学大纲中的术语进行转换和解释，如术语“实现”针对土木工程师，可改成“建造”；针对软件工程师，可改成“编程与测试”等；第三，CDIO 能力大纲仅给出四层主题，并没有给出具体的掌握程度，具体到专业层面的实施时，需要针对具体情况对 CDIO 能力大纲进行修正，并采用某种分类法给出每个主题的具体掌握程度；第四，CDIO 能力大纲（包括 CDIO 标准）是一个极高的目标，即使世界上最好的专业也需要勤奋努力才能达到，或许体现了取法其上，得乎其中的理念。

1.3.3　CDIO 能力大纲的发展

由于制定 The CDIO Syllabus V1.0 时所参考的相关标准的变化（如 2010 年，美国工程技术认证委员会推出新的工程认证标准 ABET EC2010），以及大纲在运用时被发现，部分现代工程师所要求的能力在 1.0 版本大纲中被遗漏等原因，2011 年，麻省理工学院航空航天工程系的克劳雷教授等人发布了第二版的 CDIO 能力大纲——The CDIO Syllabus V2.0。CDIO 能力大纲 2.0 相对于 1.0 版本有大约 30% 的变化，具体修改分为两种类型，第一种是根据当代工程师职能，参考相关标准的新版本，对原主题描述进行修改，具体是采用更精准的描述、对原主题进行完善或对原主题进行细化；另一种是根据当代工程师职能，对相关主题增加新的下层主题，以增加新的能力要求，同时对部分描述不精准的本层主题进行修改。细化到第三层的 CDIO 能力大纲 2.0 相对 1.0 的变化条目见表 1-3 和表 1-4。

表 1-3　CDIO 能力大纲 2.0 更精准的描述主题

CDIO 能力大纲 1.0	CDIO 能力大纲 2.0
1　技术知识和推理	1　学科知识和推理
1.1　基础科学知识	1.1　基础科学与数学知识
1.3　高级工程基础知识	1.3　高级工程基础知识、研究方法和研究工具

续 表

CDIO能力大纲1.0	CDIO能力大纲2.0
2.1 工程推理和问题解决能力	2.1 分析推理和解决问题能力
2.2 实验和发现知识	2.2 实验、调查和发现知识
2.4 个人能力和态度	2.4 态度、思维和学习
2.4.1 主动性和愿意承担风险	2.4.1 主动性和愿意进行不确定性决策
2.4.2 执着与变通	2.4.2 执着、紧迫感和及时实现、智慧与变通
2.4.5 了解个人的知识、能力、态度	2.4.5 自我意识、元认知和知识综合能力
2.4.6 求知欲和终身学习	2.4.6 终身学习和教育
2.5.1 职业道德、正直、责任感和勇于负责	2.5.1 职业道德、正直和社会责任感
2.5.3 主动规划个人职业	2.5.3 前瞻性地构想和意图
3.1.5 形成技术团队	3.1.5 形成技术和跨学科团队
3.2.6 口头表达和人际交流	3.2.6 口头表达
3.3.2 其他区域工业国语言	3.3.2 其他区域工商业语言
4 在企业和社会环境下的构思、设计、实现和运行系统	4 在企业、社会和环境下的构思、设计、实现和运行系统——创新的过程
4.1.2 工程对社会的影响	4.1.2 工程对社会和环境的影响
4.2.2 企业战略、目标和计划	4.2.2 企业的利益相关者、战略和目标
4.3 系统的构思与工程化	4.3 系统的构思、工程化和管理
4.3.1 设立系统目标和要求	4.3.1 了解市场需求并设立系统目标
4.4.6 多目标设计	4.4.6 为稳定性、安全性、美观性、可操作性及其他目标而设计
4.6.1 运行的设计和优化	4.6.1 可靠和安全运行的设计和优化

表1-4 CDIO能力大纲2.0新增主题

CDIO能力大纲2.0新增主题的上层主题	CDIO能力大纲2.0新增主题
2.5 职业道德、职业平等和其他相关责任(1.0版本是:职业能力和态度)	2.5.5 平等性与多样性 2.5.6 信任和忠诚

续 表

CDIO能力大纲2.0新增主题的上层主题	CDIO能力大纲2.0新增主题
3.2 交流	3.2.7 询问、聆听、对话 3.2.8 协商、妥协与矛盾的解决 3.2.9 支撑自己的观点 3.2.10 建立多样化的社会联系和人际关系网
4.1 外部、社会和环境背景(1.0版本是:外部和社会背景环境)	4.1.7 可持续性与可持续开发
4.2 企业与商业环境	4.2.5 在国际化的团队中工作 4.2.6 新技术的开发与评价 4.2.7 工程项目的财务管理与经济状况
4 在企业、社会和环境下的构思、设计、实现和运行系统——创新的过程(1.0版本是:在企业和社会环境下的构思、设计、实现和运行系统)	4.7 工程领导力 4.7.1 辨明问题、疑难或矛盾 4.7.2 创造性地思考并联想其可能性 4.7.3 定义解决方案 4.7.4 建立新的解决理念 4.7.5 组建、领导一个团队及其拓展组织 4.7.6 计划、管理、完成工程项目 4.7.7 锻炼评价、批判性推理 4.7.8 创新——创新观念、创新设计,推广新的产品与服务 4.7.9 为新产品、服务创造新的设备、新材料、新工艺而创造 4.7.10 实现与运行——创造并运行有价值的新产品、新服务 4.8 工程创业 4.8.1 企业的组建、运营制度、组织与领导 4.8.2 商业发展规划 4.8.3 企业投资与财务管理 4.8.4 弹性化的产品市场 4.8.5 构想产品、服务及技术支持 4.8.6 组建创新体系、人际关系、基础设施与资金支持 4.8.7 创建开发团队、展开工程进度(构思、设计、实现和运作) 4.8.8 管理知识产权

具体来讲,2.0版本的大纲相对于1.0版本,一方面,根据制定大纲所参考的相关标准的变化,对大纲进行升级,如根据美国工程技术认证委员会新的工程认证标准(ABET)EC2010,将“1.1 基础科学知识”改成“1.1 基础科学与数学知识”,增加了“数学知识”;将“1.3 高级工程基础知

识”改成“1.3 高级工程基础知识、研究方法和研究工具”等。另一方面，是针对大纲在运用时被发现的部分遗漏的现代工程师的能力要求，进行升级；如当代工程师对创新和发明能力越来越高，由于该能力又与市场及用户需求密切相关，故大纲2.0将“4 在企业和社会环境下的构思、设计、实现和运行系统”改成“4 在企业、社会和环境下的构思、设计、实现和运行系统——创新的过程”，增加了“创新的过程”；将“4.2.2 企业战略、目标和计划”改成“4.2.2 企业的利益相关者、战略和目标”；增加了主题“4.2.6 新技术的开发与评价”和“4.2.7 工程项目的财务管理与经济状况”；并将“设立系统目标和要求”改成“4.3.1 了解市场需求并设立系统目标”。又如，经济、社会和环境的可持续发展是当代工程师所肩负的使命，故大纲2.0将“4 在企业和社会环境下的构思、设计、实现和运行系统”改成“4 在企业、社会和环境下的构思、设计、实现和运行系统——创新的过程”、将“4.1 外部和社会背景环境”改成“4.1 外部、社会和环境背景”，都增加了“环境”的要求，增加了“4.1.7 可持续性与可持续开发”等。再如，为了增强现代工程师的国际化方面的能力，大纲2.0新增了“4.2.5 在国际化的团队中工作”。但该方面最主要的变化是提高了关于工程领导力和工程创业方面的能力要求。

1.3.3.1 工程领导力

工程的复杂而独特的性质，使工程建设中，工程领导力无处不在。所谓领导力，涉及创建愿景、项目组织、工作促进等方面。工程领导力侧重于技术领导力，如在工程项目建设中，对项目负责人或企业总工程师等技术领导者而言，工程领导能力必不可少，但不一定必须是要有领导岗位，才能体现工程领导力。具体来说，工程领导力包含“领导开发和运行新产品、过程和系统”能力，而“领导开发和运行新产品、过程和系统”是CDIO工程教育模式的目标之一，且“领导开发和运行新产品、过程和系统”所需要的知识、能力和素质已经包含在1.0版本的CDIO能力大纲中。在1.0版本的大纲中，“3.1.4 领导能力”对领导能力有明确的描述，但描述的是针对小团队的领导能力，而且关于领导力的描述，如忠诚、正直的人格特征，不够全面。

在2.0版本的CDIO能力大纲中，参照Gordon-MIT（麻省理工学院戈登工程领导力计划）定义的工程领导力模型[20]（包括核心价值观和品质、感性认知、联系交往、愿景规划、愿景实现等内容），对1.0版本的大纲进行了升级。

2.0 版本的 CDIO 能力大纲中，“2.4 态度、思维和学习”“2.5 职业道德、职业平等和其他相关责任”与 Gordon-MIT 工程领导力模型的“核心价值观和品质”对应。2.0 版本参照 Gordon-MIT 工程领导力模型，对 1.0 版本大纲的主要修改是，新增了“2.4.1.3 基于现有信息的决策”“2.4.1.5 开发行动过程”“2.4.1.4 以适当的行动展示开拓新生事物的领导才能”“2.4.2.8 对结果负责（责任心）”“2.4.2.9 实现目标的决心”“2.4.2.11 对资源的创造性的使用”“2.4.5.4 展示进行有效思考的方式”“2.5.1.4 尽责帮助他人和社会”“2.5.3.2 对领袖潜力锻炼的渴望”“2.5.3.4 考虑个人对社会的贡献”“2.5.3.5 激励他人”“2.5.5 平等性与多样性”“2.5.6 信任和忠诚”等。

2.0 版本的 CDIO 能力大纲中，“3 人际交往能力：团队工作和交流”与 Gordon-MIT 工程领导力模型的“联系交往”对应。2.0 版本大纲参照 Gordon-MIT 工程领导力模型，对 1.0 版本大纲的主要修改是，新增“3.1.2.9 团队的授权原则”“3.1.5.5 展示与非技术团队及其成员的合作”“3.2.5.4 使用图形制作工具的能力”“3.2.7 询问、聆听、对话”“3.2.8 协商、妥协与矛盾的解决”“3.2.9 支撑自己的观点”“3.2.10 建立多样化的社会联系和人际关系网”等。

2.0 版本的 CDIO 能力大纲中，“4.1 外部、社会和环境背景”“4.2 企业与商业环境”“4.3 系统的构思、工程化和管理”“2.3 系统思维”与 Gordon-MIT 工程领导力模型的“感性认知”对应。2.0 版本大纲参照 Gordon-MIT 工程领导力模型，对 1.0 版本的主要修改是，新增“4.1.7 可持续性与可持续开发”“4.2.2.4 对利益相关者的义务”“4.2.2.5 企业战略和资源分配”“4.2.5 在国际化的团队中工作”“4.2.6 新技术的开发与评价”“4.2.7 工程项目的财务管理与经济状况”“4.3.1.14 找出并分析环境需求”“4.3.3.5 讨论接口管理计划”等。

另外，2.0 版本的 CDIO 能力大纲中，新增“4.7 工程领导力”，该层的下一层主题“4.7.1”至“4.7.4”对应 Gordon-MIT 工程领导力模型的“愿景规划”，“4.7.5”至“4.7.10”对应 Gordon-MIT 工程领导力模型的“愿景实现”。

1.3.3.2　工程创业

工程创业指创办并经营新的企业，且在一般情况下，新办企业是需要工程师参与，且围绕某个产品或技术来运营的。工程创业能力也包含“领导开发和运行新产品、过程和系统”能力，该项工程能力已经包含在1.0版本的大纲中。当然，工程创业能力除了工程能力，以及工程领导力之外，还需要关于公司创建、商业模式、资源管理等领域的知识和能力，故2.0版本的CDIO能力大纲增加了“4.8 工程创业”主题，该主题下包含了表1-4所列出的八个方面。

1.4 CDIO标准

工程教育的第二个中心问题是：如何能更好地保证学生学到这些知识和能力。CDIO标准是标准化形式的专业设计和发展的指南，是CDIO工程教育模式针对工程教育的第二个中心问题所给出的答案。

2004年，麻省理工学院航空航天工程系的克劳雷教授发布了第一版的CDIO标准（The CDIO Standards V1.0），从12个方面明确了实施CDIO工程教育模式的专业建设标准，并针对每条标准给出具体解释、设置理由和符合标准的判定证据。第12条CDIO标准是“专业评估：是一个对照12条标准评专业，并以继续改进为目的，向学生、教师和其他利益相关者提供反馈的系统”。但CDIO标准V1.0中并没有给出专业自我评估的细则，仅列出支持各CDIO标准的证据，为此在2010年，克劳雷教授等人发布了第二版的CDIO标准（The CDIO Standards V2.0），删除了每条CDIO标准的判定证据，增加了每条CDIO标准的量规，各CDIO标准的量规是各专业用于评定本专业对该标准符合程度等级的六点量表；CDIO标准V2.0相对于V1.0，另外一点变化就是对CDIO标准V1.0中关于标准及解释和设置理由的描述有少许改变，以使描述更加一致和精确，如把V1.0中“系统、过程和产品的”“系统和产品的”等描述统一为“系统、过程和产品的”，使其更加一致。延斯·班纳森（Jens Bennedsen）等人在专业自我评估实践中发现，CDIO标准V2.0的六点量表中存在描述不清晰、不一致等问题，2014年针对CDIO标准量规的修改建议被提出，并于2015年11月经CDIO委员会的核准，CDIO标准V2.1发布。

CDIO标准作为世界通行的实施CDIO工程教育模式的基准和目标，是标准化形式的专业设计、全面实施、评估和发展的指南，为基于CDIO工程教育模式进行的教学改革和评估提供指引，具有操作性强和易于实施等特点。12条CDIO标准涵盖了专业培养理念(第1条)、专业培养目标制定(第2条)、一体化课程计划制定(第3、4、5条)、工程实践场所(第6条)、教与学的方法(第7、8条)、教师能力提升(第9、10条)、学习考核(第11条)和专业评估(第12条)等人才培养的八个主要要素。标准1、2、3、5、7、9、11等最为根本,体现了CDIO工程教育模式区别于其他教育模式的基本特点;标准1要求以产品、过程和系统的生命周期作为工程教育的背景环境,作为CDIO工程教育模式方法论的最重要核心[16],其他标准从多方面为此提供保障,一个专业是否接受标准1或它的变异形式是判断一个专业是否实施基于CDIO工程教育模式改革的基本标准。

CDIO工程教育模式的每条标准,都分别从解释描述、设置理由和评估量规等三个方面进行说明。描述部分对标准内容进行详细阐述;理由部分基于教育研究、工程和高等教育最佳实践,给出标准设置的原因;量规是一个等级评定的评分指南,工程专业可以通过收集自己的证据,基于CDIO标准的量规,针对12条CDIO标准,对本专业的符合程度进行等级评定,即进行专业自我评估。

1.4.1 专业培养理念

标准1:背景环境
采用这样一个基本原理,此原理将产品、过程和系统生命周期的开发与运用即构思—设计—实现—运行作为工程教育的背景环境。

之所以把产品、过程或系统的生命周期作为工程教育的背景环境,是因为它是一个可以将技术知识和其他能力的教、练、学融为一体的一个文化构架或环境。从教育文化上看,在人才培养各环节都应该明确,构思—设计—实现—运行产品、过程和系统是工程师在服务社会中所扮演的角色或职责。要注意的是产品、过程和系统的生命周期是工程教育的背景环境,而非教育的内容,即不是每个工程师都专注于产品开发,工程师必须接受工程专业和工程科学的培养,但应该在此背景下完成设计和实现的能力和态度的培养,其实无论学生要成为实际工程师还是工程研究人员,让他们经历产品、过程和系统的构思、设计、实现和运行这些教育过程,将会增强他们的工作阅历和背景。当全体教师明确转向CDIO培养,且专业领导长期坚持CDIO理念时,即可认为该CDIO原则已被采用了。

1.4.2 专业培养目标的制定

标准 2:学习效果
具体和详细的学习效果——与专业目标一致,并得到利益相关者验证的个人、人际交往能力,产品、过程和系统建造能力及学科知识。

工程教育的第一个中心问题是,工科学生毕业时,他们学到的全部知识、能力和态度应该有哪些?掌握的水平如何?换句话说,以工程师为培养目标的工程教育所希望得到的教学效果是什么?CDIO 能力大纲是 CDIO 工程教育模式对该问题的回答。CDIO 能力大纲的主要价值是它适用于各种不同的工程专业,可作为所有工程专业能力大纲的基础,以获得特定的与专业目标一致的与工程实践相关的学习效果。CDIO 标准 2 强调 CDIO 能力大纲在工程教育中的重要性。

CDIO 能力大纲是一个通用大纲,仅是对工程教育的第一个中心问题的通用回答,而且并没有给出 CDIO 能力大纲中各主题的具体的学习效果(掌握水平或程度)。故 CDIO 专业(实施基于 CDIO 工程教育模式的专业)在听取利益相关方的意见,并经过利益相关方审核和确定后,所构建的专业 CDIO 能力大纲才是 CDIO 专业对工程教育第二个中心问题的具体回答。具体来说,CDIO 专业需要:(1)对 CDIO 能力大纲的第一层面“技术知识和推理”进行具体化。(2)对 CDIO 能力大纲相关术语进行转换和解释,当然 CDIO 能力大纲的第二层面“个人能力、职业能力和态度”和第三层面“人际交往能力,包括团队工作和交流”大体上不会有变化,而大纲的第四部分可能涉及较多术语转换,如对以软件工程师为培养目标的软件工程专业,需要将“实现”改成“编程与测试”等。(3)在技术和国家背景下,对 CDIO 能力大纲内容进行修改或添加。(4)对 CDIO 能力大纲的各个主题,明确具体学习效果,首先,通过调研分析确定 CDIO 能力大纲各个主题的掌握程度;其次,选择一种学习效果分类法,其中布鲁姆(Bloom)及他的同事所设计的 Bloom 分类法的应用最为广泛,Bloom 分类法把学习分为三个含有交叉关系的领域,分别涉及知识和推理的认知领域、包括态度和价值观的情感领域、描述具有灵活性和技巧性的心理活动领域,每个领域都被划分为五或六个等级水平;再次,开发一种使分类法和评分标准具有一致对应关系的方法,用于确定预期掌握程度;最后，对CDIO能力大纲中每个主题，明确给出一个学习效果，并与分类法和适当的掌握程度的等级相对应。表1-5列出了掌握程度的等级与Bloom分类法的对应关系的例子。

表1-5 掌握程度的等级与Bloom分类法的对应关系

<table>
<tr><th>根据利益相关方调查所确定的掌握程度等级</th><th>Bloom分类法——认知领域</th><th>基于CDIO能力大纲的学习效果例子</th></tr>
<tr><td>1.有相关经验和接触过</td><td rowspan="2">了解</td><td rowspan="2">列出假设条件与偏差的来源</td></tr>
<tr><td>2.能够参与并做出贡献</td></tr>
<tr><td>3.能够理解并解释</td><td>理解</td><td>解释结果中存在的矛盾</td></tr>
<tr><td>4.在实践和操作中熟练掌握</td><td>应用
分析</td><td>实际工程的成本效益分析
区分需要检验的假设</td></tr>
<tr><td>5.有领导和创新能力</td><td>综合
评价</td><td>提取要点以构建系统模型
对所支持的依据做出合理判断</td></tr>
</table>

需要强调的是，CDIO能力大纲中，学科知识和能力是相互依赖和相互促进的。如交流能力和技术知识是高度融合的，与专业或非专业人员进行技术性交流、对设想和解决方案表达意见、通过协作策划和工程推理形成对策等交流能力都与学生对技术知识的表达和应用密不可分。

1.4.3 一体化课程计划的制定

标准3：一体化课程计划

是一个由相互支持的学科课程和明确集个人、人际交往能力，产品、过程和系统建造能力为一体的方案所设计出的课程计划。

为达到预期的学习效果，需要对传统的课程计划进行重新设计，以使学生能在有限的时间和资源下，能力和学科知识同时得到发展。一体化课程计划的依据是学科知识和个人、人际交往能力及系统、过程和产品建造能力能够融合培养。能够融合培养的理由有：个人、人际交往能力及系统、过程和产品建造能力与学科知识是密切相关的。如技术领域的口头交流能力既有通用能力的一面，也有其涉及学科知识的特殊性，如向客户解释技术性问题；在学科背景下学习个人、人际交往能力及系统、过程和产品建造能力，能够使学生掌握更加深厚的工程基本原理方面的知识，即个人、人际交往能力及系统、过程和产品建造能力与学科知识是相互支撑的；教师在课程中能够将能力和学科知识这些学习效果结合起来。

一体化课程计划是培养学科知识和个人、人际交往能力及系统、过程和产品建造能力的系统方法，形成一个总体效果大于各部分相加的教育系统，具有以下特征：(1)围绕学科进行组织，但学科间是有机联系且相互支持的。(2)将个人、人际交往能力及系统、过程和产品建造能力进行有机结合，使其形成相互支持的课程体系，从而减少专业学科知识与这些能力间的矛盾。(3)每门课程都规定了学科知识和个人、人际交往能力及系统、过程和产品建造能力的学习效果。

一体化课程计划要给学生提供一种学习经验，这些学习经验不仅让学生学到相互支持的各种学科知识及在专业工程中的应用，而且有明确的计划能让学生在学习过程中同时获取个人、人际交往能力及产品、过程和系统建造能力。工程导论和设计—实现的经验是一体化课程计划的关键要素。

克劳雷教授等人推荐的一体化课程计划设计过程模型[16]如图1-6所示。该模型的出发点是设置预期的学习效果并对已有条件进行检验，已有条件包括国家规定、大学规定等。作为课程计划的出发点，可以通过基准比较的做法来考察已有的课程计划，并与能力大纲中的预期学习效果进行比较。课程计划的设计是由同时进行但有潜在相互作用的步骤开始，即课程计划结构的设计和针对每个主题内容确定合适的教学次序。当这些结构和次序确定之后，设计的最后一步就是把次序反映到结构的各个环节当中。如图1-6的虚线所示，设计过程是一个包含几个反馈环的反复过程，课程设计的持续改进和完善由学生的具体学习评估结果所决定。

克劳雷教授等人推荐了一体化课程计划顶层设计的组织原理模型，具体见图1-7(图中学科以垂直方向展开，项目与能力以水平方向展开)。围绕学科知识构建课程计划，并与能力和项目交叉，这种课程计划的结构促进了学科内容的学习，并可为项目和设计—实现的经验的整合提供多种灵活的结构。具体到课程计划的时间进程安排，推荐了“学科课程”与“能力培养”如何融合的一体化、并行整合、时间整合三种模式，由实施专业自由选择搭配。

结合学科课程之间的搭配组合模型，克劳雷教授等人给出了一个一体化课程概念模型：第一部分由学科基础课程和工程学导论性课程组成，

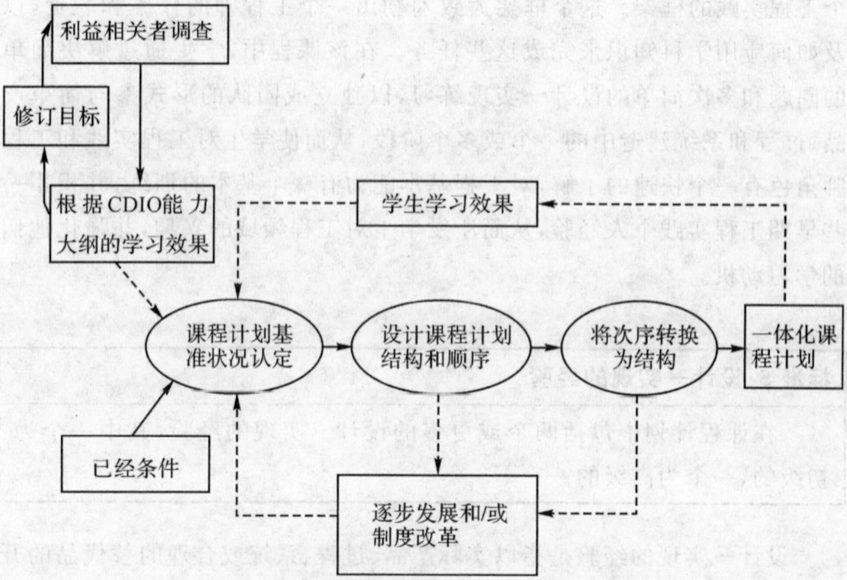

图 1-6　一体化课程计划设计过程的模型

图 1-7　一体化课程计划顶层设计的组织原理模型

为能力培养打基础；第二部分是以工程为核心的学科课程，包括工程方面的课程和相关的设计项目，通常构成专业的一般或必要的核心内容；第三部分和第四部分包括专业课、选修课和总结性的学习环节，以及设计一实现的经验，重点在最后的设计一实现的经验上。

标准 4：工程导论

是一门工程导论课程，它提供产品、过程和系统建造中工程实践所需的框架，并且引出必要的个人和人际交往能力。

工程导论课程通常是最早开设的一门专业必修课，它为学生提供一个工程实践的框架。这个框架大致勾勒出一个工程师的任务和职责，以及如何应用学科知识来完成这些任务。在该课程中，学生通过解决简单的问题和多次简单的设计—实现练习，以独立或团队的形式参与简单产品、过程和系统建造中的一个或多个阶段，从而使学生对工程实践和工程师角色有一个快速的了解，对工程基本能力有一个基本的训练，并积累一些早期工程实践个人经验，从而激发学生对工程领域的兴趣，并强化他们的学习动机。

标准 5：设计—实现的经验
在课程计划中包括两个或更多的设计—实现的经验，其中一个为初级的，一个为高级的。

设计—实现的经验是指以实际产品、过程、系统或合理的替代品的开发为核心的工程活动。设计—实现的经验可使学生经历设计与实现阶段的大多数活动或全部活动，这两个阶段构成产品、过程、系统生命周期的核心，这些经验的本质是让学生实际建造自己的设计并检验其有效性，当学生有了一定积累后，可将构思阶段的概念设计加到设计—实现的经验中。设计—实现的经验的重要性主要体现在：其一，它为学生个人、人际交往能力及产品、过程和系统建造能力的培养提供自然环境；其二，设计—实现的经验具有双重学习效果，可以培养学生个人、人际交往能力，产品、过程和系统设计及实现能力，同时增强所学的学科知识；其三，在课程计划中引入多次设计—实现的经验，将加强对基础知识的深层理解；其四，设计—实现的经验包含主动学习和经验学习，有利于学习效果的达成；其五，设计—实现的经验能够激发学生的兴趣。

在课程计划中要根据范围的大小和复杂程度，从低层到高层合理构建一系列复杂度逐步加深的设计—实现的经验，这将强化学生对产品、过程和系统开发过程的了解，同时也能让学生更深入地理解学科知识。设计的对象可以是一个简单的功能模块，或者是一个复杂的接近于产品的原型，但设计的目标必须符合正在设计、实现和验证的对象的基本标准，同时要能够对学生设计的成功与否进行直接反馈。早期的设计—实现的经验，让学生在解决相对简单问题的过程中打好基础，激发学生分析问题的欲望，并培养学生一些基本能力，工程导论课程都包含一些基本的设计—实现的经验；后期的设计—实现的经验让学生充分运用所学理论知识解决较复杂问题，这将有助于学生把前期的课程和学习活动中所学到知识和能力整合到一起，从而使学生深刻理解知识，并提升能力。

1.4.4 工程实践场所建设

标准6：工程实践场所
工程实践场所和实验室能支持和鼓励学生开展社会学习，并在实践中学习学科知识和产品、过程和系统的建造。

为学生提供成功的设计—实现的经验，需要具有一个合适的工作空间、设备及工具的学习环境，我们把这些场所称为工程实践场所，以彰显其创造性和实践性的工程开发功能。该场所能够支持个人或项目小组进行构思—设计—实现—运行的全过程，且对主动学习和动手学习的策略提供基础设施，是学生对标准1理解的重要载体之一，是实施一体化课程计划的关键因素。

工程实践场所包括传统工作环境、计算机辅助设计工作室、基于团队项目的工作环境、课外工程活动的设施、制造组装等场所。一般有四个空间：

(1)构思工程实践场所，使学生能够构思新的产品、过程和系统，理解用户的需求和发展概念。包括个人与团队的实践场所，以鼓励概念的形成和优化；典型设备包括网络接入、图书馆资源、一体机等。

(2)设计工程实践场所，能支持新的协作模式和数字化设计，使学生能够进行设计、模拟设计和相互交流，典型设备包括计算机辅助设计软件、辅助制造软件、开发仿真软件、计算机、视频会议系统、共享数据库等。

(3)实施工程实践场所，可以让学生建造产品、过程和系统。包括机电系统、电子系统、软件系统等。

(4)运行工程实践场所，为学生提供学习运行产品、过程和系统的机会，另外还可以包括展厅，以展示学习成果。

产品、过程和系统的设计和实现是在工程实践场所采用的主要教学模式。工程实践场所支持学生学习个人、人际交往能力，产品、过程和系统建造能力，从而加强学生的学科(包括多学科)知识学习，进而发现知识。工程实践场所强调在实践中学习，为学生提供自主学习和社会学习的机会，能增进同学之间的友谊、提高专业兴趣、增强学习兴趣和动力、培养学生创造力、加强学生自信心等，是个人与人际交往能力培养的载体，也为学生团队建设提供支持。

1.4.5 教与学的方法

标准 7:一体化学习经验
一体化学习经验带动学科知识与个人、人际交往能力，产品、过程和系统建造能力的获取。

为了在有限的时间内实现标准 2 所描述的学习效果(融合的学科知识和能力)，实施标准 3 所描述的一体化课程计划(包括课程及一体化课程活动的实施)，必须有一套能充分利用学生学习时间的教学方法才可以，一体化学习经验就是这样一种教学方法，是 CDIO 工程教育模式的一个主要特色，一体化学习经验将工程实践问题和学科问题相结合，旨在培养学生学习学科知识的能力，同时培养学生的个人、人际交往能力及产品、过程和系统建造能力。

一体化学习是主动学习和经验学习相结合的一种学习方法。一体化学习经验及主动学习和经验学习是实现 CDIO 专业的教育目标的基础。设计—实现的经验是一体化学习很好的例子，但一体化学习并不限于基于项目的课程，例如对基于问题的学习进行修改，将重点放在基础部分，就接近于一体化学习形式，其实进行大作业的成对交流或团队工作、以应用研究的方式进行深入的学习、在技术背景环境下讨论它的伦理问题等，都为学生提供了一体化学习的机会。一体化学习的微妙作用是学生看到了他们的榜样，即工程教师讨论了广泛的能力，表明这种能力对他们的职业生涯非常重要。

关于一体化学习，需要强调三点:(1)在实施一体化学习计划时，即要让学生明确学科内容和个人、人际交往能力及产品、过程和系统建造能力的预期学习效果，也要让学生明确相关的考核或评估标准，这至关重要。(2)学习和评估是相辅相成的，或者可以说评估是学习的一部分，故在一体化学习计划中要包含分阶段评估任务的设计。(3)多课程经验的一体化学习问题。包括团队协作能力和交流能力，许多能力需要在多门课程中讲授和评估，所以一体化学习活动必须依照一体化课程计划，按照学生已有经验进行排序，而不能从各门课程或学习经验中开始。

标准8:主动学习

基于主动经验的教与学。

主动学习方法使学生直接参与思考和解决问题的活动,使学生能够实际参与操作、应用和评估,为学生提供一种深入学习的方法。该方法不将重点放在被动的信息传递上,而放在让学生更多地从事操作、运用、分析和判断概念上。主动学习能帮助学生把主要概念有机联系起来,并促进知识在新环境中应用。这种方法可以融合到所有类型的课程中,学生模仿工程实践进行如设计—实现项目、仿真、案例研究,就可以看作是经验学习。在一些以讲授为主的课程里,主动学习可采用授课疑点卡(Muddy卡)、概念问题、电子反馈系统、自选讲题、与同伴进行讨论或小组讨论方法,或用这些方法的变异形式进行学习。

经验学习方法是让学生在工程实践的环境中模拟工程师角色进行的教学活动,包括基于项目的学习、仿真、案例分析、角色模拟和设计—实现的经验。经验学习让学生发展他们的知识结构,使他们能够理解和学习与技术基础相关的抽象概念,具体经验也为主动应用提供机会,促进理解和长久记忆,为深层理解基础知识铺平了道路。将经验学习活动设计成明确支持职业要求,它就能帮助学生提高个人、人际交往能力及系统、过程和产品建造能力。

1.4.6 教师能力提升

标准9:提高教师的工程实践能力

采取行动,提高教师的个人、人际交往能力及产品、过程和系统建造能力。

如果期望让教师教授综合学科知识、提高学生的个人和人际交往能力、产品和过程及系统建造能力,那么教师作为一个群体,就应该具有这些能力,从而为学生做好当代工程师的榜样。在工程实践的背景下提升全体教师的个人、人际交往能力及产品、过程和系统建造能力是最好的路径。提高教师的工程实践能力的基本方法如下:(1)聘任有工程经验的教师。(2)让新教师在授课前先在企业实践一年以获取实践经验。(3)招聘具有工业经验的资深教授来教授和辅导其他教师。(4)从企业引进实践工程师来兼课。(5)为现有教师提供能提高教师工程实践能力的相关教育活动,如研讨会、工作坊和培训班,或允许教师带薪到企业进行实践等。

标准10:提高教师的教学能力
采取行动,提高教师在提供一体化学习经验,使用主动经验学习方法和考核学生学习等方面的能力。

如果教师期望采用标准7(一体化学习经验)、8(主动学习)、11(学习考核)所描述的新方法来教学和考核,那么他们需要有机会去发展和提高这些能力。支持提高教师教学能力的行动例子包括,支持教师参与校内外教师发展项目;通过设立论坛、研讨会、工作坊等,为教师提供交流最佳实践和想法的平台;在业绩考核和聘用过程中重点考察有效教学能力;提供足够的资源等。

1.4.7 学习考核

标准11:学习考核
考核学生在提高个人、人际交往能力,产品、过程和系统建造能力及学科知识等方面的学习。

学习考核的目的是衡量每个学生对预定学习效果的达成度。在一个相互合作、协作和支持的文化氛围里进行考核,并将学习考核用于诊断和提升学习效果是学习考核的一个基本思想,即CDIO工程教育模式强调以学生为中心的考核,并将考核作为整个教学过程的一部分。

学习考核的基本过程是:(1)教师以课程的具体学习效果为依据,把具体学习效果归为不同类别。(2)对不同类别的学习效果设计相应的考核办法和工具,表1-6给出一个通用的指引[16],例如与学科知识相关的学习效果可以通过口试和笔试来进行,而那些与设计—实现相关的能力可以通过实际观察记录来考查。采用多种考核方法可增加考核数据的可靠性和有效性,从而使学习效果的判定具有更高的可信度。要注意考核方法与教学方法的一致性,因为教学和考核是相辅相成不可分割的,可以把考核看作是教学的一部分，且不同学习效果要求不同的教学方法，这些教学方法产生了不同的学习经验，从而需要用不同的考核方法来确保评估数据的可靠性和有效性。(3)制订考核计划，考核计划要作为课程设计的一部分。(4)根据计划，在不同阶段(如学习之前、学习期间和学习之后三个阶段)，使用多种评估方法收集学生学习的证据，如笔试、口试、表现评分、效果回顾、学习日记、卷案、自我测评、产品审查等。(5)利用不同阶段的考核结果改进教与学，包括改进课程设计等。

表 1-6　学习效果与评估方法的一致性

知识、能力、态度种类	笔试和口试	表现评分	产品审查	学习日志和卷案	其他自我测评的方法
概念理解	X				
问题解决和程序性知识	X			X	
知识创新和综合		X	X	X	
能力和过程		X	X	X	X
态度			X	X	X

1.4.8　专业评估

标准 12：专业评估

是一个对照 12 条标准评估专业，并以继续改进为目的，向学生、教师和其他利益相关者提供反馈的系统。

专业评估是通过收集证据，用 12 条 CDIO 标准来评估一个专业是否达成其目标，从而判断其整体质量，并将评估结果定期向利益相关者通报，以达到持续改进的目的。

CDIO 专业评估采用的是基于 CDIO 标准的专业评估，判定依据是输入—过程—输出这样一个判定模型。输入包括人员访查、设施的可用性和利用率、资源的充足性和利用率等；过程包括教学、考核和评价的方法等；输出包括学生整体学习效果和专业的整体成果；总的来说，标准 1、6 涉及输入，标准 2 涉及输出；标准 3、4、5、7、8、9、10、11 则着眼于过程，当然CDIO标准中没有包含一些通用的输入和过程，如教师的行业资格、教室设施、学生咨询辅导等。

收集证据是专业评估的主要工作，具体可以采用审阅文件、个人和小组访谈（如新生、毕业生、教师、管理者的访谈）、调查、查阅教师工作备忘录、校外专家的专业审查、对不同学习时期的分析比较、毕业生和雇主的跟踪研究、查阅外部评审报告、课程评估等方法。当证据收集完整之后，专业也可以根据CDIO标准的量规进行自我评估，这样通过对输入、过程和结果的审查，把不满足标准或缺乏质量的部分找出来，以此为依据，进行专业持续改进。需要指出的是CDIO标准是个极高的要求，即使质量最高的专业也可以用它作为持续改进的基础。自我评估原则上每年要进行一次。

需要指出的是，12条CDIO标准，更关注输入、过程和短期效果，不特别关注长期效果和整体影响。

1.5 基于CDIO教育教学改革的资源

CDIO国际合作组织在CDIO网站[12]上公开了其所开发的许多资源，为专业实施CDIO工程教育模式提供帮助，同时也有助于交换思想和资源以扩大CDIO工程教育模式的影响。CDIO工程教育模式的开放性资源包括CDIO能力大纲、CDIO标准、启动指南、实现工具箱(I-Kits)、教学资源材料、发表论文和报告、CDIO网站等。CDIO网站是开放性资源的在线知识库，提供CDIO工程教育模式的最新活动信息。

参考文献

[1] 叶民. 工程教育CDIO工程教育模式适应性转换平台的研究[D/OL]. 杭州：浙江大学，2013：24[2017-02-06]. http://kns.cnki.net/KCMS/detail/detail.aspx? dbcode＝CDFD&dbname＝CDFD1214&filename＝1014377739.nh&v＝MTM4NzNwRWJQSVI4ZVgxTHV4WVM3RGgxVDNxVHJXTTFGckNVUkwyZllPWnJGeURoVkx6QVZGMjZHckMvR2RiUHA＝.

[2] REYNOLDS T S, SEELY B E. Striving for Balance: A Hundred

Years of the American Society for Engineering Education[J]. Journal of Engineering Education,1993,82(3):136-151.

[3] 王沛民,顾建民.高等工程教育意欲何往——兼评美国最新三个工程教育报告[J].高等教育研究,1996(1):40-44.

[4] 布什.科学:没有止境的前沿[M].范岱年,解道华,译.北京:商务印书馆,2004.

[5] GRINTER L E. Summary of the Report on Evaluation of Engineering Education [J]. Journal of Engineering Education, 1955(1): 25-60.

[6] FINNISTON M. Engineering Our Future [M]. London: His Majesty's Stationery Office,1980.

[7] DERTOUZOS M L, LESTER R K, SOLOW R M. Made in America: Regaining the Productive Edge [M]. Cambridge: MIT Press,1989.

[8] 王沛民,顾建民,刘伟民.工程教育基础——工程教育理念和实践的研究[M].北京:高等教育出版社,2015.

[9] 吴婧姗.基于集成的工程教育模式研究[D/OL].杭州:浙江大学,2014:27[2017-02-10]. http://kns.cnki.net/KCMS/detail/detail.aspx? dbcode = CDFD&dbname = CDFDLAST2015&filename = 1015554547.nh&v=MjE5NjhHdFRJcUpFYlBJUjhlWDFMdXhZUzdEaDFUM3FUcldNMUZyQ1VSTDJmWU9ackZDamdWcjNLVkYyNkc3YTk=.

[10] 路甬祥.再谈现代工程教育[J].高等教育研究,1994(1):1-5.

[11] CRAWLEY E F. The CDIO Syllabus: a Statement of Goals for Undergraduate Engineering Education, MIT CDIO Report #1[R/OL]. (2001-01)[2017-2-20]. http://www.cdio.org/files/CDIO_Syllabus_Report.pdf.

[12] CRAWLEY EF. The CDIO Standards 1.0 [R/OL]. (2004-04-12) [2017-2-20]. http://www.cdio.org/files/standards/cdio_standards_1.0.pdf.

[13] 顾佩华,沈民奋,李升平,等.从CDIO到EIP-CDIO——汕头大学工程教育与人才培养模式探索[J].高等工程教育研究,2008(1):12-20.

[14] 王孙禺,孔钢城,雷环.《华盛顿协议》及其对我国工程教育的借鉴意义[J].高等工程教育研究,2007(1):10-15.

[15] SPADY W C, Marshall K G. Beyond Traditional Outcome-based Education[J]. Educational Leadership,1991(2):65-74.

[16] 克劳雷,等. 重新认识工程教育——国际 CDIO 培养模式与方法[M]. 顾佩华,沈民奋,陆小华,译. 北京:高等教育出版社,2009.

[17] 库伯.体验学习——让体验成为学习和发展的源泉[M].王灿明,等,译.上海:华东师范大学出版社,2008.

[18] 余天佐,刘少雪. 从外部评估转向自我改进——美国工程教育专业认证标准 EC2000 的变革及启示[J].高等工程教育研究,2014(6):28-34.

[19]The Boeing Company. Desired attributes of Engineer: Participation with Universities[R/OL]. (1996-03)[2017-02-26]. http://www.boeing.com/companyoffices/pwu/attributes/attributes.html.

[20] 雷环,克劳利. 培养工程领导力引领世界发展——麻省理工学院 Gordon 工程领导力计划概述[J]. 清华大学教育研究,2010,31(1):77-83.

第 2 章　CDIO 工程教育模式的主要特征

CDIO 工程教育模式从内部结构来说包含六大要素——理念(标准1)、培养目标(CDIO 能力大纲与标准 2),课程计划(标准 3、4、5)、教学方法(标准 7、8)、支撑条件(标准 6、9、10)和评估(标准 11、12)。这些要素之间相互影响、彼此制约并形成一定的结构,其中理念属于中心要素且贯穿于后五大要素,培养目标、课程计划和教学方法互为“目标—手段”,支撑条件为课程计划的实施提供保障,评估用于形成反馈回路以促进课程计划、教学方法和支撑条件的持续改进并加强练习,从而不断优化 CDIO 工程教育模式,发挥 CDIO 工程教育模式的人才培养功能,由此构成一个相对完整的动态的开放的教育系统。当然教育管理制度等并没有被纳入该系统,但是它在识别功能目标与实际效果偏差,从而及时发出控制信号进行及时调整方面至关重要。CDIO 工程教育模式的外部环境,主要是专业教育的利益相关者,CDIO 工程教育模式内部的六大要素都与利益相关者存在密切的联系,其实利益相关者是 CDIO 工程教育模式存在和演化的必要条件,甚至可以说对 CDIO 工程教育模式起到一定的支配作用,CDIO 工程教育模式的整体功能只有在与利益相关者的相互联系中才得以体现。利益相关者的需求发生大的变化,必然会导致 CDIO 工程教育模式的演化。CDIO 工程教育模式具有整体性、关联性、结构层次性、动态性、时序性、自组织性、目的性、环境适应性等基本特征,其设计体现了反馈原理、有序原理、整体原理等系统科学的基本原理,故 CDIO 工程教育模式是系统论在工程教育领域的成功实践。下面从 CDIO 工程教育模式的实施方法、要素、要素间的结构,以及外部环境等视角,分析 CDIO 工程教育模式的主要特征。

2.1 系统工程方法论的应用

系统工程方法论是用于解决复杂问题的一般程序、逻辑步骤和通用方法，其特点是研究方法强调整体性，技术应用强调综合性，管理决策强调科学性。[1] 霍尔（A·D·Hall）的“三维结构”模式和切克兰德（Checkland）的“调查学习”模式是最主要的系统工程方法论。

霍尔的“三维结构”模式是美国系统工程专家霍尔提出的一种系统工程方法论。它的出现，为解决大型复杂系统的规划、组织、管理问题提供了一种统一的思想方法，因而在世界各国得到了广泛应用。霍尔“三维结构”将系统工程整个活动过程，分为前后紧密衔接的六个阶段和七个步骤，同时还考虑了为完成这些阶段和步骤所需要的各种专业知识和技能。这样，就形成了由时间维、逻辑维和知识维所组成的三维结构。

时间维表示系统工程活动从开始到结束，按时间顺序排列的全过程，分为规划、方案、研制、生产、运行、更新六个时间阶段。其中，规划阶段的任务是，完成所研发系统的调研，明确目标，在此基础上提出设计思想和初步方案，制定系统工程活动的规划与战略；方案阶段的任务是，根据规划阶段所提出的设计思想和设计的初步方案，综合分析社会、经济、技术等因素，完成具体的计划方案并选择一个相对最优的方案；研制阶段的任务是，实现研制方案并做出生产计划；生产阶段的任务是，生产出系统的零部件及整个系统，并提出安装计划；运行阶段的任务是，完成系统安装和系统的运行计划，使系统按照预期的用途开展服务；更新阶段的任务是，完成系统评价，然后改进和更新原有系统，使之更加有效地工作，或者取消旧系统而代之以新系统。

逻辑维是指时间维的每一个阶段内所要进行的工作内容所应遵循的思维程序，包括明确问题、选择目标、系统综合、系统分析、方案优化、做出决策、付诸实施等七个逻辑步骤，其中明确问题的任务是，使用直观的经验方法（如头脑风暴法、5W1H法、KJ法等）、预测法（如德尔菲法、情景分析法、交叉影响法、时间序列法等）、结构模型法（如解释结构模型法即I5M法、决策实验室法即DEMATEL法、图论法等）、多变量统计分析法（如因子分析法、主成分分析法等）等方法，通过考察、测量、调研、需求分析、市场预测，尽可能全面收集相关资料，了解系统的环境、目的、组成要素及联系等，以明确问题的性质并设定问题；选择目标的任务是，使用效用理论、费用/效益分析法、风险估计、价值工程等价值体系方法，对所解决的问题提出应达到的目标，并制订出衡量是否达标的准则；系统综合的任务是，在给定条件下，综合运用计算机辅助设计（CAD）、系统仿真、知识工程和模糊理论等工具，搜集并综合达到预期目标的方案，并对每种方案进行必要说明；系统分析的任务是，综合运用建模分析、模拟仿真、定性和定量相结合分析法、可靠性和安全性评价方法等技术，将综合所得的各种方案，系统地进行比较、分析，必要时，建立模型进行仿真实验或理论计算；方案优化的任务是，采用线性规划法、动态规划法、组合优化理论、目标规划法、多目标优化等手段，对各方案的分析结果进行评价，选出满足目标要求的待选方案集合；决策的任务是，基于多人多目标决策、主从决策等理论，采用协商谈判系统、冲突分析系统等软件，确定最佳方案；实施的任务是，采用计划评审技术（PERT）、关键路线法（CPM）等，执行最佳方案，并完成各个阶段的管理工作。

知识维表示在完成上述各步骤时所需的各种专业知识和管理知识，包括工程、经济、商业、法律、管理、环境、社会科学、艺术、计算机技术等各种知识和专业技术。

霍尔的“三维结构”模式最适合于寻求各种“战术”问题的最优策略，或用来组织管理大型工程建设项目。但把该方法扩展于解决社会问题或“软科学”问题等其他领域时，会碰到许多困难，尤其在设计价值系统、模型化和最优化等步骤方面，有许多因素很难进行定量分析，故切克兰德提出了自己的“软科学”方法论，并把霍尔的方法论称为“硬科学”的方法论。

切克兰德的“调查学习”方法论的核心不是“最优化”，而是“比较”与“探寻”，即从模型和现状的比较中，寻找改善现存系统的途径。该方法的工作过程包括系统现状说明，系统根定义，建立概念模型，比较及探寻，选择、设计与实施，评估与反馈。现状说明的任务是，通过调查分析，寻找构成或影响因素及其关系，对现存的不良结构系统的现状进行说明，以便明确系统问题结构、现存过程及其相互之间的不适应之处，确定有关的行为主体和利益主体；系统根定义的任务是，初步弄清、改善与现状有关的各种因素及其相互关系，其目的是弄清系统问题的关键要素及关联因素，为系统的发展及研究确立各种基本的看法，并尽可能选择出最合适的基本观点；建立概念模型的任务是，在不能建立精确数学模型的情况下，用结构模型或语言模型来描述系统的现状，概念模型是通过系统化语言对问题抽象描述的结果，其结构及要素必须符合关联因素分析的思想，并能实现其要求，并且随着分析和“学习”的加深，需要不断改善概念模型；比较及探寻的任务是，将概念模型和现状进行对比，找出符合决策者意图且可行的改革方案或途径，有时通过比较，需要对系统根定义的结果进行适当修正；选择的任务是，针对比较的结果，考虑有关人员的态度及其他社会、行为等因素，选出现实可行的改善方案；设计与实施的任务是，通过详尽和有针对性的设计，形成具有可操作性的改革方案，并使得有关人员乐于接受和愿意为方案的实现竭尽全力；评估与反馈的任务是，根据在实施过程中获得的新的认识，修正问题描述、关联因素及概念模型等。

产品、过程和系统生命周期的各个阶段——构思、设计、实现和运行，与霍尔的“三维结构”模式的时间维，即系统工程活动的全过程——规划、方案、研制、生产、运行、更新相对应，其中，CDIO工程教育模式的构思阶段对应霍尔的“三维结构”模式的规划和方案阶段；CDIO工程教育模式的设计阶段对应霍尔的“三维结构”模式的研制阶段；CDIO工程教育模式的实现阶段对应霍尔的“三维结构”模式的生产阶段；CDIO工程教育模式的运行阶段对应霍尔的“三维结构”模式的运行和更新阶段。

CDIO工程教育模式是基于“工程问题求解范式”所开发的，系统工程方法论已经应用到CDIO工程教育模式的发展当中。[2]在各专业开展基于CDIO工程教育模式的专业改革过程时，同样可以运用该方法，即将教育看成一种服务，将产品、过程和系统的开发与运行方法应用到CDIO工程教育模式的实施当中，当然教育与工程问题也有所区别，需要霍尔的“三维结构”模式和切克兰德的“调查学习”模式的综合运用。

基于CDIO工程教育模式进行专业改革，可利用产品、过程和系统开发技术开展CDIO工程教育模式的实施，在构思、设计、实现和运行阶段可综合运用霍尔的“三维结构”模式的逻辑维和切克兰德的“调查学习”模式。(1)构思阶段。首先必须将产品、过程和系统的生命周期的开发与运用，即构思—设计—实现—运行作为专业教育的背景环境；然后利用系统工程方法论，对毕业工程师的需求进行分析，设定明确学习效果，并且要与国家和学校的发展目标及标准保持一致，并且反应科学和技术的发展；对每个专业而言，构思阶段的学习效果是唯一的，而且要符合CDIO能力大纲和CDIO标准的要求。(2)设计阶段。利用系统工程方法论，对现有课程计划进行基准评估；对现有的教与学的方法、评估方法，以及工程实践场所建设现状进行问题调查和分析；利用实施工具箱(I-Kits)、教师资源材料(IRM)等开源工具,[3]完成课程计划开发、课程开发、教与学方法的设计、评估方法设计、提高教师能力计划设计,以及工程实践场所建设计划设计等。(3)实现阶段。利用系统工程方法论,在开源方法和资源的支持下,依据设计结果,开展工程实践场所建设和教师能力提升项目实施;[3]按照所设计的专业课程计划、教与学的方法和评估方法实施,以对专业的 CDIO 工程教育模式进行测试;在对实施效果开展评估的基础上,对专业 CDIO 工程教育模式进行不断修正和改善;在本阶段完成后,人力资源和物质资源都得到了适合 CDIO 工程教育模式需求的发展,且专业 CDIO 工程教育模式进入稳态阶段。(4)专业 CDIO 工程教育模式进入稳定状态后,就进入运行阶段,在该阶段需要利用系统工程方法论,不断对该模式进行评估和持续改进。

2.2 基于大工程观的工程教育

作为美国“回归工程运动”的延续,麻省理工学院工学院院长莫西斯教授在 1994 年推出的新的学院发展规划——《大 E 工程:集成的工程教育》,[4]提出了大工程观。该规划文件对“大工程观”这一用语做了解释——它与研究导向的工程科学观相对立,是对为工程实际服务的工程教育的一种回归,强调以系统的、完整的、多样的视角看待工程问题。大工程观的核心是“工程系统学”,[5]认为工程既是工程技术本身所形成的系统,又是工程与其相关的非技术因素所形成的系统,即是将科学、技术、非技术要素(如经济、社会、环境生态、文化、伦理道德、审美艺术等)融为一体的完整的工程活动系统。大工程观包括:宏大或复杂工程视野,即对大工程、复杂工程所应具备的系统认识;多学科视野,即从多学科的视角审视工程;科学与基础理论素养;人文情怀,即工程内含的对“人”的关怀;工程组织素养,这是大工程、复杂工程的组织所必需的。未来工程师应具备大工程观,既是科技发展趋势,又是社会的需求。

基于大工程观的工程教育是将科学、技术、非技术和工程实践等要素融为一体,具有实践性、整合性、创新性的教育体系,[6]是在关注环境可持续发展的前提下,使建立在科学基础上的工程教育回归到更加注重工程实际,以及工程本身的系统性和完整性上来,让学生接触到大规模复杂系统的分析和管理过程,从而培养具有集成知识、系统方法、创新能力、实践能力和人文情怀的跨学科、全方位发展的工程科技人才。[7]

CDIO工程教育模式，是麻省理工学院航空航天工程系的克劳雷教授应用“工程问题求解范式”，对工学院规划《大E工程：集成的工程教育》的具体回应。CDIO工程教育模式与大工程观具有共同的工程价值观和工程教育改革思想，在大工程观理念的指引下，将让学生掌握扎实的技术基础知识，具备开发和运行产品、过程和系统的领导能力，了解科研和技术开发对社会的战略影响和重要性等三点作为CDIO工程教育改革的三个总目标，并细化落实到CDIO能力大纲和标准中。CDIO工程教育模式为工程教育必须“以工程为导向”“以背景为基础”提供了系统的易操作和推广的改革模式，CDIO工程教育模式是对大工程观的传承、实践和发展。

CDIO工程教育模式培养的不仅仅是技术专家，而且是能在现代组织管理模式和市场运行机制下从事产品系统开发的工程师，更是以人类福祉为宗旨的具有社会责任感的工程人才与社会文明的缔造者。CDIO能力大纲所包含的技术知识和推理，个人能力、职业能力和态度，人际交往能力，包括团队工作和交流，在企业和社会环境下构思、设计、实现、运行系统能力等四个方面培养目标，是对基于大工程观的工程教育的知识、系统方法、创新能力、实践能力和人文情怀等综合能力培养的回应和具体化。例如CDIO能力大纲中涉及：认识系统的社会、企业和技术的背景环境；接受工程师对社会和可持续未来的责任；解释工程对现代文化下环境、社会、知识及经济体系的影响；接受社会及其代理人对工程所进行的规范；认识法律和政治系统规范和影响工程的方式；明确当代价值观形成的过程及个人在这些过程中的作用；认识各种文化中的政治、社会、经济、工商和技术行为习惯的相似和差异处；在工程活动中应用可持续性原则；分析伦理、社会、环境、法律、法规对工程的影响；组建、领导一个团队及其拓展组织；计划、管理、完成工程项目；企业投资与财务管理；管理知识产权等。CDIO工程教育模式正是根据大工程的理念来建构培养目标、课程体系、教学模式等人才培养系统要素，进而开展工程人才培养。

2.3 以工程职业实践为教育背景

提高工程教育质量和工科专业吸引力，是当今国际工程教育所面临的共同问题。基于工程职业实践需求，开展工程人才的培养，是解决这个问题的有效途径。构思、设计、实现和运行产品、过程和系统既是现代工程师的主要工程职业实践活动，也是培养工程师所需知识、能力和素质的自然环境，基于需求决定论，将工程职业实践作为工程教育的背景环境是CDIO 工程教育模式的方法论和灵魂。CDIO 工程教育模式主张"深入理解工程职业实践环境，并将这种环境融入教学实践中"，这是 CDIO 工程教育模式与"以理论体系为基础"的教学模式的本质区别。

基于经验学习理论的 CDIO 工程教育模式是"做中学"原则的集中体现。[2]"做中学"原则[8]是约翰·杜威(John Dewey)所提出的学习方法，杜威的实用主义教育思想在现代中国教育的改革中留下了深远影响，杜威教育理论中的三个核心命题是"教育即生活""教育即生长""教育即经验的改造"，这三个命题紧密相关，从不同侧面揭示出杜威对教育基本问题的看法；并且，他以此为依据，对知与行的关系进行了论述，提出了举世闻名的"做中学"原则，杜威认为"做中学"，也就是"从活动中学""从经验中学"，在杜威看来，"从做中学"充分体现了学与做的结合，也就是知与行的结合，它使得学校里知识的获得与生活过程中的活动联系起来。

当然，构思、设计、实现和运行产品、过程和系统不是工程教育的内容，要将该工程实践环境导入到工程教育过程中，是为了获得这些内容的工具和环境。[9]把工程实践作为工程教育的背景环境与把工程实践作为工程教育的内容有着本质的区别，[10]把工程实践作为工程教育的内容意味着简单地增加实践、实习、操作训练，或"以典型产品组织教学"，或简单地在"做中学"。把工程实践作为工程教育的背景环境具有两个方面的意义：其一，工程教育的目标是培养学生成为合格的工程实践者，工程教育的目标取决于工程实践的要求，由此产生了 CDIO 能力大纲；其二，工程教育的过程需要使学生能够把学到的内容应用于工程实践，即工程教育不仅要求学生对技术基础知识有深刻的理解，更需要创造必要的环境和方法帮助学生理解工程实践，并且在工程实践环境下学习工程人员的思维方式、行为方式并提高能力，CDIO 标准从多个方面为这样的培养提供保障。例如工程教育包括机械、电气、化工、工程科学等学科知识的学习，但当学生在学习这些学科知识时，必须在这样一个背景下进行，即他们将获得一些构思、设计、实现和运行产品、过程和系统的能力并端正态度；再如，设计—实现的经验作为一体化课程计划的主要组成部分，产品、过程和系统的设计和实现是其主要内容，设计是核心，但在课程的实施时需要将构思、设计、实现和运行产品、过程和系统作为背景，并且要把促进学生深层次的基础学习作为其融合目标。

查建中教授在《从能力大纲到集成化课程体系设计的 CDIO 工程教育模式》一文指出,CDIO 方法论明确了 CDIO 工程教育模式“基于项目学习”(或通俗说法“做中学”)的本质,它旨在利用工程项目这一载体引入职场环境文化特征,来训练未来的工程师,同时又避免了以具象工程项目所包含的知识作为工程教育内容的偏颇和狭隘做法。[11] 即 CDIO 方法论把工程师在工程职场上所从事的工作作为产业工程职场的环境载体引入到学校中来作为教育的环境,这样工科学生在学校就可置身于将来他们毕业后从事工程工作的职场环境,通过基于项目的学习,深受职场环境熏陶,熟悉职场典型工作,具有职场文化特征,因此可以适应职场要求,使学习过程与职场工作无缝连接。这里的职场环境不是指硬件环境,而是指职场的文化环境,例如顾客至上、不断创新改进、全面服务、面向问题解决、有效沟通、团队合作、注重效果和效率等。也就是说,工科学生在学校通过从事 CDIO 工作接受职场文化特征的熏陶,养成职场需要的素质(职业道德、社会责任、团队合作、学习沟通、创新批判思维、做事能力等),同时通过“做中学”,更高效、更深刻地理解、掌握和运用理论知识,以形成分析问题、解决问题、创新创业的技能。

依据 CDIO 方法论,构建以工程实践能力为核心的 CDIO 能力大纲,相对于其他工程教育目标,就更完整、更清晰、更具体,且将知识、能力和态度融为一体;同时明确了学生知识、能力和态度的融合培养可以在工程实践中完成,为学生培养的一体化提供依据。即 CDIO 工程教育模式是在 CDIO 方法论的指导下,用 CDIO 能力大纲和 CDIO 标准为工程教育应该培养什么样的人和如何培养的问题提供答案。

2.4 合理及可评估的培养目标

基于工程实践需求,根据现代工程师职能,通过对工程教育利益相关者的调查,并参考相关工程认证标准所制定的 CDIO 能力大纲是 CDIO 工程教育模式的核心价值之一。CDIO 能力大纲给出合理、详细、完整、清晰和系统的目标体系,通过将培养目标分成四大主题,并对每个主题深入细化,使得笼统的教育愿景转化为可实现和可评估的培养目标,是一体化课程计划设计的主要依据。

美国工程技术认证委员会(ABET)是美国最具权威的专业认证机构之一,是华盛顿协议的六个发起组织之一,获得广泛的国际认可。ABET推出的工程认证标准 2000(EC2000)中提出了 11 条毕业要求,如表 2-1,CDIO 能力大纲与这 11 条毕业要求有着密切的联系,表 2-2 说明了 CDIO 能力大纲 1.0 第二层主题与 EC2000 毕业要求的关系。

表 2-1　ABET EC2000 的毕业要求

序号	要　　求
a	运用数学、科学和工程知识的能力
b	设计和实施实验及分析和解释数据的能力
c	在考虑经济、环境、社会、政治、道德、健康、安全、易于加工、可持续性等现实约束条件下,设计系统、部件或过程的能力
d	在多学科团队中发挥作用的能力
e	发现、明确表达和解决工程问题的能力
f	理解社会责任和职业道德
g	有效沟通的能力
h	具备足够的知识面,能够在全球化、经济、环境和社会的背景下,认识工程解决方案的影响
i	认可终身学习并具备终身学习能力
j	具有关于当代问题的相关知识
k	综合运用技术、技能和现代工程工具进行工程实践的能力

表 2-2　CDIO 能力大纲与 ABET EC2000 毕业要求的关系

CDIO 能力大纲	ABET EC2000										
	a	b	c	d	e	f	g	h	i	j	k
1.1 基础科学知识	√										
1.2 核心工程基础知识	√										
1.3 高级工程基础知识											√
2.1 工程推理和问题解决能力											O
2.2 实验中探寻知识		√									

续 表

CDIO 能力大纲	ABET EC2000										
	a	b	c	d	e	f	g	h	i	j	k
2.3 系统思维			O								
2.4 个人能力和态度									√		
2.5 职业能力和态度						√					O
3.1 团队精神				√							
3.2 交流							√				
3.3 外语交流											
4.1 外部和社会背景环境								√		√	
4.2 企业与商业环境											
4.3 系统的构思与工程化			√								
4.4 设计			√								
4.5 实现			√								
4.6 运行			√								
√表示强相关,O 表示相关											

CDIO 能力大纲是从现代工程的功能中明确推演出来的,这样的组织方法明确告诉我们改变的理由。将 CDIO 能力大纲与 ABET EC2000 标准进行比较,可以看出 CDIO 能力大纲组织得更合理、更适合评估,对一体化课程计划的设计更具有指导价值,从而更有利于目标的实现。CDIO 能力大纲比 ABET EC2000 标准组织得更合理,给出更详细具体、更清晰的各层内容,如以 ABET EC2000 标准的"有效沟通的能力"为例,在 CDIO 能力大纲中将交流沟通能力,分解为交流的策略,交流的结构,书面交流,电子和多媒体交流,图表交流,口头表达,询问、聆听、对话,协商、妥协与矛盾的解决,支撑自己的观点,建立多样化的社会联系与人际网络和人际交流等十个方面共 46 项,这些反映了职场交流沟通能力的具体内容和要求,为培养和评估学生的交流沟通能力提供了详细具体依据,可实施性明显较好。再以 ABET EC2000 标准的"具有关于当代问题的相关知识"为例,CDIO 能力大纲对可持续发展、创新和创业问题,都给出具体知识、能力和态度要求,如从工程能力、工程领导力、工程创业等主题细化了对工程创业能力的要求。另外,CDIO 能力大纲与 ABET EC2000 标准相比,CDIO 能力大纲定义了可测试的目标,这些目标对课程计划的设计和评估至关重要。

2.5　工程教育的一体化

广义的一体化指的是一切对立的教育元素的协同整合。在工程教育中，一体化主要是指在专业教育与通识教育之间、基础理论学习与工程实践训练之间的协同整合。[12] CDIO 工程教育模式作为一体化的系统，包括三个总目标：掌握深厚的技术基础知识；领导开发和运行新的产品、过程和系统；了解科研和技术开发对于社会的重要性和战略影响。其中第一个目标，就是通过实践的引领，让学生学到更深、更广、更新、更活的专业理论知识，从而能领导开发和运行新的产品、过程和系统，使之对社会发展产生积极的战略影响。

工程教育的内容应当完整地包含当代工程实践，包含工程人才所需要的知识、能力和态度。知识、能力和态度融为一体的 CDIO 能力大纲给出了很好的回应，与联合国教科文组织提出的学会求知、学会做人、学会合作、学会做事的教育四大支柱相一致，反映了这个时代工程实践和教育改革实践对工程教育培养目标的要求。CDIO 能力大纲是全方位的，涵盖了在组织中从事工程工作所需的全部能力，不仅注重专业技术知识，还包括实践能力，即在社会和企业环境下，对产品、过程和系统进行构思、设计、实现、运行的能力，同时还包括合作沟通等社会能力，解决问题、批判创新、系统思维、计划等综合能力，终身学习等自我提升能力，良好的职业伦理和职业态度等。CDIO 能力大纲的个人、人际交往能力及系统、过程和产品建造能力与学科知识是一体的，如技术领域的口头交流能力既有通用能力的一面，也有其涉及学科知识的特殊性，如向客户解释技术性问题。即交流沟通能力与学科知识是相互融合的。

工程教育所面临的挑战不仅仅是简单的加强基础、拓宽口径或增强实践能力的问题，它是全世界范围内工程教育的发展与科学、技术、工业和工程实践发展不协调所带来的问题。因此，工程教育的改革就需要整体考虑，探索一体化的解决方案，而 CDIO 工程教育模式在一体化 CDIO 能力大纲的基础上提供了一体化的解决方案。知识、能力和态度融为一体的 CDIO 能力大纲，是制订一体化课程计划、实施一体化教学和对学生能力一体化评估的基础。

首先，CDIO 标准 3 要求完成一体化课程计划的设计，将 CDIO 能力大纲中每个知识、能力和态度的培养点具体落实到课程和课外活动中；一体化课程计划强调，专业课程是有机联系和相互支持的，知识、能力和态度融合培养必须得到有效明确的支持，每门课程和课程模块都需要明确关于知识、能力和态度的具体培养目标；项目课程必须贯穿整个课程计划，一体化课程计划必须包含一系列复杂度逐步加深的设计—实现的经验。

其次，CDIO 标准 7、8 要求通过一体化教学，为学生提供一种学习经验和情境，使学生在学习学科知识的同时，养成个人、人际交往能力及产品、过程和系统的构思、设计、实现和运行能力，从而构建总体教学效果大于各课程教学效果累加的教育系统；一体化教学是基于主动学习和经验学习方法的教与学，最常见的是采用“做中学”教学模式，按项目组织教学，将项目的前后关联性和专业知识的系统性结合起来，促进学生深层次的基础学习，帮助学生把主要概念有机联系起来并促进知识在职业实践中的应用。

再次，CDIO 标准 6 要求，所建设的工程实践场所要为学生通过职业实践，实现知识、能力和态度的一体化培养提供支撑；CDIO 标准 9、10 要求提升教师的知识、能力（包括工程实践能力和教学能力）和态度，为一体化课程计划的实施提供保障。

最后，CDIO 标准 11 要求采用重在能力的一体化评估方法，对学生个体所获得知识、能力和态度的综合学习效果进行评估，并将评估用于诊断和提升学习效果。

总之，CDIO 工程教育模式在培养内容、课程体系、教学方法和评估改进等各个方面都是一个整体。

2.6 CDIO 工程教育模式的产学合作

CDIO 工程教育模式以产业需求为导向，产学合作贯穿工程教育的全过程，[13] 教学内容和方法与产业发展同步。

CDIO 工程教育模式的方法论将产品、过程和系统生命周期的开发与运用即构思—设计—实现—运行作为工程教育的背景环境，其依据是构思、设计、实现和运行是企业在真实社会环境中的一个产品开发流程，而构思、设计、实现和运行产品、过程和系统是产业界对现代工程师的职责要求。

CDIO 能力大纲的设计过程是一个与产业界紧密合作的过程，通过对包括产业界在内的工程教育利益相关者的调查，参考产业界对工程师的能力需求（如波音公司提出的工程师品质标准）制定的 CDIO 能力大纲，与产业界对学生知识、能力和态度的要求相对接，并经过产业界的评估和审查；另外，基于通用型的 CDIO 能力大纲，制定专业 CDIO 能力大纲，明确 CDIO 能力大纲中主题的具体的学习效果时，必须听取产业界的声音，并得到产业界的认可和确认，否则 CDIO 能力大纲将脱离产业界的需要，无法保障学生获得应有的知识、技能和能力。

项目课程是 CDIO 一体化课程计划的重要组成部分，显然来自企业的真实项目，更有助于学生工程实践能力的培养，因为真实项目包含更多的信息，可让学生学到技术之外的许多东西，如管理、市场、顾客沟通和服务、成本、融资、团队合作等；同时加强与产业界合作，基于企业已经完成的真实项目，设计集成化教学项目，或作为教学案例，都能更加有效地提升学生能力。

CDIO 工程教育模式是能力本位的培养模式，而且学生的实践项目要求尽量多的从工业界获得，故评价学生学习效果，要强调产学合作的作用，即对学生能力的评价主体不仅要包括学校教师和学生群体，也要包括工业界人士，特别是对学生工程实践能力和产业经验的评价，产业工程师拥有最大的发言权，通过加强产学合作，将会增强评估的科学性和有效性。

教师工程实践能力是实施 CDIO 工程教育模式的关键因素，为使教师不断更新工程能力、紧跟技术创新步伐和给学生树立当代工程师的榜样，常用措施包括教师利用假期到工业界去工作、教师与产业界的工程师在科研和教学项目中合作、把工程经验作为聘用和提升教师的条件、聘请产业界优秀工程技术人员到校兼职任教等，这些措施都需以与产业界的密切合作为基础。

在对专业的评估中，CDIO 工程教育模式也要求不断听取来自产业界的反馈信息，从而根据存在的问题不断完善教育教学。

总之，CDIO 能力大纲和 12 条 CDIO 标准都与产业界密不可分，与产业界的合作不可或缺，成功的产学合作是实施 CDIO 工程教育模式的必要条件，即 CDIO 工程教育模式是融于产业发展并与产业发展同步的工程教育模式。

2.7 成果导向教育模式

2000 年，美国工程及技术教育认证委员会（ABET）开始实施基于成果导向理念的认证模式，作为《华盛顿协议》的最重要成员，ABET 践行了工程教育专业认证的三个基本理念：成果导向、学生为中心和持续改进。

斯巴迪（Spady）教授在 1981 年发表的著作《成果导向教学管理：以社会学的视角》（*Outcome-based Instructional Management: A Sociological Perspective*）中首次提出成果导向教育（Outcome. Based Eduction, OBE），成果导向教育模式又被称为基于学习产出的教育模式，指教学设计和教学实施的目标是学生通过教育过程最后所取得的学习成果，[14]在该模式下，成果决定过程，课程设置以最终成果为导向，在学习结束之后，学生应当展示自己所学成果，它注重课程内容、教学方法、教学策略与教学评估之间的高度匹配，该模式主要阐明以下四个主要教育问题：我们想让学生取得的学习成果是什么？为什么想让学生取得这些学习成果？我们如何最大限度地帮助学生取得这些学习成果？如何指导学生取得这些学习成果？

成果导向教育模式可归纳为一个核心目标、两点需求、三个前提、四个原则和四点支持、五个实施步骤。[15]具体来说，一个核心目标是指让所有学生都能取得最终学习成果。两点需求，一是学习成果的准确界定和清晰呈现，构建成果蓝图，让学生对最终的成果有清晰的认识；二是用具体的成果来指导课程的设置。三个前提，一是所有学生都能学习并获得成功，但学习的方法及成功所需的时间因人而异；二是成功是成功之母，即一次成果的达成能促进下一次成果的获得，依次递进，最终获得成功；三是学校掌控成功的条件，即学校要为学生拓展更多的学习机会，提供学习资源，以促进最终成果的达成。四个原则，一是清楚聚焦，课程设计与教学要清楚地聚焦在学生完成学习过程后所能达成的最终学习成果上，并让学生将他们的学习目标聚焦在这些学习成果上；二是拓展机会，课程设计与教学要充分考虑每个学生的个体差异，要在时间和资源上保障每个学生都有达成学习成果的机会；三是更高的期望，教师应该提高对学生学习的期待，制订具有挑战性的执行标准，以鼓励学生深度学习，促进更成功的学习；四是反向设计，先设定需要取得的学习成果，然后在预期学习成果指导下进行课程设置、教学材料与方法的选用及后续的评估，即课程设计与实施的整个过程都要以如何有效达成学习成果为基础。四点支持，一是学生需要学什么应当清晰界定；二是学生进步的过程应以展示的成果为基础；三是提供多样的教学和评估策略来满足每个学生的需求；四是提供充足的时间和帮助让每个学生都挖掘出最大的潜能。五个实施步骤，一是制订预期学习成果，成果不能统一而论，要分层次设定关键成果、具体成果、评量指标和绩效指标；二是反向设计课程体系，以已经细分为具体的毕业生能力指标的最终学习成果为指导，开展课程体系设计，要求课程体系与毕业生能力结构之间有清晰的对应关系，毕业生每条能力指标都应有相应的课程来支撑，反过来说，每门课程的设置都应以实现某条特定的能力指标为前提；三是确定策略并实施教学，重视学生的学习结果而不是老师教的具体内容，强调学生的主体性，在教学策略的选择上应当弱化教师填鸭式的输送方式，强化研究型教学模式，鼓励学生进行自我探索和自我开发，成果导向教育模式下的教学实施应当遵循扩大学习机会、赋予学生自主学习的权利、重新思考教师自主的权责、强化课程系统的纵向连贯和对学生的引导功能等基本原则；四是结果认证，聚焦在学习成果上，而非教学内容及学习时间、学习方式上，采用多元和梯次的评价标准，评价强调达成学习成果的内涵和个人的学习进步，不强调学生之间的比较，并将评价结果用于改进教学；五是决定晋级，OBE 强调所有学生都能取得成功，但是应当设定几个阶段让学生在学习过程中逐步获得成功。

CDIO 工程教育模式的创建过程中受到以成果为导向的教育模式[16]的影响，两者在形式上是相通的，CDIO 工程教育模式就是以 CDIO 能力大纲所代表的“预期学习效果”来驱动课程计划设计、课程设计、课程实施、实践场所建设、师资队伍建设、评估认证等教育活动，即所有的教育活动都围绕“预期学习效果”这个中心而开展；OBE 是以“预期学习成果”来驱动整个教育结构的模式。CDIO 工程教育模式与 OBE 在精神上的也是相通的，CDIO 工程教育模式实施主动性教学方法，重视营造工程教育文化，OBE 强调以学生为本，注重教育软环境建设，加强师生互动。

2.8　CDIO 工程教育模式提供的最佳实践框架

CDIO 能力大纲和 CDIO 标准是 CDIO 工程教育模式提供的工程教

育的最佳实践框架，是将学生培养成符合工业界要求的合格工程师的指南，它用工程的方法培养学生的工程实践能力，并使学生掌握工程实践所需的技术知识。

CDIO能力大纲列出了工程教育合理而详细的培养目标，通过对大纲每个主题的逐层细化，所得到的清晰完整的可评估的人才培养规格是课程设计和评估的基础。例如，为了培养学生"查询印刷资料和电子文献"能力，大纲列举了七条学习效果目标：

(1)选择文献和媒体检索的策略。

(2)应用图书馆、在线检索、数据库等工具进行检索并获取信息。

(3)主要信息的整理和分类。

(4)信息的质量和可靠性甄别。

(5)提取信息中重点和创新的内容。

(6)找出尚未解决的研究问题。

(7)列出参考文献。

这七条目标正是在文献查阅时所需要具备的能力。而每个教师都有可能在自己的课程或学生的活动中，要求学生按照这样的过程针对相应的主题进行文献查阅，当学生在众多的课程和活动中经历同样的过程，学生就逐步掌握了查询印刷资料和电子文献的能力。

CDIO标准作为世界通行的实施CDIO工程教育模式的基准和目标，是标准化形式的专业设计、全面实施、评估和发展的指南，为基于CDIO工程教育模式进行教育教学改革和评估提供指引，具有操作性强和易于实施等特点。CDIO工程教育模式还通过国际合作汇编了CDIO工程教育改革实施工具箱(I-Kits)、教师资源材料(IRM)、启动指南等国际合作的成果，并通过CDIO网站公开，从而减少改革成本、增加改革成功的机会。

CDIO工程教育模式是国际工程教育合作的产物，CDIO国际合作组织成员来自全世界五大洲130多所院校。通过定期举行CDIO工程教育模式的区域性会议和国际会议，使参与国家和院校走在一起，共同交流基于CDIO工程教育模式进行工程教育改革的思想、做法、方法、成效、经验等，并根据各自的实践经验和理论研究提出新的方法和建议，使CDIO工程教育模式和CDIO资源处于不断升级当中，为全球工程教育服务；同时各院校通过交流，可实现在相互借鉴、比较和竞争当中，不断提升基于CDIO工程教育模式的教育教学改革实践水平，进而提升各自的工程教育质量。

参考文献

[1] 许国志. 系统科学[M]. 上海：上海科技教育出版社，2000.

[2] 克劳雷，等. 重新认识工程教育——国际 CDIO 培养模式与方法[M]. 顾佩华，沈民奋，陆小华，译. 北京：高等教育出版社，2009.

[3] http://www.cdio.org.

[4] 吴婧姗. 基于集成的工程教育模式研究[D/OL]. 杭州：浙江大学，2014：27[2017-02-10]. http://kns.cnki.net/KCMS/detail/detail.aspx? dbcode=CDFD&dbname=CDFDLAST2015&filename=1015554547.nh&v=MjE5NjhHdFRJcUpFYlBJUjhlWDFMdXhZUzdEaDFUM3FUcldNMUZyQ1VSTDJmWU9ackZDamdWcjNLVkYyNkc3YTk=.

[5] 李培根. 大工程观复杂工程意识[R/OL]. (2016-01-08)[2017-2-28]. http://www.chinacdio.com/Detail.aspx? type=content&id=387.

[6] 谢笑珍. "大工程观"的涵义、本质特征探析[J]. 高等工程教育研究，2008(3)：35-38.

[7] 陈国松. 我国重点大学本科工程教育实践教学改革研究[D/OL]. 武汉：华中科技大学，2012：46[2017-02-28]. http://kns.cnki.net/KCMS/detail/detail.aspx? dbcode=CDFD&dbname=CDFD1214&filename=1013011251.nh&v=MDk4NTViUElSOGVYMUx1eFlTN0RoMVQzcVRyV00xRnJDVVJMMmZZT1pxRmlEa1c3dkFWRjI2SGJPNUg5UEpycEU=.

[8] 林海艳. 杜威"做中学"原则及其现实合理性的心理学分析[R/OL]. (2012-05-27)[2017-03-01]. http://www.lwwzx.com/Freepaper/32377.htm.

[9] CRAWLEY E T, BRODEUR D R, SODERHOLM D H. The Education of Future Aeronautical Engineers: Conceiving, Designing, Implementing and Operating[J]. Journal of Science Education and Technology，2008(2)：138-151.

[10] 顾佩华，包能胜，康全礼，等. CDIO 在中国(上)[J]. 高等工程教育研究，2012(3)：24-40.

[11] 查建中,徐文胜,顾学雍,等. 从能力大纲到集成化课程体系设计的CDIO模式——北京交通大学创新教育实验区系列报告之一[J]. 高等工程教育研究,2013(2):10-23.

[12] 姜嘉乐. 略谈工程教育改革中的一体化[R/OL]. (2013-05-19)[2017-03-05]. http://chinacdio. com/Detail. aspx? type = content&id=317.

[13] 查建中. 论"做中学"战略下的CDIO模式[J]. 高等工程教育研究,2008(3):1-9.

[14] 李志义,朱泓,刘志军,等. 用成果导向教育理念引导高等工程教育教学改革[J]. 高等工程教育研究,2014(2):29-34.

[15] 赵洪梅. 基于成果导向教育的工程教育教学改革[D/OL]. 大连:大连理工大学,2016: 8[2017-03-08]. http://kns. cnki. net/KCMS/detail/detail. aspx? dbcode = CMFD&dbname = CMFD201701&filename = 1016216335. nh&v = MTEyNjdmWU9acUZpRG5WN3ZKVkYyNkdMRzVHTkxQcXBFYlBJUjhlWDFMdXhZUzdEaDFUM3FUcldNMUZyQ1VSTDI=.

[16] 顾佩华. 面向工程认证的CDIO-OBE工程教育模式[R/OL]. (2013-11-31)[2017-03-08]. http://www. chinacdio. com/Detail. aspx? type=content&id=319.

第 3 章　CDIO 工程教育模式在高职教育中的适用性分析

工程人才的职业谱系很宽，这种谱系包括从技能或半技能的工人劳动者，到工程技术员、工程技术师、工程师和工程科学家。[1]工程教育的目的是培养具备较好工程能力和深厚技术基础知识的工程师。高等职业教育的目的是培养面向经济社会发展和生产服务一线的高素质技术技能人才。工程教育和高等职业教育都面临着相同的两个中心问题，即学生毕业时，他们学到的全部知识、能力和态度应该有哪些？掌握的水平如何？如何能更好地保证学生学到这些知识和能力？工科类专业的高等职业教育培养的是工程技术技能型人才，与工程师同属工程人才的职业谱系，都从事着改造客观世界和创造事物的实践活动。新加坡南洋理工学院、苏州工业园区职业技术学院等高职院校作为 CDIO 国际合作组织的正式成员，已经实施基于 CDIO 工程教育模式的教育教学改革，并且取得很好成效，这从教育实践的视角说明了 CDIO 工程教育模式在高职教育中的适用性。下面从起源、方法论、人才培养规格、教育理论基础、CDIO 标准、产学合作和专业认证等视角，对 CDIO 工程教育模式在高职教育中的适用性开展分析。

3.1　基于起源视角的适用性分析

19 世纪 20 年代，随着工业发展及大生产的到来，早期的基于实践操作和手工工艺的技术人才培养已经不能满足工业发展的需要，人们认识到社会迫切需要一批既懂理论又能将理论应用到生产实践中的“工程型”人才，在此背景下，高等工程教育应运而生。中国工程院工程教育研究课题组认为，高等工程教育的基本任务是使学生接受系统的理工学科的理论知识、基本技能的学习和训练，使其在完成学业时，初步具备成为工程师的基本素质和条件[2]，即将学生培养成“整装待发”的工程师，也就是在其从事职业前具备较好的工程能力和深厚的技术基础知识。[3]

随着我国改革开放和现代化建设的不断发展，科学技术和社会生产的不断进步，新技术、新工艺、新材料和新设备的大量采用和引进，资金和技术密集的行业和经济发达地区对一线从业人员的技术水平和能力结构都提出了更高、更新的要求，急需大量既掌握较高技术技能，又有一定理论知识的高层次的技术人才。在此背景下，以培养高等技术应用型人才为主的我国高等职业教育应运而生。[4]

高等工程教育所培养的工程师主要从事于为社会谋求直接利益有关的规划、决策、设计等工作；而高等职业教育培养的是在掌握本专业知识的基础上，重点掌握从事本专业领域实际工作的基本能力和基本技能，在生产、建设、管理、服务第一线工作的高级技术应用型人才。尽管高等工程教育和高等职业教育的内在和表现形式并不一致，且隶属于不同的教育类型。但从各自的起源来看，二者具有同源性。[5]高等工程教育隶属于工程学科，高等职业教育隶属于技术学科，从工程学科的起源来看，工程学科的前身就是技术学科。在工程项目相对简单的条件下，工程大部分是技术的集成，工程领域中产生的问题也大部分是技术问题，其工程教育在培养工程师的过程中大部分借助技术学科的知识和方法。[6]随着现代工程项目向大型化和复杂化方向发展，工程领域需解决的问题除技术问题外，还包括环境问题、社会问题、管理问题、成本和效益问题，于是工程学科与技术学科才产生分野。虽然工程学科与技术学科出现分离，但由于同源性，使得“任何技术都不能游离于作为过程的工程实践，任何工程都不能摆脱作为活动手段的技术。没有不依托于工程的技术，也没有不运用技术的工程。技术是工程的支撑，工程是技术的载体”[7]。由此可见，技术与工程间关系密切，人们通常把技术与工程两个词连在一起，称之为“工程技术”。

3.2 基于方法论视角的适用性分析

工程教育和高等职业教育分别以工程师和高素质技术技能人才为培养目标，而工程师和技术技能人才都将从事创造性工程活动。作为方法论，CDIO 工程教育模式将产品、过程和系统的开发和运用作为工程教育的背景环境，立足于现代工程价值链“设计、制造、服务”三大环节，是完整的人类实践活动过程。而技术技能人才同样也是参与产品、过程和系统的开发和运用的各个阶段，不同点是高职教育主要专注于实现和运行两个阶段，故 CDIO 方法论同样适用于高职教育，且让高职学生经历一定的构思和设计过程，将会增强他们的实现和运行能力，即工程教育和高职教育具有类似的背景环境，这为在高职教育中应用 CDIO 工程教育模式提供了方法论依据。

3.3　基于人才培养规格视角的适用性分析

CDIO 工程教育模式是基于市场导向确定人才培养规格的。首先，根据当代工程师职责，通过工程教育利益相关团体的审核与确定，完成 CDIO 能力大纲的制定，所制定的 CDIO 能力大纲包含技术知识和推理，个人能力、职业能力和态度，人际交往能力，包括团队工作和交流，在企业和社会环境下构思、设计、实现、运行系统能力。然后，根据 CDIO 能力大纲，由利益相关者参与制订具体、详细的可讲授和可评估的学习效果标准，以明确工科学生毕业时，他们对大纲所列出的知识、能力和态度的掌握程度，即工程教育人才培养规格。

高等职业院校的专业开发必须紧贴市场、紧贴产业、紧贴职业来进行，即基于市场导向，深入开展专业调研和论证以进行高素质技术技能人才的培养规格的确定已经达成共识。[8] 即 CDIO 工程教育模式和高等职业教育都是以需求决定论为价值导向，基于市场导向进行人才培养规格的确定，由于当代工程师和技术技能人才都参与产品、过程和系统的构思、设计、实现和运行的各个阶段或部分阶段，这足以说明 CDIO 能力大纲对高职教育人才培养规格的确定具有很大的借鉴价值。参考 CDIO 能力大纲，由高等职业教育利益相关者参与制订具体、详细的可讲授和可评估的学习效果标准，是一条有效的途径。

针对高等职业教育中的功利主义和技术主义，回归高等职业教育本质，促进学生全面发展，已经逐渐达成共识，[8] 而综合素质的提高是人全面发展的前提和基础。[9] CDIO 能力大纲与联合国教科文组织提出的学会求知、学会做人、学会合作、学会做事的教育四大支柱相一致，不仅注重专业知识和实践能力，还注重学生综合素质的培养，如合作沟通等社会能力，解决问题、批判创新、系统思维和计划等综合能力，终身学习等自我提升能力，良好的职业伦理和职业态度等。CDIO 工程教育改革的实质是将工程应用的需要与人的发展需要统一到了工程师的培养之中，[10] 基于 CDIO 工程教育模式的高等职业教育教学改革是提升学生综合素质，进而促进学生全面发展的有效途径。

高等职业教育人才培养规格存在过于笼统的问题，以教育部修订的计算机应用技术专业的教学标准[11] 为例，在该标准中，人才培养规格中的职业基本能力包含良好的沟通表达能力、计算机操作和软硬件常见故障的处理能力、基本的程序设计能力、阅读并正确理解需求分析报告和项目建设方案的能力等。这里并没有更加细化的内容，较难实施和评估。而培养规格完整、清晰和明确的 CDIO 能力大纲，对当前较为笼统的高职教育人才培养规格进行修订具有很大的参考价值，如以计算机应用技术专业的人才培养规格中的沟通表达能力为例，可以参考 CDIO 能力大纲的方法，将交流沟通能力细化为交流的策略，交流的结构，书面交流，电子和多媒体交流，图表交流，口头表达，询问、聆听、对话，协商、妥协与矛盾的解决，支撑自己的观点，建立多样化的社会联系与人际网络和人际交流等十个方面共 46 项，这样就为培养和评估学生的交流沟通能力提供了具体依据。

3.4 基于教育理论基础视角的适用性分析

CDIO 方法基于经验学习理论，根植于建构主义和认知发展理论，[3] 该方法创造了能够深化学习技术基础和实际能力的二元学习经验。经验学习的实践形态是灵活多变的，主要有四种，即“做中学”、研究性活动学习、服务性学习和反思性学习，[12]“做中学”和“基于项目的教育和学习”是其主要特征，[13] 是一种“以学生为中心”的学习方式。

加强技术技能培养，服务于学生的全面发展，提高人才培养质量是我国高职教育的基本任务。[8] 教育与生产劳动和社会实践相结合是实现人的全面发展的唯一办法，[14] 不断深化与生产劳动和社会实践的结合，坚持产教融合和校企合作，是我国高职教育的一条发展主线。我国高等职业教育广泛借鉴来自发达国家的先进经验，如国际劳工组织推行的模块教学(MES)、北美的能力本位(CBE)、澳大利亚的 TAFE 培训包(澳大利亚职业教育培训包)、以德国“双元制”为代表的现代学徒制、新加坡的“教学工厂”模式、美国的“社区学院”模式,并逐步融入我国职业教育的实践之中。

目前,现代学徒制已成为当今我国高等职业教育改革发展的重要趋势,[8,15]也得到大多数职教工作者的认同,并且不少高职院校正在进行探索实践和试点。现代学徒制的发展经历了前学徒制、手工业行会学徒制、国家干预行会学徒制、集体商议的工业学徒制、现代学徒制等五个阶段,其教学形态在发展过程中也经历了一系列的变化。技术的养成具有情境性和生成性的特点,决定了学徒制的基本特征是“做中学”、个别化教学和情境学习。[16]个别化学习理论强调要“以学习者为中心”,根据学习者个人的情况,来制订学习计划,帮助个体进步。

情境学习理论产生于 20 世纪 80 年代,它的产生缘于学者们对传统教学中学习者与情境及知与行相分离的情况的批判。情景学习[17]是指个体相互协助、解决问题的活动过程,关键在于对情境的整体认知,良好的情境必然有利于个体的学习。情境学习的核心思想是,人类的学习行为,就其存在的本质特征而言,是涉及社会层面的,是蕴含社会活动意义的;就其构成的基本要素而言,需要由学习者互动之特质的体现、学习者互动之工具的应用、学习活动发生之背景,以及学习活动本身之运行。从本质维度看,情境学习强调“在行动中求知”“在行动中反省”,是个体参与真实情境与实践,与他人及环境相互作用的过程,是培养学生参与实践活动能力、提高社会化水平的过程,是一种文化适应及获得特定实践共同体成员身份的过程。从特征维度看,情境学习是个体与情境互动的历程,是在真实活动中主动探索,是共同参与的社会化历程,是从周边参与扩展到核心。从实施维度看,情境学习的实施途径与方法主要是实习场和实践共同体。[18]情境学习理论是建构主义取向的新兴学习理论,[19]“学习发生在真实的情境之中”“学习以个体的先前经验为前提”“学习是一种合作交往的互动过程”是情境学习与建构主义学习的共同假设。

现代学徒制和 CDIO 方法具有相同的基本特征,即“以学生为中心”“做中学"和“建构主义”。另外,目前我国高等职业教育在普及推广项目教学、工作过程导向教学、情景教学[8]等主流教学方法,其中建构主义是工作过程导向教学的理论基础,[20]可见主流教学法与 CDIO 方法的“做中学”“基于项目的教育和学习”“建构主义”的主要特征相吻合。可见,

CDIO方法与当前我国高职教育模式，在教育方法理论基础上，具有相通性。

3.5 基于CDIO标准视角的适用性分析

CDIO标准，从专业培养理念、培养目标制定、一体化课程体系、工程实践场所、教与学的方法、教师能力提升、学习考核和专业评估等八个方面给出标准化形式的专业设计、全面实施、评估和发展的指南。一体化方法作为CDIO标准的核心，要求以融知识、能力和态度为一体的CDIO能力大纲为基础，制订对知识、能力和态度融合培养给予明确支持且专业课程有机联系和相互支持的一体化课程体系，实施强调知识、能力和态度的同步培养的一体化教学方法，并对教学效果开展重在能力的一体化评估。可见，CDIO标准对高职教育克服功利主义和技术主义倾向，开展知识、能力和态度的融合培养，提升学生综合素质，促进学生全面发展，具有很大的参考价值。

另外，CDIO标准从多个方面激发学生的学习兴趣，这对当前高职学生学习兴趣不高，专业特别是工程技术专业认同度不高等问题的解决具有借鉴意义。例如：CDIO标准要求开设一门工程导论课，通过讲授、企业参观、讲座、研讨和开展简单工程实践等形式，为学生提供一个工程实践框架，以明确工程师的任务与职责，以及如何利用学科知识去解决工程实践问题，从而明确学习动机，以激发学生的学习兴趣。CDIO标准要求一体化课程计划应包含两个及以上设计—实现的经验，让学生对实际产品、过程、系统或合理的替代品进行设计、实施和测试，让学生有成就感的满足，从而激发学生学习兴趣，并培养个人、人际交往能力及产品、过程和系统的设计和实现能力，同时增强学生的学科知识。CDIO能力大纲中，每个知识、能力和态度的培养点都具体落实到课程中，即每门课程都有明确的学习目的，且大多数课程针对实际应用而非特定的技术问题，并且每门课程对学生整体能力的提高有明确的帮助作用，这可以解决学生对课程学习目的模糊而导致课程学习无兴趣的问题。CDIO标准之工程实践场所建设要求，对增进同学之间的友谊，激发专业兴趣、学习兴趣和学习动力，培养学生创造力和加强学生自信心有明显的促进作用。

3.6　基于产学合作视角的适用性分析

产学合作是 CDIO 工程教育模式和高职教育的共同特征。一方面，CDIO 工程教育模式以产业需求为导向，产学合作贯穿于工程教育的全过程，CDIO 能力大纲的设计、贯穿于一体化课程体系的项目课程的设计和实现、学生工程实践能力评估，以及教师工程实践能力的提升，都需要与产业界的紧密合作，即 CDIO 能力大纲和 12 条 CDIO 标准都与产业界密不可分，成功的产学合作是实施 CDIO 工程教育模式的前提。另一方面，推进产教融合，强化行业在高职办学中的服务和评估功能，加强校企在人才培养模式改革、培养方案制定、课程开发、课程实施、教学资源开发、教师能力提升、实训场所建设等人才培养系统全要素的协同合作，是当今高等职业教育的基本原则[8]。

3.7　基于工程教育专业认证视角的适用性分析

为适应经济全球化发展的需要，20 世纪 80 年代，美国、加拿大、英国、澳大利亚等一些西方国家发起并构建了工程教育与工程师国际互认体系（国际工程联盟），其内容涉及工程教育及继续教育的标准、机构的认证，以及学历、工程师资格认证等诸多方面的问题。

3.7.1　工程教育专业认证国际三大协议

工程教育与工程师国际互认体系现有六个协议，分为互为因果的两个层次，其中《华盛顿协议》《悉尼协议》《都柏林协议》是针对各类工程技术教育的学历互认；《工程师流动论坛协议》《亚太工程师计划》《工程技术员流动论坛协议》则是针对各种工程技术人员的执业资格互认。[21]

《华盛顿协议》于 1989 年由来自美国、英国、加拿大、爱尔兰、澳大利亚、新西兰等六个国家的民间工程专业团体发起和签署。该协议是国际上工程教育本科专业（一般为四年）的学历互认协议，确认由签约成员认证的工程学历基本相同，并建议毕业于任一签约成员所认证专业的人员均应被其他签约国（地区）视为已获得从事初级工程工作的学术资格，其宗旨是通过多边认可工程教育资格，促进工程学历互认和工程技术人员的国际流动。工程学历的互认是通过工程教育认证体系和工程教育标准的互认来实现的。《华盛顿协议》的主要内容包括：(1)各正式成员所采用的工程专业认证标准、政策和程序基本等效。(2)各正式成员互相承认其他正式成员提供的认证结果，并以适当的方式发表声明承认该结果。(3)促进专业教育实现工程职业实践所需的教育准备。(4)各正式成员保持相互监督和信息交流。其签约成员在认证标准和认证流程"实质等效"的基础上，依据自身特色开展工程教育认证，即经任一签约成员认证的工程类专业毕业生，必须符合协议制定的从事工程师执业的学术要求和基本质量标准。《华盛顿协议》经过20多年的发展，已经发展成为最有国际影响力的教育互认协议，成员遍及五大洲，包括美国、英国、加拿大、爱尔兰、澳大利亚、新西兰、中国香港、南非、日本、新加坡、中国台湾、韩国、马来西亚、土耳其、俄罗斯等正式成员及预备成员。2013年，我国大陆加入《华盛顿协议》成为预备成员，2016年6月，中国大陆成为《华盛顿协议》的正式会员。

《悉尼协议》于2001年首次缔约，是学历层次上的权威协议，主要针对国际上工程技术人员学历（一般为三年）资格互认，与针对"专业工程师"的《华盛顿协议》不同，《悉尼协议》针对的是"工程技术专家"。该协议最初由澳大利亚、加拿大、爱尔兰、新西兰、南非、英国及中国香港等七个国家和地区代表本国和地区的民间工程专业团体发起和签署。美国、韩国、中国台湾分别于2009年、2013年、2014年加入该协议。《悉尼协议》缔约的实际意义是在认证标准和认证流程实质等效的前提下，成员间彼此认可通过认证工程类专业的毕业生，均具备进入工程技术专业的学历资格。

《都柏林协议》于2002年签署，最初由加拿大、爱尔兰、南非、英国等四个国家的工程专业团体发起成立，澳大利亚、韩国、新西兰、美国于2013年加入该协议。与《华盛顿协议》《悉尼协议》不同，《都柏林协议》主要针对的是层次较低的工程技术员学历（一般为两年）认证，是针对"工程技术员"的认证协议。

三类协议本质上是认证经过专业工程教育训练的学生具备了毕业生特质，毕业生特质是一系列独立的具有可评价性的成果组合，这些成果是体现毕业生（可获得某种适当的实践从业能力）潜在能力的重要因素，毕业生特质的确定为签约成员和临时成员制定出一套以成果为导向的认证标准提供了行动指南。[21—22]以毕业生特质的达成作为衡量工程教育教学成果的评价依据，并以促进其持续改进作为认证的最终目标，体现了国际工程教育专业认证对于“教育产出”的重视。具体地说，三类协议都从工程知识、问题分析、解决方案的设计与开发、研究、现代工具的使用、工程与社会、环境与可持续发展、职业道德、个体与团队工作、沟通、项目与财务管理及终身学习等十二个方面定义了各自的《毕业生核心能力》，分别就工程师、工程技术专家、工程技术员三类毕业生特质进行了界定，这为协议的实质等效原则奠定了基础。

《华盛顿协议》《悉尼协议》《都柏林协议》专业认证的核心理念都是“以学生为中心、以成果为导向、持续改进”。三大协议的认证标准都可以归纳为七大认证标准项，即专业培养目标、学生、毕业要求、课程体系、师资队伍、支持条件、持续改进。《华盛顿协议》《悉尼协议》《都柏林协议》为专业建设提供范式标准，长于人才培养的体系化构建和常态化监测。

3.7.2 工程教育专业认证的核心理念

国际工程联盟的《华盛顿协议》《悉尼协议》《都柏林协议》专业认证的“以学生为中心”“以成果为导向”“持续改进”的核心理念，对引导和促进专业建设与教育教学改革、保障和提高工程教育人才培养质量至关重要，其实这三大专业认证理念同样也是专业建设的核心理念。

(1)以学生为中心(Students-centered)。[23—24]工程教育认证、贯彻“以人为本”的评价理念，要求以全体学生的学业成就作为认证的重要内容，而非部分“代表性成果”。认证要求专业建立起一个有效的学生成就评估体系，要求以“教”为中心转向以“学”为中心，并将用人单位和学生对学校和专业所提供服务的满意度作为专业能否通过认证的重要指标。七大专业认证标准项聚焦于学生，把学生作为学校和专业的首要服务对象，其他指标都是围绕着使学生达到毕业要求，进而达成培养目标来设置的。其中课程体系、师资队伍和支持条件是三个输入性要素，判断这些指标的唯一标准是看它们能否有效地支撑学生达到毕业要求、进而达成培养目标。持续改进是保障性要素，判断这一指标的标准是看它能否保障培养目标始终与内外部需求相符合，能否保障毕业要求始终与培养目标相符合，能否保障课程体系、师资队伍和支持条件有效支撑学生达到毕业要求、进而达成培养目标。以学生为中心并不是响应学生提出的个人需求，而是以学生的培养为中心。

(2)以成果为导向(Outcome Based Education，OBE)。[23,25]成果导向教育于1981年由斯巴迪等人提出后，很快得到了人们的重视与认可，并已成为美国、英国、加拿大等国家教育改革的主流理念。美国工程教育认证协会(ABET)全面接受了OBE的理念，并将其贯穿于工程教育认证标准的始终。所谓“成果”，是学生在一段特定的学习经历后所表现的预期学习效果，成果并非先前学习结果的累计或平均，而是学生完成所有学习过程后获得的最终结果。以成果为导向，即分别从培养目标和毕业要求两方面，对目标的达成度进行评价，毕业要求的达成支撑培养目标的达成。成果导向理念与传统的教学理念最大的不同在于对成果的重视，提出要以学生自身的反馈为驱动，引导学生主动学习，并以学生的日常表现、个人作品、形式丰富的小组作业等为考核方式，重视学生如何取得学习成果，并多元评估学生在学业方面的各项产出。这就要求被认证专业必须通过举证，证明每个合格毕业生达成目标要求。培养目标与毕业要求必须对日常教学活动起导向作用，并有利于每个承担教学任务的教师明确责任，对毕业要求和培养目标达成度的评价必须分解为对学生整个学习过程中的全程跟踪与进程式评估。

(3)持续改进。[23,26]在一定程度上，培养质量取决于培养过程的质量，而培养过程的质量取决于质量管理的质量。质量管理包括根据质量要求制定质量目标、为实现质量目标规定必要的培养过程、为实施培养过程配置必要的资源、确定过程运行和资源配置的有效性与效率、采取纠正和预防措施使质量得到持续改进等。质量管理的质量取决于质量管理体系，质量管理体系是指以保证和提高质量为目标，运用系统概念与方法，依靠必要的组织机构，把各部门、各环节的质量管理活动严密组织起来，对影响质量的一切过程和因素实行有效监控，形成一个有明确任务、职责、权限，互相协调、互相促进的质量管理的有机整体。工程教育专业认证的过程，就是一个持续改进的过程，被认证的专业需要基于某种持续改进模式建立一种具有“评价—反馈—改进”反复循环特征的螺旋上升的持续改进机制，从而实现“三个改进、三个符合”的功能。即能够持续地改进培养目标，以保障其始终与内、外部需求相符合；能够持续地改进毕业要求，以保障其始终与培养目标相符合；能够持续地改进教学活动，以保障其始终与毕业要求相符合。要达到改进的连续性，常态化的评估是基础，只有反馈机制及时且畅通，质量的监控才能实现。改进的效果也一样需要通过学生的表现来体现，这就要求认证的专业除了关注毕业时培养目标的达成度，还要构建学生学习过程性评价体系，了解在不同阶段在校生知识、能力、素养的增量。可以将全面质量管理程序（PDCA 环，也称戴明环）引入质量控制体系当中，通过计划（Plan）、实施（Do）、评估（Check）、改进（Act）四个环节形成教育管理的闭合循环，便于管理层实时监控，及时干预与调整，进行自我更新。与此同时，专业还需要面向行业、企业的需求与用人标准，建立一个开放的专业教育体系，不断请教和吸纳来自行业、企业专家们的建议，实现自身与外界的信息流通，不断更新培养目标、课程内容与教学方法。

3.7.3　工程教育专业认证背景下的专业建设

《华盛顿协议》《悉尼协议》《都柏林协议》专业认证的认证标准都可以被归纳为七大认证标准项，即专业培养目标、学生、毕业要求、课程体系、师资队伍、支持条件、持续改进。其实这七大项在专业规划的顶层设计、专业实施的过程监控、专业质量的持续改进等方面，提供了一整套的建设范式和标准。

以《华盛顿协议》《悉尼协议》《都柏林协议》等国际范式为标准的专业建设，强调“以学生为中心、以成果为导向、持续改进”的专业建设理念，将认证标准转化为专业建设的行动指南，从学生、培养目标、毕业要求、持续改进、课程体系、师资队伍及支持条件着手推进。简要地说，专业建设应以“学生”为中心，以“培养目标、毕业要求”为导向，深入研究国家、社会、行业、学生等利益相关者的需求，确定合理的培养目标，明确支撑培养目标达成的毕业要求，并基于毕业要求构建课程体系并明确课程目标，然后完善能支持目标达成的“师资队伍与支持条件”，并对以“学生”为中心的教学活动进行全方位、全过程和动态的“评估与反馈”，不断实现“持续改进”。

(1)学生建设。根据认证标准之“学生”标准项，秉持“以学生为中心”的理念，扩大学生工作的内涵和外延，制定推进生源质量提高、招生工作改进、新生入学指导、学习指导、职业规划、心理辅导、就业指导等相关制度措施，并且切实执行落实。对学生在整个学习过程中的表现进行全过程跟踪与进程式评估，并通过形成性评估保证学生毕业时达到毕业要求，从而使毕业生达到培养目标，并且要有关于评估主体、评估对象、评估时间、评估方式，以及评估结果的完整记录。

(2)培养目标建设。培养目标是毕业生在毕业3—5年后在社会和专业领域预期取得的成就。培养目标是专业人才培养的纲领，是构建毕业要求、形成课程体系和开展教学活动的基本依据。根据认证标准之“培养目标”标准项，培养目标的建设应包括：

首先，要对内外需求进行科学的评估，在对包括国家社会与教育发展的需求、产业发展与职场需求、学校的特色与办学定位、家长与校友的期望，以及学生个人能力及发展需求调研分析的基础上，在专业利益相关者充分参与的前提下，制订与社会需求相吻合、适应社会经济发展、符合学校定位、满足专业利益相关者需求的专业培养目标，并在由专业利益相关者对培养目标进行定期审查的基础上，不断完善培养目标，并使专业教师及学生真正认识和理解培养目标，从而对教学活动起到引导作用；其次，需要制订对培养目标达成度进行评价的有效方法，在制订培养目标达成度评价方法时要强调多元评价，多方参与，扩大行业或企业专家、校友、在校生参与的比例等，并对评价方法进行持续改进。

(3)毕业要求建设。毕业要求是对学生毕业时应该掌握的知识、能力和素质的具体描述，即毕业时应该取得的学习成果。毕业要求是评价专业培养质量的关键点，毕业要求的达成是质量控制的核心所在。根据认证标准之“毕业要求”标准项，首先，专业的毕业要求要完全覆盖《毕业生核心能力》，即工程知识、问题分析、解决方案的设计与开发、研究、现代工具的使用、工程与社会、环境与可持续发展、职业道德、个体与团队工作、沟通、项目与财务管理及终身学习等十二个方面；其次，毕业要求的达成要能够支撑专业培养目标的达成；最后，毕业要求必须是可实施和可评估的，可以基于实施效果对“毕业要求”逐条进行评价，来证明每条要求能够达到。毕业要求需要落实到具体的教学环节中，在课程设置及教学计划中必须详细列出毕业要求考察点，并且采用切实可行的方法进行评价。

(4)课程体系建设。根据认证标准之“课程体系”标准项，必须在企业和行业专家参与下完成专业的课程体系设计，课程体系应明确课程、毕业要求、培养目标三者之间的内在关系，并对课程体系设计(而不是实施过程)进行评价和持续改进，以确定它能支持培养目标的达成。每门课程都是基于毕业要求、培养目标的达成而设置的，学生的预期学习成果在具体的课程中得以实现，并且可以通过矩阵表、评价体系、量规等科学工具和方法,证明课程体系对毕业要求达成形成有力支撑。课程体系建设涉及通识课程、数学与自然科学课程、工程基础课程、专业基础课程、专业课程、专业实践与毕业设计等类型课程,主要是课程的比例、构成、对毕业要求的落实等方面的建设,需要对课程结构、学分要求、学分结构、课程特色、教学计划表、毕业要求对应关系矩阵、教学计划修改频率、教学计划参与修改人员等相关内容进行界定。

(5)师资队伍建设。根据认证标准之"师资队伍"标准项,首先,完善师资队伍结构(包括数量、结构、资格等),聘任一定比例的经验丰富的企业或行业专家作为兼职教师,教师必须具有满足教学需要的工程背景,并具备足够的教学能力、专业水平、工程经验、沟通能力、职业发展能力、工程实践问题研究能力等;其次,完善教师激励、评价和考核制度,建设合适的师资队伍标准,明确教师在教学质量提升过程中的责任,要求教师将足够的时间和精力投入到教学、专业建设(如参与专业目标的制订)、校企合作、教学改革和学术活动中,并对教师为学生提供学业、职业生涯规划、就业等方面的指导、咨询和服务,提出明确要求。从而建设一支能支持专业培养目标和毕业要求的师资队伍。

(6)支持条件建设。支持条件包括教室、实验室及设备、校内实习和实训基地、校企合作实习实训基地、计算机、网络、图书资料、数字化教学资源、创新空间、基础设施等硬件条件,以及教学经费保障、管理制度、教师培训制度、服务规范等软件条件。根据认证标准之"支持条件"标准项,首先,从"以学生为中心"的角度,完善上述硬件条件及相应的管理、维护和更新机制建设,做到资源管理规范、共享程度和开放程度高,以支撑学生培养目标和毕业要求的达成。其次,要制定教学经费使用管理制度,使教学经费总量能满足教学需要,为培养目标的达成提供经济保障;实施教师发展工程,帮助教师提升教学能力、专业能力、工程能力、学术能力、科学研究水平等,为培养目标的达成提供师资支撑等,从而使支持条件能满足培养目标的达成的需要。

(7)持续改进建设。根据认证标准之"持续改进"标准项,专业"持续改进"建设是对专业建设进行全方位的常态性持续跟踪评价,即时反馈发现问题、寻找解决问题的方法,实现专业的持续改进。专业"持续改进"有三个要点,即内部评价、外部评价、反馈与改进。内部评价要求建立教学质量的内部实时监控与定期评价机制,要有评价标准,评价对象为课程体系设置和教学质量等;外部评价要求建立毕业生跟踪反馈机制及定期的社会评价机制，评价对象是培养目标的符合度与达成度等；反馈与改进要求建立有效的反馈机制，能根据评价结果采取纠正与预防措施、配置必要的资源、实施有效改进。

3.7.4 工程教育专业认证与CDIO工程教育模式

针对本科工程教育、高职工程技术教育、中职专业认证的《华盛顿协议》《悉尼协议》和《都柏林协议》，都是基于"学习结果"的工程教育认证，贯穿相同的核心理念和共同的专业建设范式，实施相同的OBE工程教育模式。而CDIO工程教育模式与OBE模式在理念、形式和精神上都是相互融通的。CDIO实质上是一套实施OBE工程教育模式的系统，它以可测评的CDIO能力大纲为导向，来统筹配置教育内容、教育资源、师资队伍和教育评价，细化的CDIO能力大纲，不仅可以与工程认证标准中的"毕业生要求"完全对应，而且比其要求更加细化且可以操作，可以用来将12条毕业要求分解成具体的可观察和评价的能力、知识和态度。[27]

国际工程联盟所提出的包含工程知识、问题分析、解决方案的设计与开发、研究、现代工具的使用、工程与社会、环境与可持续发展、职业道德、个体与团队工作、沟通、项目与财务管理及终身学习等十二个方面的《毕业生核心能力》贯穿于各层次的工程教育中，它们之间的区别是对掌握的程度要求不同。以工程知识为例（见表3-1），三个协议的共同特征是"应用数学、自然科学、工程基础和专业知识"。不同点之一是，《华盛顿协议》要求"解决复杂工程问题"，《悉尼协议》要求"说明和应用的工程程序、工艺流程、系统和方法"，《都柏林协议》要求"应用通常的实际程序和做法"。不同点之二是对支撑知识的要求不同。另外，在毕业生核心能力上，《华盛顿协议》针对"复杂工程问题"，《悉尼协议》针对"广义的工程问题"，《都柏林协议》针对"狭义的工程问题"。

表3-1 三大协议核心能力的区别

	《华盛顿协议》	《悉尼协议》	《都柏林协议》
工程知识	应用数学、自然科学、工程基础和专业知识，解决复杂工程问题	应用数学、自然科学、工程基础和专业知识，说明和应用的工程程序、工艺流程、系统和方法	应用数学、自然科学、工程基础和专业知识，应用通常的实际程序和做法

续　表

	《华盛顿协议》	《悉尼协议》	《都柏林协议》
支撑知识	为本专业所属学科的实践性工作提供大多数处于本学科前沿的理论框架和知识体系	为本专业所属子学科提供理论框架和知识体系	为本专业所属工程子学科提供知识体系

通过上述分析可知，工程教育和高职工程技术教育在培养规格的主题上具有一致性。CDIO 能力大纲覆盖了国际工程联盟所提出的包含工程知识、问题分析、解决方案的设计与开发、研究、现代工具的使用、工程与社会、环境与可持续发展、职业道德、个体与团队工作、沟通、项目与财务管理及终身学习等十二个方面的《毕业生核心能力》，并且 CDIO 能力大纲更加具体和系统，更加有利于实施和评估，说明了针对本科工程教育的 CDIO 能力大纲对高职工程技术教育的适用性。当然，以 CDIO 能力大纲为基础制订专业培养规格，必须在掌握程度上进行区别，具体掌握程度可以参考《悉尼协议》要求。

CDIO 工程教育模式基本涵盖了三大协议认证标准的七大认证标准项，并且提出了实施方法和指南，更加有利于专业建设的实施。CDIO 标准与三大协议的认证标准的对应关系见表 3-2，从中可见 CDIO 工程教育模式在高职专业建设方面的适用性。

表 3-2　认证标准项和 CDIO 工程教育模式对应关系

序号	认证标准项	CDIO 工程教育模式
1	培养目标	CDIO 愿景和标准 1
2	毕业要求	CDIO 能力大纲和标准 2
3	学生	CDIO 标准 7、8
4	课程体系	CDIO 标准 3、4、5
5	师资队伍	CDIO 标准 9、10
6	支持条件	CDIO 标准 1、6
7	持续改进	CDIO 标准 11、12

参考文献

[1] 叶民. 工程教育 CDIO 工程教育模式适应性转换平台的研究[D/

OL]. 杭州:浙江大学,2013:77[2017-03-12]. http://kns.cnki.net/KCMS/detail/detail.aspx?dbcode=CDFD&dbname=CDFD1214&filename=1014377739.nh&v=MDYwNTlPVkYyNkdyQy9HZGJQcHBFYlBJUjhlWDFMdXhZUzdEaDFUM3FUcldNMUZyQ1VSTDJmWU9acUZpRG5XN3o=.

[2] 中国工程院工程教育研究课题组. 我国工程师培养的重要性与培养途径研究[J]. 高等工程教育研究, 2005(1):1-7.

[3] 克劳雷,等. 重新认识工程教育——国际CDIO培养模式与方法[M]. 顾佩华,沈民奋,陆小华,译. 北京: 高等教育出版社, 2009.

[4] 周光勇,宋全政. 高等职业教育导论[M]. 济南:山东教育出版社,2003.

[5] 唐锡海,王忠昌. 高等工程教育与高等职业教育的同质性[J]. 职业技术教育,2014,35(7):15-20.

[6] 张光斗,王冀生. 中国高等工程教育[M]. 北京:清华大学出版社,1995.

[7] 徐涵,杨科举. 论技术本科教育的内涵——基于技术教育与科学教育、工程教育的关系的视角[J]. 职教论坛, 2011(10):53-56.

[8] 中华人民共和国教育部. 教育部关于深化职业教育教学改革全面提高人才培养质量的若干意见(教职成〔2015〕6号)[R/OL]. (2015-07-29)[2017-03-14]. http://www.moe.edu.cn/srcsite/A07/moe_953/201508/t20150817_200583.html.

[9] 吕哲峰. 马克思人的全面发展理论与个人综合素质提高[D/OL]. 黑龙江:黑龙江大学,2007:25[2017-03-15]. http://kns.cnki.net/KCMS/detail/detail.aspx?dbcode=CMFD&dbname=CMFD2009&filename=2008119914.nh&v=MTY3MTdXTTFGckNVUkwyZllPWnFGaURoVWJySlYxMjdGcks1RjlqTnE1RWJQSVI4ZVgxTHV4WVM3RGgxVDNxVHI=.

[10] 汕头大学工学院. 中国CDIO工程教育2012年会纪要[J]. 高等工程教育研究,2013(3):60-61.

[11] 教育部职业教育与成人教育司. 高等职业学校专业标准(试行)[M]. 北京:中央广播电视大学出版社,2012.

[12] 房慧. 经验学习的反思与建构[D/OL]. 重庆:西南大学,2010:120[2017-03-17]. http://kns.cnki.net/KCMS/detail/detail.aspx?

dbcode＝CDFD &dbname＝CDFD0911&filename＝2010094639.nh&v＝MTgyNTNwRWJQSVI4ZVgxTHV4WVM3RGgxVDNxVHJXTTFGckNVUkwyZllPWnFGaURoVkx6QVYxMjZIck94R3RmUHA＝.

[13] 查建中．论“做中学”战略下的 CDIO 模式[J]．高等工程教育研究，2008(3)：1-9.

[14] 潘懋元．新编高等教育学[M]．北京：北京师范大学出版社，2006.

[15] 中华人民共和国教育部．关于开展现代学徒制试点工作的意见（教职成〔2014〕9 号）[R/OL]．(2015-01-04)[2017-03-20]．http://jscjjt.jscj.edu.cn/s/60/t/94/32/07/info12807.htm.

[16] 关晶．西方学徒制研究——兼论对我国职业教育的借鉴[D/OL]．上海：华东师范大学，2010：47[2017-03-17]．http://kns.cnki.net/KCMS/detail/detail.aspx? dbcode＝CDFD&dbname＝CDFD0911&filename＝2010198472.nh&v＝MDczNjYyZllPWnFGeW5rVzczTVYxMjZIckt4RnRYTHJaRWJQSVI4ZVgxTHV4WVM3RGgxVDNxVHJXTTFGckNVUkw＝.

[17] 殷玉新．情景学习理论及新进展研究——基于莱夫和温格的思想探索[J]．成人教育，2014，34(10)：4-8.

[18] 李方．基于情境学习的成人教学策略研究[D/OL]．曲阜：曲阜师范大学，2010：8[2017-03-20]．http://kns.cnki.net/KCMS/detail/detail.aspx? dbcode＝CMFD&dbname＝CMFD2010&filename＝2010137099.nh&v＝MTcxODNMdXhZUzdEaDFUM3FUcldNMUZyQ1VSTDJmWU9acUZ5bm1VNzNLVjEyNkhySzdHZEhGcHBFYlBJUjhlWDE＝.

[19] 尹睿．情景学习与建构主义学习的批判：校本学习研究的视角[J]．教育发展研究，2008(10)：53-57.

[20] 吴游丽．工作过程导向的项目课程教学设计研究[D/OL]．杭州：浙江工业大学，2011：18[2017-03-20]．http://s.g.wanfangdata.com.cn/Paper.aspx? q＝工作过程导向的项目课程教学设计研究&f＝top.

[21] 沈洁，周本卫．国际工程教育学历互认背景下的专业建设探索[J]．实验技术与管理，2015(9)：197-200.

[22] 任之光，张彦通．国际工程协议对工程类毕业生特质和职业能力的

规定及启示[J]. 大学·研究与评价,2008(5):51-58.

[23] 悉尼协议协同应用研究中心.《悉尼协议》知识读本[M]. 南京:南京信息职业技术学院,2016.

[24] 李志义. 解析工程教育专业认证的学生中心理念[J]. 中国高等教育,2014,21(9):19-22.

[25] 李志义. 解析工程教育专业认证的成果导向理念[J]. 中国高等教育,2014(7):7-10.

[26] 李志义. 解析工程教育专业认证的持续改进理念[J]. 中国高等教育,2015(23):33-35.

[27] 顾佩华,胡文龙,陆小华,等. 从 CDIO 在中国到中国的 CDIO:发展路径、产生的影响及其原因研究[J]. 高等工程教育研究,2017(1):24-43.

第 4 章　基于 CDIO 工程教育模式的教育教学改革现状

工程技术人才对经济与社会的发展有着不可替代的作用，工程技术人才的质量直接决定着一个国家的核心竞争力。为培养出更高质量的工程技术人才，2005 年汕头大学引入 CDIO 工程教育模式，发起 CDIO 改革，至今 CDIO 工程教育模式在中国的发展已逾十年，CDIO 工程教育模式在中国的改革与发展表明，具有科学性和系统性的 CDIO 工程教育模式已成为推进工程教育改革、提升工程教育人才培养质量、推进工程专业认证的重要手段，并且一些高校开始把 CDIO 工程教育模式的理念、思路、方法和经验推广到非工程专业。

4.1　基于 CDIO 工程教育模式的本科教育教学改革现状

本科院校是我国推动 CDIO 改革的主力军，其发展路径是在教育部的领导和支持下，由汕头大学、成都信息工程学院、燕山大学和南京信息工程学院等高校"自下而上"的自愿式推进，且成效明显。[1] 目前已经有 100 多所高校加入"CDIO 工程教育联盟"，学校层面系统的推进基于 CDIO 工程教育模式的改革是主流。本节介绍几所院校的改革现状，以为高职院校推动基于 CDIO 工程教育模式的工程技术教育改革提供借鉴。

4.1.1　汕头大学

汕头大学无疑是 CDIO 改革的领军者。工程教育在重视加强学生科学基础的前提下，更应强调学生个人能力、团队能力、系统调控能力，基于以上认识和社会发展需求及多年改革的实践经验，汕头大学在 2005 年开始引入 CDIO 工程教育模式。针对国内工程教育多以学科知识为核心，缺乏对历史、社会和环境的认知与责任教育，以及由于其他种种原因，导致毕业生诚信、道德，特别是职业道德普遍缺失，个人利益至上，团队意识淡漠，许多工科毕业生与现代企业的用人要求差距很大等，汕头大学在 CDIO 工程教育模式基础上，创造性地提出了以设计为导向、强调做人的重要性的 EIP-CDIO 工程教育模式[EIP 即道德（Ethics）、诚信（Integrity）、职业素养（Professionalism）]，建立了“能力—知识—素质”一体化培养的课程体系和与之相配套的教学方法。这一创新教育模式强调做人与做事相结合，做人通过做事来体现，做事依靠做人来保证，在培养过程中注重人文精神的熏陶，使培养出来的工程师具备良好的职业道德、精神、责任感。EIP-CDIO 工程教育模式的培养框架[2]如图 4-1 所示。

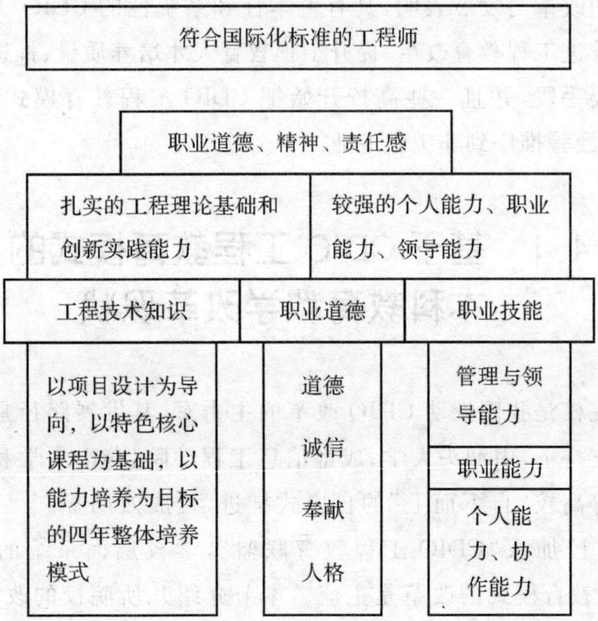

图 4-1　EIP-CDIO 框架

EIP-CDIO 工程教育模式将“工程师职业道德”课程作为工学院全体学生的必修课，使学生了解作为一名合格工程师所必须具备的素质与规范，并要求在未来的学习与实践环节中，始终以工程师的道德标准与行为准则要求自己，整个教学环节中每一个项目和课程都会有 EIP 的要求和考核规范，从而全方位地开展有关工程师职业道德和操守方面的教育与实践。

EIP-CDIO 工程教育模式是一种以工程项目设计为导向、工程能力培养为目标的工程教育模式。工程项目设计是工程实践的精髓所在。功能、技术、经济及环境、社会乃至历史的要求及其限制，都要在项目设计的过程中得到反映，EIP-CDIO 工程教育模式就是通过项目设计，将整个课程体系有机而系统地结合起来。项目按规模和范围划分为三级，1 级项目为包含本专业主要核心课程和能力要求的项目，要求完整地、前后衔接地贯穿于整个本科教学阶段，使学生得到构思、设计、实现、运行的系统训练。每专业至少有两次 1 级项目训练：首次 1 级项目训练一般在一、二年级开始，学生在教师指导下，通过对一个实例产品的解剖，了解其构成与设计，从而提前了解本专业核心内容与实际产品的关系，以工程师的角度去面对即将开始的专业课学习，同时通过早期项目的构思与设计，激发学习兴趣，进行初步的创新思维与产品构思训练，并在一定程度上建立起与专业相关的整体概念；毕业实习＋毕业设计为第二次 1 级项目训练，要求学生利用所学知识，对一个产品项目完整地展开构思、设计、实现、运用，系统地完成一个工程实践经历。2 级项目为包含一组相关核心课程和能力要求的项目，是对相关课程群的综合，一般以 3—6 个 2 级项目为载体，主要培养学生综合应用相关知识的能力，尤其是创新思维能力与终身学习能力。3 级项目是为单门课程而设计的项目，在为学生提供强大基础知识背景和数学、科学方法训练的基础上，根据课程教学需要设立小规模实践项目，旨在加深和强化学生对课程内容的理解与应用。这样就形成了以 1 级项目为主线、2 级项目为支撑、3 级项目与核心课程为基础的有机整体。通过精心规划的 EIP-CDIO 项目，可以引导学生对核心专业课程产生浓厚的学习兴趣，从而达到对学生自我更新知识的能力、人际和团体交流能力，以及对大系统的掌握、运行和调控能力的整体培养的目的。EIP-CDIO 工程教育模式与以往培养模式的主要不同之处是：

（1）通过导论性的基础课程（通常会包含一些基本的三级项目），从起始阶段就将工程实践引入，让学生尽早领略工程技术之美。

（2）在教学计划和教学实践中围绕项目设计将相关课程有机联系起来。

（3）通过贯穿专业学习全过程的 EIP-CDIO 项目，让学生在学习专业知识的同时，直接体验高级设计过程，在知识的学习和应用之间形成良性互动。

参照CDIO能力大纲并结合我国工程领域的实际情况，汕头大学工学院系统制定了EIP-CDIO能力大纲。能力大纲包括工程师职业道德，基本理论知识，个人能力和职业技能，人际交流与合作能力，在企业和社会环境中构思、设计、执行和使用各种系统的能力等五大项。与CDIO能力大纲相比，新大纲增加了工程师职业道德大项，突出了工科学生的工程师职业道德意识。

在教学方面，汕头大学工学院实施探究式学习和主动实践学习，主要体现对“构想”环节的需求分析。帮助学生明确所学内容在学科知识体系中的位置，找到建立和优化自身知识框架的方向和途径，使学生学习的方向性和主动性大大提高，课堂氛围也更轻松活跃。

汕头大学工学院建成EIP-CDIO创新实践中心，拥有结构与金工实验室、计算机综合应用实验室和电子设计综合实验室等几大功能区，并且配备了先进的设备，如高精度自动数控钻机、贴片焊接机、精密型LCR数字电桥、数字示波器及信号发生器、钻床、能力风暴机器人、多功能嵌入式开发套件等，具备了学生开展综合实践的条件。创新中心建成后实行团队项目负责制，师生共同管理，培育了一批跨学科、跨年级的综合项目。

汕头大学工学院建立了以质量保障体系为核心的持续改进机制。[3]教育质量保证体系主要由对各利益相关者进行的调查反馈、基于ISO的教学过程管理质量保证体系、专业认证和工程师认证四部分构成。首先，对各利益相关者进行调查反馈，主要用来评估各专业制定的EIP-CDIO能力大纲对工科学生毕业时的学习效果设定是否符合各利益相关者的要求。根据反馈意见及时调整工程人才培养方案。其次，采用基于ISO的教学过程管理质量保证体系，明确EIP-CDIO教学过程中的质量监控重点，设置合理的、可测量的长期及短期管理目标，并按照PDCA(计划、实施、检查、处理)的管理原则，定期对教学过程进行评估和改进，同时根据内部与外部的需要及评估反馈，对整个系统进行持续的改进。再次，专业认证即工学院各专业进行基于CDIO标准的专业评估，CDIO标准着眼于工程教育的整个过程，汕头大学按照CDIO12条标准的要求，采用审阅文件、与个人和专题小组面谈、问卷调查、教师工作体会备忘录、校外专家的专业审查和不同学习时期的分析等方法，分别评估各工程专业教育的专业目标和学习效果(标准2)、课程计划(标准3、4、5)、学习环境(标准6)、教学(标准7、8)、教师发展(标准9、10)和学习考核(标准11)等方面，以促进专业的持续改进。

我国大陆于 2013 年成为《华盛顿协议》预备签约成员，2016 年成为正式成员。中国工程教育认证协会陆续开展了工程专业认证。构建与《华盛顿协议》等质实效的工程教育认证系统和质量标准，实现成果导向的毕业生标准要求，需要认证专业实施基于 OBE 工程人才培养模式的改革，构建 OBE 工程教育体系和持续改进的质量保障体系。针对国际工程教育发展趋势，以及 CDIO 与 OBE 的实质关联性，汕头大学以"预期学习结果"的"设计—定义—组织—实现—评价"为主脉络来构建新型工程教育模式，在定义预期学习效果、设计课程计划、选择教学策略、评估学习结果和完善质量保障体系等方面又充分借鉴了 CDIO 能力大纲和 CDIO 标准，以及 CDIO 一体化教育理念，经不断探索，形成了以 OBE 为主线、充分借鉴 CDIO 工程教育模式精华的 CDIO-OBE 工程教育模式，开辟了用 CDIO 工程教育模式去实现 OBE 的新思路和新途径，[1,4—5]深化了对人才培养规律和教育规律的认识，学者顾佩华等人全面和详细地介绍了用 CDIO 工程教育模式实现工程认证的做法。[5]这对于促进工程教育改革者树立学习结果导向意识、实施专业认证，以及后来的审核评估都具有很好的影响。多年实践表明，该模式能够提高人才培养质量，符合工程专业认证要求，且具有较强的通用性和普适性。

4.1.2　云南大学

云南大学软件学院是国家示范性软件学院，从 2006 年开始，在当年的本科生中开始小规模的基于 CDIO 工程教育模式的改革试验，于 2008 年完成第一轮全过程的试验改革，同年获批国家教学质量工程项目"基于 CDIO 的国际化、工程化软件人才培养创新实验区"。在总结分析 CDIO 工程教育模式改革的实践经验的基础上，结合国家示范性软件学院的建设需要，创造性地提出 SE-CDIO 工程教育模式（SE 指软件工程，即 Software Engineering），并从 2008 级本科生开始实施。到 2012 年，新一轮全过程的改革与实践全部完成，SE-CDIO 工程教育模式得到了完善，无论是在课程体系、实践环境，还是在教学组织形式、教学运行和管理机制、国内及国际合作等诸多方面都取得了显著的成效，获得省级教学成果一等奖和国家级教学成果二等奖。SE-CDIO 工程教育模式被列入《云南大学"十二五"发展规划》，用于开展拔尖学生培养模式改革，并在云南大学开始大规模的推广应用。[1,6] SE-CDIO 工程教育模式的教学改革是基于 CDIO 教育理念，结合软件学院自身实际情况，以 CDIO 能力大纲为目标，以项目的构思、设计、开发、运行为主线，按课程的规模和范围，设立了点、线、面相结合的三级课程体系，从而构建成一体化教育体系。

SE-CDIO 工程教育模式的内涵是把 CDIO 的普遍原理，结合中国的具体国情和软件工程人才培养的特点，与软件生命周期紧密结合，提出全新的软件工程教育模式。它以软件生命周期为载体，集构思（理论）、设计（技术）、实现（落实）和运作（推广应用）于一体，让学生主动地、实践地、各阶段有机联系地学习，经历从理论到技术、从技术到生产、从生产到应用的全过程。试图解决传统教学重视理论和技术、轻视实现、忽视运作，或者片面强调实践、轻视理论基础、依然忽视运作等问题，为卓越工程师的培养开创了一条科学发展的新途径。

按照《教育部关于试办示范性软件学院的通知》的文件精神，[7] 在 SE-CDIO 工程教育模式内涵的指引下，云南大学软件学院确立了 SE-CDIO 工程教育模式的培养目标是培养具有国际竞争力的工程型、应用型高层次软件人才。秉承此目标，云南大学软件学院致力于培养具有合理知识结构、扎实专业基础、娴熟英语沟通能力、工程技术创新能力、项目组织管理实施能力，以及国际竞争能力的高素质软件工程师。

基于 SE-CDIO 教育理念，云南大学软件学院结合自身实际情况，以 CDIO 能力大纲为目标，以项目的构思、设计、开发、运行为主线，按课程的规模和范围，设立了点、线、面相结合的三级课程体系，一级为单门课程或课程群（点），二级为专业实践和实训课程（线），三级为毕业设计和综合性改革（面）。一级单门课程或课程群主要是面向专业基础课和专业课，要求学生在掌握基本理论和知识的同时，能够综合运用课程中获得的基本原理和专业知识，完成一个微型项目的 SE-CDIO 全过程。二级面向实践和实训类课程，主要针对项目实践与实训开展少量课堂教学，大部分教学时间用于教师指导学生以团队的形式进行项目实训和开发实践。三级面向毕业设计和综合性改革，为满足企业对软件人才的要求，毕业设计项目来源于软件企业实际的应用项目，学生综合运用大学四年所学到的基本原理、专业知识和专业技能，在企业实习过程中进行毕业设计项目的构思、设计、开发和运行过程。三级课程体系的所有单门课程、课程群、专业实践和实训、毕业设计和全局性人才培养环节的教学过程均划分为 C、D、I、O 四个阶段。构思性实践（C）阶段通过加深学生对软件工程、软件开发模型、软件过程模型等基本概念的理解，构思待研发的项目。主要实现形式是由教师提供给学生多个实际软件案例，每个学生团队挑选一个案例进行分析、思考并讨论案例中软件生命周期、开发模型、软件过程等概念的体现方式，形成对软件开发的基本感性认识，加深对软件工程基本分析和设计方法的理解，并开始进行项目的构思和可行性研究。设计性实践(D)阶段要求学生团队分工协作，实现软件项目的设计，包括技术路线的设计和项目设计方案的确定。通过设计性实践，使学生掌握软件工程的基本原理、方法、技术、工具，并能够实际应用。在实现性实践(I)阶段，学生团队分工协作，依据设计结果完成软件项目开发，并定期根据项目实施计划进行项目检查及测试，着力培养学生的务实精神、工程能力和团队精神。运作性实践(O)阶段的每一个学生团队对所开发出的系统进行实际应用，并建立相应的应用、营销和服务渠道。实在难以实际应用的项目要求建立模拟应用环境，实施模拟应用。所有项目完成后由教师和相关利益方组织实施项目成果的评价、交流和总结，对于实际运用的项目实施项目跟踪和维护。运作性实践是四层实践中最难的部分，其主要目的是让学生了解市场，培养学生的务实精神和实际工作能力。

云南大学软件学院依据 CDIO 能力大纲，实施符合软件工程人才培养目标的教学方法改革。首先，通过设立 SE-CDIO 子项目，以案例牵引、项目驱动、团队合作的方式实施教学；对应三级课程体系，精心策划设立了体现和贯彻 SE-CDIO 构思、设计、实现、运作过程的 20 项子项目，充分激发教师和学生的积极性。其次，深化产学合作，实施“做中学”教育，积极探索校企互动的有效机制，树立“企业是学校的第二课堂，学校是企业的人力资源库和预处理车间”的理念，充分联合企业，通过建立现代实习实训基地和联合办学等多种方式，提高学生的工程实践能力，为企业培养具有创新和管理能力的优秀工程师。最后，实施研究型教学，鼓励教师基于各自负责或参与的科研项目优化教学内容，改进教学方式，建立科研项目实践制度，促进学生创新能力的培养；鼓励教师将科研内容融入教学过程，包括鼓励教师利用科研成果更新教学内容，改变教师对知识进行单一概念的传统讲授方式；建立科研成果进教材的工作机制，鼓励教师将最新科研成果融入教材；探索科研成果转化为课程的工作机制，开设反映学术前沿的选修课；支持教师结合科研课题指导学生的项目实践，使学生了解和掌握最新的前沿科学知识；鼓励科研团队进入课堂授课，开展互动式、参与式课堂教学，引导学生进行自主探究式的学习，积极推进集体研讨的教学方法。

云南大学软件学院高度重视 SE-CDIO 实践环境的建设，制订并不断完善 SE-CDIO 实验区实践环境管理、实验教学管理制度，以及实践教学环节。SE-CDIO 实验区设有基础实验室，专业基础实验室，专业实验室和创新实验室，并与政府及社会各界广泛合作，建立了联合研发中心和合作实验室。此外，学院充分利用校内资源，构建了校内实习基地，并积极与国内著名 IT 企业进行广泛合作，建立校外实习基地，按照“引进来、走出去”的思路，积极引进发达国家先进教育理念和优质教育资源，与国外公司和大学合作建设国际实习基地。目前 SE-CDIO 实验区的实践场所已经完全满足 CDIO 三类教学模式。其中，最主要的产品、过程和系统的设计与实施教学模式由专业实验室、联合研发中心、合作实验室和实习基地联合提供支持，在这些实践场所中可以实施不同类型、不同要求的项目，包括：

(1)基于课程的项目，这些项目由某门课程的学生组成团队，用一个学期的时间在专业实验室对给定的课程项目进行设计和实施工作。

(2)面向团队的项目，这些项目被包含在课程群或专业实践实训类课程中，需要进入专门安排的工程实践场所，用一学期到一学年的时间完成一个小型项目。

(3)合作性项目，是与企业合作进行的基于企业真实需求的项目，要求在企业实习基地用一学期到一学年时间完成的中型项目。

(4)课外设计项目，是为了竞赛而建造的项目，学生团队来自若干个不同的学科，在联合研发中心和合作实验室中完成竞赛项目，时间通常是一学年到几学年，鼓励形成传帮带形式和具有一定规模的运作模式。

(5)测试和运作项目，通过学生亲身体验测试和运作的过程，使学生掌握工程系统中运作这一概念，这类项目需要在联合研发中心、合作实验室或者实习基地中基于企业的支持完成。

其他两类教学模式，即学科知识巩固模式和发现知识模式，可以分别在基础实验室、专业基础实验室和创新实验室中完成。基础实验室和专业基础实验室为学生提供实际操作和主动学习的空间，使学生巩固强化专业知识。创新实验室则支持学生进行研究性项目，本科生研究项目集中在三年级和四年级，主要是参与导师的科研项目或在导师指导下自主选择研究项目，硕士生和博士生创新实验室则主要支持研究长时间、持续性的科研项目。

另外，云南大学软件学院建立了面向 SE-CDIO 工程教育模式的保障与评估改进体系。保障体系涉及师资队伍保障、教学资源保障、管理与运行机制保障等内容。教学评估主要评估教师的教学过程和学生的学习效果，而根据评估结果实施改进过程则采用了迭代的软件生命周期过程。

4.1.3　成都信息工程大学

成都信息工程大学倡导并实施了 CDIO 工程教育理念和模式，并在全校深入推进以专业建设为主线的教育教学一体化改革。它是全国 CDIO 工程教育模式试点工作组副组长单位、电气组召集单位、全国 CDIO 工程教育联盟常务理事单位。

成都信息工程大学通讯工程学院，在 CDIO 国际工程教育理念的基础上，结合我国当前大学扩招后的实际需要和该校多年改革经验，真正践行学校"育人为本、德育为先"的人才培养教育理念和"崇尚应用之创新，追求应用之卓越"的教学理念，创新性地提出了建立自然分层、因材施教的 CDIO 人才培养模式，即根据学生自身的基础和爱好进行分层培养，个性化发展，注重综合素质培养，并与构思—设计—实现—运行进行有机结合，将因材施教的思想与 CDIO 工程教育模式进行有机结合。强调做人与做事相结合，做人通过做事体现，做事通过做人保证，并在各个培养过程中注重人文精神的熏陶，从而使培养出的毕业生具备优秀的职业道德，正直且富有责任感。[8]

紧紧围绕未来工程师的职业素质——专门技术、社会意识和创新精神，以工程设计为导向，以"应用系统、功能模块、基本单元"为主线，以学生个性化发展为核心，通讯工程学院运用 CDIO 理念对电子信息类专业的培养定位、目标、培养计划、课程群、实验实践教学体系、考核方式与评价手段、教学方法，以及质量控制体系进行了全方位的构思与设计，构建并全面实施了自然分层、因材施教的知识、能力、素质"三位一体"的 CDIO 一体化人才培养方案，即根据学生自身的基础和爱好进行分层培养，实现个性化发展，注重综合素质培养并与 CDIO 进行有机结合，实现学生全面发展。

通讯工程学院在详细分析电子工程师职业的社会需求的基础上，确定了系统架构师、设计师（包括模数混合电路设计师、射频电路设计师、集成电路设计师、嵌入式软件设计师）和应用工程师的三类角色分类培养目标，所有学生均从应用工程师开始学习，根据知识掌握情况，逐步成为设计师甚至系统架构师。每种角色的基本需求包括知识需求、工具需求和技能需求三部分。知识需求由基本知识模块和需要进一步提高和深入的知识模块构成，这些模块化的知识构成了课程群的核心。学生在应用工程师的基础上可以根据自己的兴趣和能力选择学习不同的设计师角色所需的相关知识模块，从而形成与角色相关的个性化培养方案，朝设计师目标努力；同理，学生还可在设计师的基础上通过学习而成为系统架构师。通过这种方法有效地解决因材施教的难题。

通讯工程学院在构建"三位一体"的人才培养方案时，遵循了以下的原则：

(1)围绕"一个核心、一个导向、三个层次、一条主线"来开展。首先，一个核心是指以角色为核心，具体是以电子信息类学生未来可能从事的职业的基本需求为基础，设定三类角色，即系统架构师、设计师、应用工程师。其次，一个导向是指以工程师职业训练为导向，通过与专业充分结合的工程性(综合性)的一级项目、二级项目、三级项目的团队式训练(以一级项目所分解的子系统作为二级项目，以二级项目所涉及的单元性功能模块作为三级项目)，将对工程学生的工程基础知识、个人能力、人际团队能力和工程系统能力的培养，深度地融入全部的教育教学过程之中。再次，三个层次是指课程体系的结构和内容分解为"应用系统、功能模块、基本单元"三个层次。最后，一条主线是指以"应用系统、功能模块、基本单元"为主线，贯穿于课程体系的结构和内容的优化设计中。

(2)在课程群设置上，变传统的"自下而上"的课程群组织方式为"自上而下"的组织方式。"自下而上"是先基础后专业、先微观后宏观、先局部后整体，其缺陷是初学者往往不知为何要学习该课程、该知识模块学后有何用处。"自上而下"是以工程设计为导向，以日常工程设计为背景，先给出宏观、整体的工程概念，由宏观到微观，由整体到局部，由工程所涉及的专业知识延伸到专业知识所涉及的基础知识。

(3)以工程设计为导向，以一级项目为主线，以二级项目为支撑，以三级项目与核心课程为基础，将核心课程的教育与对专业和系统的整体认识统一起来，并结合学生的自我更新能力、人际和团体交流能力，以及对大系统的掌握、运行和调控能力，一起进行系统的培养。一级项目为包含本专业主要核心课程和能力要求的项目，二级项目为包含一组相关核心课程、能力要求的项目，三级项目为单门课程内为增强该门课程能力与理解而设的项目(三级项目的设立与否及形式由各门课程大纲根据需要确定)。

为了使 CDIO 工程教育改革稳妥进行,通讯工程学院除对学生进行 CDIO 理念的培训外,创设了校内科学导师加校外工程导师的"本科双导师"制来配合 CDIO 改革。所有学生均按专业和兴趣组成学生团队,分属不同的导师,四年均不变化。团队由成员轮流担任负责人,以培养其组织、管理和协调等能力。导师为团队建立档案和能力培养计划,通过项目的组织实施来培养学生的 CDIO 能力。

4.1.4　大连东软信息学院

大连东软信息学院基于"教育创造学生价值"的理念,借鉴 CDIO 工程教育模式、在继承 CDIO 工程教育模式的基础上,创造性地将 CDIO 工程教育模式中国化和本校化,在充分考虑学生、教师、产业和社会等利益相关者需求的基础上,结合中国高等教育的实际和 IT 行业的人才需求标准,针对学院 IT 专业的设置情况,对 CDIO 能力大纲做了继承基础上的创新,构建了具有东软特色的 TOPCARES-CDIO"八大能力"指标体系,提出了 TOPCARES-CDIO 应用型人才培养模式,并在全校范围内实施了 TOPCARES-CDIO 教育教学改革。[9—10]

教育要与社会的发展相适应。在充分调查学生、教师、产业和社会等利益相关者需求的基础上,大连东软信息学院确定了"为经济和产业发展培养高素质 IT 应用型人才"的愿景。

TOPCARES 作为大连东软信息学院人才能力培养的最高关注,是学生应当具备的八个一级能力指标首个英文字母的组合,即技术知识与推理能力(Technical knowledge and reasoning),开放式思维与创新(Open thinking and innovation),个人职业能力(Personal and professional skills),沟通表达与团队合作(Communication and teamwork),态度与习惯(Attitude and manner),责任感(Responsibility),价值观(Ethical values),实践构思、设计、实现和运行为社会的贡献(Social contribution by application practice)。同时,作为对 CDIO 能力指标的继承和创新,TOPCARES 能力指标与 CDIO 能力大纲具有一致性。因此,在 TOPCARES 后面添加了 CDIO。TOPCARES-CDIO 能力指标体系在 8 个一级指标下又进一步细分为 32 个二级指标和

110个三级指标，并在部分三级指标下面根据具体专业的不同要求细分出四级指标。一级指标、二级指标、三级指标和四级指标之间按照逻辑包含顺序和重要度加以组织。学校所提出的TOPCARES-CDIO能力指标体系，除了专业能力培养外，还特别强调对学生思想道德品质、创新能力、个人职业能力、沟通表达与团队合作能力等的培养。作为TOPCARES-CDIO人才培养模式的重要组成部分，TOPCARES-CDIO能力指标体系是学校“教育创造学生价值”理念的发展与延伸，体现了东软教育对学生的最高关注，即通过进一步地发展学生，丰富他们的知识、培养他们的能力和提升他们的素质来创造学生的价值，并通过学生未来的构思、设计、实现和运行实践为社会做贡献，从而创造社会的价值，同时实现学校的价值。

大连东软信息学院各专业经过对专业人才培养预期应掌握的知识、能力、态度的明确的和具体化的分析，在TOPCARES-CDIO能力指标体系基础上，提炼出各专业的人才培养能力指标，形成从TOPCARES-CDIO能力指标到各专业人才培养目标的映射，进而最终确定各专业人才培养目标与培养规格。从学院愿景与使命，到各科类、专业培养目标，乃至课程教学目标，形成了从一般到特殊、从宏观到微观，层层递进的培养目标体系。各科类目标是学院愿景与使命的进一步分解，各专业培养目标必须体现学院愿景与使命以及科类目标的要求，并结合专业的特点来制订明确的、具体化的教学结果。同时，专业培养目标的达成要为学院愿景与使命、所在科类目标的达成做出贡献。此外，一个专业设置的每一门课程的教学目标，必须与该专业的培养目标相一致。通过以上举措，保证了每一项教育活动、教学环节都能够支持学院愿景与使命的实现。

大连东软信息学院以知识、能力、素质的培养为核心，构建一体化TOPCARES-CDIO人才培养方案。很多通识教育强调的非智力因素方面的素质养成，如思想品质、沟通能力、学习动机、职业道德等都被有序地安排在人才培养方案中，与知识掌握、能力培养和解决工程项目问题有机结合在一起，而不是像过去那样互不相干或关联性不强。实施“面向职业岗位的课程体系设计的反向推导流程”，即根据市场对IT人才的能力结构需求确立培养计划及目标，制订模块化的课程体系，结合各专业培养目标与培养规格，建立了从各专业培养目标到课程体系的映射，从课程目标到各知识单元教学目标的映射，进而形成一体化的课程体系。对每门课程都有明确的、具体化的能力培养的要求，并根据各门课程对专业培养目标的贡献,重新设计了教学计划的结构和次序,以及课程之间的对应关系。在一体化课程体系设计中,每个专业必须有精心规划的构思、设计、实现、运行(CDIO)项目,作为教学计划的重要组成部分。从构思阶段的概念设计开始,经历产品设计和实现阶段,培养学生应用工程科学知识设计产品的能力,以及产品和系统的制作能力。

TOPCARES-CDIO 项目分为四级,其中,一级项目(基石项目及压顶石项目)是指包含本专业主要核心课程和能力要求的综合项目,重点培养学生的专业核心能力;二级项目(课程群项目)是指基于多门课程、包含一组相关核心课程能力要求的课程群项目;三级项目(课程项目)是指单门课程内为增强该门课程能力目标的实现而设的课程项目;四级项目(单元组项目)是指基于一门课程的两个以上单元(模块)能力要求,为强化课程能力目标而设计的单元组项目。在大学生成才的诸多要素中,德育居于主导地位,学生思想政治教育、道德品质教育工作的加强和改进,要与教学改革发展(专业、课程、项目)相适应、相配套、相对接,为此,将专业培养目标映射到学生课外的各项素质教育活动中,把德育渗透于教育教学的各个环节,使学生综合素质教育与专业教育、课上教学与课外活动密切结合在一起,结合不同年级学生的特点,精心设计了贯穿大学四年的综合素质教育项目,将学风建设、思想教育、安全稳定及职业素质养成等内容,融合在系统的学生活动项目之中。

大连东软信息学院倡导“做中学”“学中做”教学模式。在教学过程中,强调学思结合,鼓励开展启发式、探究式和参与式教学。在理论课堂教学中,强调“精讲多练”,重点是要多练、多实践,以共同完成小组项目等形式,在教学中激发和训练学生的能力。在教学过程中,坚持以项目为导向,将项目的设计和实现贯穿大学的四年教学中。在此基础上,学院实施“1321”的学期设置,把一学年分成 3 个学期,2 个学期进行理论教学,1 个学期开展实践教学;在实践学期,学生在老师的指导下进行课程或专业综合项目训练。学院还实施了“3+1”教学模式,在大学前 3 年的实践学习基础上,最后 1 年完全实施“压顶石”项目,全面强化学生的专业实践技能。根据专业的不同特点,实施企业定制培养,即由学院和企业共同确定课程,共同提供师资,共同完成课程教学,使企业参与到人才培养的全过程,让学生在校学习阶段就能了解企业业务,认可企业文化,提高个人专业技能、职业能力,以及沟通交流与团队协作能力等,顺利完成由“学生”向“员工”的过渡。

大连东软信息学院通过多种形式，考核 TOPCARES-CDIO 能力指标点。包括口头测试、学习记录、作品展示、论文发表、团学活动和学科竞赛等。例如，对大一新生“计算机基础”课程考核方式进行了改革，要求学生要“过五关”，即学会系统安装、打字录入速度、WORD、EXCEL、PPT 等，具体考核形式为上机考试与竞赛相结合。考核内容反映课程、项目之间的紧密联系，为一体化课程体系建设提供支撑。考核过程贯穿在课堂实施的全过程，包括出勤、课堂表现、作业、实验、项目演练和期终考试等。考核的组织者可以是学院、专业团队、专业教师、班级小组、虚拟公司、社团或党群组织等，进而实现多层次考核。考核评价主体包括任课教师、学生本人（自评形式）、小组内同学（组内互评）、其他组同学（组间互评）及其他教师、企业（调查与抽查问卷）等。通过以上措施，逐步建立与 TOPCARES-CDIO 人才培养模式相适应的学生考核评价方式，有效保证学生 TOPCARES-CDIO 能力的提高。

大连东软信息学院着重提高教师工程实践能力。学院采取“引、聘、训、评”的方式提高教师的工程实践能力，即引进企业工程师实施实践教学。以“双薪制”聘请具有企业实践经验和授课能力的企业高水平技术专家担任实践教师。通过企业技术专家来院培训、委派教师赴 IT 企业参与实际的工程项目等，以提升教师实践教学技能。改革教师评价体系，将实践能力作为教师的重要考核和评价指标。通过以上措施，建立一支“双师型”“双薪制”“双岗位”的师资队伍，保证 TOPCARES-CDIO 人才培养模式的有效实施。

大连东软信息学院结合 CDIO 工程教育模式对工程实践场所的要求，以学生为中心构建了与 TOPCARES-CDIO 人才培养模式相适应的“3A”实践教学环境。所谓“3A”是指 Anytime、Anywhere、Anyway，即让学生在任何时间、任何地点、以任何的方式都能进行课程实践和项目实践。学校与英特尔、IBM、SAP、惠普、东芝等国际知名 IT 企业合作开发教育教学管理系统、课程体系、教材和课件，共同建设实践实训环境、开发实训案例。学校还建设了近 50 个涵盖计算机软件、电子商务、集成电路、数字艺术等领域的专业实验室，为全面深入开展实验实践教学和学生自主实践提供了良好的开放式实验环境与保障。按照真实的软件企业环境组建集专业能力训练和素质能力训练为一体的大学生创业中心，并按照专业方向的不同组建了 30 余家学生虚拟公司，由学生进行管理运营。这些“虚拟公司”可以得到学校的项目资金支持以及社会的创业资金支持，并在企业导师和专业教师的共同指导下，积极参与 ITO、BPO、网站开发等业务。学生虚拟公司创造了技术训练和创业实践的环境，一方面成为学生专业能力训练的载体，通过专业项目开发，提高其专业技术知识与推理能力。另一方面成为学生综合素质能力训练的载体，通过运作和管理公司，提高学生个人职业能力、沟通表达与团队合作能力，以及责任感、价值观和态度等。

大连东软信息学院建设可教学化的实训资源体系，为培养具有实际项目经验、动手能力强的 IT 工程师提供资源。学校基于 TOPCARES-CDIO 人才培养模式要求，对企业的案例进行可教学化开发，建设了多个方向的实训教学资源体系，包括 Java、嵌入式、NET、网站设计制作、系统维护等。

大连东软信息学院构建完善的 TOPCARES-ABET 人才培养质量管理和保障体系。TOPCARES-CDIO 人才培养模式的有序开展，必须有与之相适应的高效组织结构与组织保障系统，明确教育教学改革实施过程中不同主体的职责，保证全员、全方位、全过程育人。学校以学生为中心优化组织结构，取消教研室的建制，各系学生工作由原来的按年级横向管理变为按专业纵向管理，实施以专业为基本教育单位的管理模式，设置专业教育管理团队。专业教育管理团队由专业教师及学生辅导员、班主任等人员构成，职能包括教学、科研、学生工作、质量保障、招生、就业等。通过明确团队成员的职责，建立相应的考核机制，使专业教师参与到素质教育和学生工作中来，使辅导员参与到专业教学工作中来，从而实现辅导员队伍与专业教师队伍的相互融合，形成全员育人的有效工作机制。党团组织建设和思想政治教育是中国教育的特色。在 TOPCARES-CDIO 人才培养模式中，我们将党(团)支部建立在专业上，实行院党(团)委、系党(团)总支、专业党(团)支部、专业党(团)小组的党(团)建工作体制。此外，每个专业下面都有特色的学生虚拟公司和学生社团组织。学院通过制订基于专业的党团组织、学生社团与虚拟公司的一体化管理方案，使一个专业内的专业教学、素质教育、学生工作与学生课外的党团工作、校园文化活动、科技活动、创业实践等工作相互联系并成为一个有机整体，从各个不同角度培养学生的能力，为专业培养目标的达成做出贡献。学校充分借鉴 ABET、CMM、ISO9000 等质量管理理念与方法，将国际先进的教育质量管理理念及标准“中国化”“本校化”，在 TOPCARES-CDIO 人才培养模式下，以目标(结果、成果)为导向，以过程管理为手段，建立了基于TOPCARES-ABET标准的全员、全过程、全方位的教、学、管、保、评"一体化"的人才培养质量管理与保障体系。在科学论证的基础上,学校提出并实施了质量业务线独立于教学业务线的新型组织机制,从院级领导到教学质量管理与保障部再到各个系和专业教育管理团队,均设有从事质量工作的专门人员,从而保障了质量工作的独立性,为客观、公正地进行各种质量评估、获取真实数据提供了强有力的组织保障。同时,在充分研究并汲取了ABET以及过程管理的精髓思想的基础上,提出了目标导向的教育评估机制,建立了专业、课程、项目、教材、学生教育活动评估标准及相应的评估实施方案。运用CMM5的成熟度模型,以教学效果与培养目标的达成程度为专业培养的质量标准,要求专业培养目标具有可测量性、用数据说话、用文档记录、能自我证明,并根据实际测量的结果对培养计划进行更新,对培养过程进行持续改进,实现对教学活动的PDCA(戴明环)闭环监控,为TOPCARES-CDIO人才培养模式的全面有效实施提供了可靠的保障。

4.1.5 燕山大学

燕山大学按照"宽口径、厚基础、高素质、强能力"的人才培养原则和"通识+专业"的培养框架,全面贯彻"以能力为导向,学生为主体、教师为主导"的教育理念,深化本科教学改革,突出学生创新创业实践能力的培养,始终坚持以人才培养目标的达成为教学评价核心标准。

自2007年引入国际先进的CDIO工程教育理念以来,作为教育部CDIO工程教育改革项目的参加单位和机械组的牵头单位,燕山大学按照"课程试点→专业试点→工程类专业全面铺开→推广到其他类专业"的模式,由点到面推进CDIO工程教育改革。2013年燕山大学正式获批加入"CDIO国际合作组织",目前,学校正在深入探索CDIO工程教育理念与OBE教育理念、工程教育专业认证思想相结合的改革路径。

目前,燕山大学的工程教育改革体现了OBE和CDIO特点。[1]引入基于OBE教育理念的人才培养模式,要求各专业面向社会,立足行业,以满足社会需求为确立和梳理人才培养目标的主要依据,要求"反向设计,正向施工",注重对学生能力的培养与评估,强调培养学生运用专业知识解决实际工程问题的能力,注重对学生创新意识和实践能力的培养。燕山大学工程教育改革的顶层设计思路是:采用CDIO和OBE理念开展人才培养目标、教学计划及教学大纲修订(把握社会需求,关注学生职业发展,全面发展学生的知识、能力和素质);实施以学生为主体、教师为主导的项目式教学,实现高阶能力的培养;开展全过程多元化的学习产出考核方式改革,坚持教学质量的持续改进;开展基于 CDIO 和 OBE 理念的课程规范化建设,固化课程教学改革成果;构建基于 CDIO 和 OBE 教育理念的一体化课程体系。

燕山大学在 CDIO 教育理念的框架下构建了一体化项目式课程体系,以实现学生高阶能力的培养。该课程体系是以学生为主体、教师为主导,并以工程能力培养为目标。贯穿该课程体系的主线便是丰富多样的项目体系,它包含三个层次的项目,即三级项目(课程项目)、二级项目(课程组联合项目)和一级项目(毕业项目)。三级项目设置于专业基础和专业课程内,以本门课程基础知识的应用为主要内容,旨在加强学生对本门课程的理论知识的理解,培养学生学以致用,运用课程的理论知识解决一般工程问题的能力;二级项目通常将多门专业核心课程内容相结合,并与三级项目相关联,旨在使学生对课程组内所学理论知识的融会贯通,培养学生学以致用,解决比较复杂工程问题的能力,即加强学生专业核心能力的培养;毕业设计一级项目主要是让学生参与教师为企业开发的新产品或关键技术改造的项目,培养学生综合运用所学知识技能、各种工具手段和任何可能的资源,解决生产实际中复杂工程问题的能力,从而提高学生综合能力与素质。同时燕山大学实施全过程多元化的学习产出(课程成绩)考核方式,依据课程能力达成度评价标准,开展课程能力达成度考核,然后根据课程能力达成度评分结果,由教师对课程提出持续改进意见,并在下一年度教学过程中加以改进。

4.2 基于 CDIO 工程教育模式的高职教育教学改革现状

自 CDIO 工程教育模式引入之后,我国高职院校在应用 CDIO 工程教育模式,推进高职教育教学改革方面,开展了积极的研究与探索,取得了一定成效,但总的来说,推进的系统性不足,功利性较强,改革影响力不大。国家以及省级层面推动的高职院校建设项目和专业建设项目、高职办学的生存压力、教育工作者的使命感、教师对教改项目的需求等,是推动基于 CDIO 工程教育模式改革的主要内外部因素。从改革推动的主体来看,主要有三种类型,即从学校层面推动的基于 CDIO 工程教育模式的系统性改革、从专业层面推动的基于 CDIO 工程教育模式的专业改革、从教师层面推动的基于 CDIO 工程教育模式的课程改革。

4.2.1 学校层面推动的系统性改革

学校领导层面达成共识并提供资源保障是学校层面推动基于 CDIO 工程教育模式的系统性改革的基本条件,从目前现状来看,只有苏州工业园区职业技术学院、石家庄铁路职业技术学院等极少数学校从学校层面推动。

4.2.1.1 苏州工业园区职业技术学院

苏州工业园区职业技术学院作为我国目前 CDIO 国际合作组织正式成员中唯一高职院校,2007 年率先进行基于 CDIO 工程教育模式的改革试验,从教学模式、学习模式和教育模式三大领域着手,依托教学做一体化的“教学工厂”,积极推广基于 CDIO 工程教育模式的项目制教学改革,以项目为载体,让学生经历从构思、设计、应用、运行的完整流程,从而提高学生创新思维能力、项目设计能力、技术应用能力和实际操作能力,为外资企业培养了大批高素质技术人才。[11—14]

苏州工业园区职业技术学院认真研究高职院校学生的素质,提出了“T”形学生素质结构模式,即以硬技能为支撑(如“T”字母中的“|”),加强学生专业的深度教育,提高学生的专业岗位的针对性;以软技能为拓展(如“T”上的“—”),加强学生职业岗位适应的广度训练,拓宽学生的发展空间。硬技能指求职者本身在某专业领域从事工作、进行研究应当具备的必要能力,是从事某项职业必须具备的过硬的真本事。软技能则是除了这些专业知识和技能外,能为企业和个人发展带来额外附加利益的能力,这些能力主要包括时间管理能力、沟通能力、团队合作能力、学习能力、创新能力、解决问题能力、职业道德、职业意识和职业习惯等。

(1)提升和发展学生的软、硬技能。为了实现为外资企业培养国际化、高素质、高技能的 T 型素质结构技术人才,苏州工业园区职业技术学院借鉴基于工作过程系统化的课程理论与 CDIO 工程教育模式完成 T-CDIO 课程体系的设计,以学生的认知规律与职业成长规律进行课程的安排，通过项目化实施的课程体系，使学生的软、硬技能均得到全面发展。

第一，是运用工作过程系统化课程理论进行学习领域的课程设计，通过企业调研、工作任务分析会，根据专业对应工作岗位及岗位群实施典型工作任务分析，根据能力复杂程度整合典型工作任务形成行动领域，根据认知及职业成长规律递进重构行动领域并转换为若干学习领域课程，以有利于学生对工作过程性知识的获取。学习领域的课程设计，主要是通过解构原来学科化的专业课程和部分专业技术基础课程，再基于工作过程来重构学习情境。学习领域课程的任务不仅是培养完成工作任务的专业能力，更要通过教学设计实现方法能力和社会能力的培养。

第二，以系统化的三级CDIO项目为课程体系的主线，通过设置一级项目（毕业项目）、二级项目（学期项目）、三级项目（课程项目），注重让学生参与项目的生命周期的运行，主动获取知识，注重知识与能力的关联，突出学生硬技能与软技能的培养。

第三，为了便于实施学期项目，构建以学期项目为中心的课程模块。一个课程模块是针对某一任务领域的学习领域课程与职业素质课和选修课的组合，更是针对学期项目的“拼盘”课程，学生学完一个模块后，能从事某一领域的工作，也就能顺利进行学期项目的CDIO运作。

苏州工业园区职业技术学院精心设计和实施“1C＋5P”能力训练体系，创新CDIO工程教育模式在高职的运行方式，通过一套能力递增的案例培养学生的职业能力，通过针对不同课程模块的学期项目培养学生的获取知识、运用知识、团队合作与沟通等“做成事”的能力，通过1个毕业项目培养学生的工程人员素质。其中，“1C”是指一套案例（case），案例对应单门课程的教学单元，来源于产业一线成熟的成果，其鲜活与实用的特点有利于学生对知识、技能及素养进行综合学习。案例学习注重CDIO的“实现”和“运行”两个环节，“实现”侧重于硬件和软件的实现、测试和验证过程，以及设计和管理的执行过程，而“运行”则注重项目方案的优化、改进与维护。另外，“5P”是指五个项目（project），包括4个学期项目与1个毕业项目。学期项目是多门专业核心课程运用的载体，是工程中未有的成果，是学生创新思维、主动学习，以及工程实施能力培养的载体。学期项目在大一与大二两个年级实施，注重“构思”与“设计”两个环节，“构思”注重概念设计和市场需求调查，“设计”是组件和过程的设计，注重发挥学生想象力和综合运用课程模块知识的能力。毕业项目是顶岗实习阶段的学习载体，由于学生到岗的时间有差异，毕业项目可以在岗前，也可以在岗中或岗后进行，是涵盖本专业群的真实工业项目，承载着工程技术人员的全方位训练。毕业项目在大三实施，要求学生至少完成一个完整的 CDIO 项目，原则上鼓励学生通过团队合作完成。

(2)“做中学”的教学模式改革。苏州工业园区职业技术学院实施以项目为中心，学生为主体的“做中学”教学模式改革。

第一，在课堂教学中，利用案例教学法，以一组来自产业的，由简单到复杂、单一到综合的鲜活工业案例为载体，以“教学工厂”型实训基地为平台，教师按照案例的工作过程指导学生学习与训练，让学生通过学习案例“整体、连续”的运行过程，通过理论知识、实践技能、职业素养与实际应用环境的结合，实现工作过程与教学过程的融合，从而使学生的专业能力、方法能力、社会能力得到逐步提高，具体实施时，要求每门专业课程平均搜集 5—10 个工业案例。

第二，学期项目实施项目教学法，根据学期项目的要求，采用学段制教学组织形式，一个学期设置 2 个学段(每个学段为 7—8 周)，在每个学段之后设置项目周。第一学段项目周，重在构思与设计，通过产业调查、头脑风暴，提出项目的构想，再查找案例、搜集工程文献资料，进行方案设计。第二学段项目周，进行项目制作、调试与完善。项目周结束前还要整理项目方案书、项目进程表、项目总结报告、项目答辩与成果展示。通过学期项目的实施，使原来分散的课程围绕项目设计与制作聚合起来，课程教学从一个教师线形推进到几个教师平行指导，教学场所从教室实训室扩展到企业和 CDIO 实训中心。同时，学生学习态度也从被动接受变为主动学习。

第三，基于真实项目的毕业设计，通过将毕业设计项目与顶岗实习的学习活动相结合，要求学生在企业寻找真实的工程项目，它可以是技术改进，也可以是工艺创新或者管理改善。在项目指导上，实行双导师制，由企业工程师和学校教师联合指导。在安排上，根据生产需要灵活调整，可以在岗前或岗后集中实施，也可以岗中完成。在项目控制上，由校企共同制定阶段检查任务，由学院督导实施中期检查。在项目考核上，由校企共同组织，注重成果的应用与推广价值。另外，对课外活动进行项目化改造，强化学生 CDIO 能力训练 ，将每个学生活动设计为一个项目，面向全院学生进行招标，学生有机会参与活动的生命周期设计与实施，学生的参与度高，积极性强，从而锻炼了合作能力。

第四，为了探讨学期项目运行的思路和方法，交流优秀学期项目方案,各学院于学期中开展一次学期项目方案交流活动,于学期末开展一次全院优秀学期项目评比活动,学院将对评审出的优秀学期项目给予经费支持,以促进学期项目的实施与运行,发挥优秀学期项目的示范作用,促进全院学期项目的良性发展。

(3)加强教师的国际化与工程化建设。苏州工业园区职业技术学院开展“双师”(既会专业教学,又会项目开发)、“双化(工程化、国际化)”师资队伍建设,以满足实施项目制教学改革的需要。学院采取“工程师招聘计划”“访问工程师”计划、“讲师转评工程师计划”“教师海外培训计划”“工程师讲师互聘计划”等五大计划加强教师的国际化与工程化建设。培养教师的“工程化”背景,就是培养教师深刻了解企业技术开发的意识,提升教师项目开发和项目教学的能力。培养教师的“国际化”背景,就是培养教师了解国际工程教育新理念、方法和技术的能力。

(4)推进学生学习方式的改变。苏州工业园区职业技术学院实施基于 CDIO 的项目制教学,需要基于 CDIO 的学习模式改革,为此,在项目制教学的实施中,采取电子化学习(E-Learning)、合作学习、项目汇报等手段促进学生学习方式的改变。

第一,为了使学生在 CDIO 工程教育模式中发挥主体作用,培养学生自主学习的能力,该校开展电子化学习中心建设工作,建立可资分享的共享型教学资源库。通过在线课程,把课程、工业案例等都建设成电子资源,使学生通过公开的、竞争性的、全天候的在线课程,积极与教师、同学开展交流、研讨。所有优秀学期项目上传电子化学习中心,使学生之间、师生之间通过讨论区加强交流与指导,通过成果展示进行经验分享。通过开发以项目为单位的学习包(是将与项目有关的知识、操作说明、标准及项目学习指南进行汇总所形成的一整套学习资料),让学生在项目的制作中不断阅读、查找、研究学习包中所提供的学习资源,从而培养学生的自主学习能力。

第二,由于项目具有一定的综合性,往往需要不同技能、不同知识领域、不同方面能力的多名学生组成团队,才能实施项目的生命周期学习,故小组合作学习是较好的选择,在合作学习中,能让学生学会分工、学会计划、学会管理、学会协调、学会沟通、学会合作、学会评估,从而提高学生的组织能力、团队合作能力、实践能力、学习能力、沟通能力、系统思考和发现知识的能力。

第三,以工程项目为中心的教学模式,需要改革学习评价模式,具体实施以过程考核与学习汇报为主的多种组合评价方式。在项目的构思、设计后让小组成员进行项目方案汇报,让全体学生进行评价,合格的学生则进行后续操作,而不合格的项目,则需要重新构思与设计。在项目实现、运作后进行项目总结交流,实现经验分享,并拓展学生的知识。学期项目的汇报一般安排在期中与期末两个阶段的项目周,期中汇报一般采取三级形式,首先是小组内交流与答辩,然后是系部层面上的交流与评优,最后是学院层面的答辩与评优,期末汇报则由系部采取答辩形式。这样不但能提高学生的项目开发能力,还能培养学生的语言表达等沟通协调能力。

苏州工业园区职业技术学院创建了教学工厂实训基地,保证项目的"设计—制作"全过程置于真实的生产环境之中。通过将职业要素融入实训室中,依托真实的生产环境完成教学与实训、学习与工作的融合,从而实现理论与实践的有机结合、车间和实验室的合一、"工程化"与"国际化"合一、项目与产品合一、教学管理与企业运营合一、职业教育与企业生产合一。另外,为了给学生搭建一个创新实践活动的平台,保证CDIO项目的实施,学院完成了CDIO创新实践中心的建设。该中心配置了机械、电子等方面的工具设备,配备了专职的管理人员,实现管理信息化和网络化,采用全天开放制度,从而使全院师生能利用课余时间进行项目制作活动,保证了T-CDIO课程体系的开展,促进了大学生创新能力的提高。

4.2.1.2 石家庄铁路职业技术学院

石家庄铁路职业技术学院是国家示范性高等职业院校之一,坚持校企合作、工学结合的办学方针;坚持"以人为本、德高为先、能力为重、全面发展、人人成才"的育人理念。以学生为中心、能力为本位,创新性地提出了CEC-CDIO教育教学理念[CEC代表校企合作,就是学院(College)、企业(Enterprise)、合作(Cooperation)的英文缩写],实施"做中学"的教学模式,推行"CEC-CDIO做中学"人才培养模式,注重校企合作、工学结合,并充分利用企业的优势资源,在人才培养过程中注重人文精神和企业文化的熏陶,从而实现培养具备良好的职业道德、创新意识和团队合作能力,并具备国际视野、国际理念和国际竞争力的高技能人才的目标。[15—20]

石家庄铁路职业技术学院提出的"CEC-CDIO做中学"人才培养模式,是以校企合作平台为基础,以"双师"结构教师队伍为保障,通过集成化课程体系,为学生提供了一系列的学习经验,从而解决了校企深度融合、工学结合、教学做一体的问题，使基础课、专业课及实验、实训、顶岗实习既各成系统又相互融合。[20]“CEC-CDIO 做中学”模式之 CEC，强调校企深度融合，强调校企合作的教学资源管理平台，如由利益相关方确定学习目标和培养规格，专业建设设置“双带头人”（校方和企业）等就是深化校企合作的举措。“CEC-CDIO 做中学”模式之 CDIO 强调以构思、设计、实现和运作四个环节构成产品、程序和系统的整个生命周期，构建并实施一系列的以项目为载体的集成化课程。“CEC-CDIO 做中学”模式之“做中学”强调在工程实践中培养学生的知识、技能和素质，实现培养目标，满足社会要求。正确地构建集成化课程和学习活动，将产生“双重影响”，既加强基础知识学习又提高了工程技能，以实现学生理论知识和实践能力协调发展。“CEC-CDIO 做中学”的人才培养模式，是以职业实践环境作为教育背景，以人才培养目标能力体系为依据，以校企深度融合作为基础平台，以实际工程项目为载体，依托“工地流动课堂”，工学结合，做中学，岗课结合，完成人才培养。与其他模式相比，该模式更加强调校企合作，更加强调工学结合，更加强调在真实生产服务和科技项目中“做中学”，更加强调在真实环境中培育人才，真正地实现学生理论知识和实践能力协调发展，进而实现德智体全面发展。[16]

“CEC-CDIO 做中学”大纲，是由学校、企业双方按照工程技术标准、技能要求共同制定，经多方专家认证的一系列教学目标。首先，与中国铁道建筑总公司等企业共同开展人才需求调研，校企共同分析、归纳出专业人才的知识、技能和素质要点。其次，将职业岗位能力进行归纳分类，整合转换为培养目标，在参考 CDIO 能力大纲的基础上，将专业知识、技能和素质细化为 5 大类 4 层次 300 多项具体的条目，建立人才培养规格，即“CEC-CDIO 做中学”大纲。该大纲的第一层包括人文知识和技术知识、专业技能、个人素质和职业态度、人际关系技能及构思—设计—实现—运作技能等 5 个部分。第二层是对第一层每一项内容的细化。第三层具体描述学生在教学项目结束后应掌握什么、会做什么，更细致地展示其内容和目标。第四层是一个可以具体操作的教学目标。[18]

“CEC-CDIO 做中学”教学标准是指导教师设计和开发教学项目的原则，是专业教学项目改革和评价的指导方针。石家庄铁路职业技术学院共制定了 14 条“CEC-CDIO 做中学”教学标准，[16]作为构建课程体系的依据，14 条教学标准包括[20]：标准 1 是环境背景，标准 2 是学习目标，标准 3 是集成课程设置，标准 4 是工程概论，标准 5 是实施—运作体验，标准6是实训条件，标准7是集成化学习体验，标准8是主动学习，标准9是提高教师自身素质，标准10是提高教师教学能力，标准11是学习评价，标准12是项目评价，标准13是校企合作平台，标准14是保障机制。具体到某个专业则有所调整，如电气自动化技术专业共有12条标准，包括环境背景、教学目标、集成课程设计、工程概论、实施—运作体验、实训条件、集成化学习体验、主动学习、提高教师自身素质、提高教师教学能力、学习评价、项目评价。[18]

石家庄铁路职业技术学院以“CEC-CDIO做中学”大纲为依据，构建了以实现为主导的课程体系，即在校企合作的基础上，将重点放在实现和运作两个环节，抛开以往重理论知识而轻实践的观念，以培养学生的实施能力、创新意识、团队协作精神和理论联系实际的工作作风。采用集成化课程设计方法，以项目为载体，构建由入门课、基础课、专业技能课和总结性经验等四类集成化课程构成的“CEC-CDIO做中学”课程体系，每门课程提供了培养学生个人、人际关系能力及产品、程序和系统建造能力的机会，并通过工程知识的应用，激发学生的学习兴趣，激励学生的学习动机。以企业典型项目为载体，带动专业核心课程的实施，让学生更主动地学习，带着问题学习，使学生的学习更具有针对性。课程体系中项目的实现将所有课程有机、系统地结合起来，其特点是所有需要学习和掌握的内容都围绕项目实施这个核心，并与这个核心融合交织在一起，形成一个整体。课程体系构建的具体流程是：检测教学条件，包括国家标准、行业标准、学校规定、现有课程、课程结构、所设项目和传统做法等；整合现有课程，包括课程与学习目标的符合度，以及学生所有的学习过程，可与相关方调研同时进行；教学项目设计分为三级（一级、二级和三级项目）；确定课程结构，将课程与培养目标、教学项目关联起来；制定教学顺序；编制教学计划，形成符合教学目标的课程体系；评估反馈，通过学生成绩评定检验课程体系。

三级项目是“CEC-CDIO做中学”课程体系的主线。一级项目为综合项目，可组合专业主要核心课程和能力要求的项目，学生通过一级项目学会以探究方式获取知识，实现专业所有知识、技能的融合。如城市轨道专业，设计了工程认识实习、某段城市轨道交通工程施工组织设计、顶岗实习等3个一级项目。二级项目为相关联课程项目，可组合某一课程板块所有课程，学生通过二级项目能把相关联的课程知识和技能有机地结合起来。如道路桥梁专业，设计了路桥施工对沿线影响调查、地基处理与施工、桥梁工程施工、道路工程施工、路桥工程试验检测等5个项目。三级项目为单门课程项目，是增强该门课程能力与理解而设的项目。三级项目的设立与否及数量，由各门课程标准根据需要确定，以“区间信号自动控制课程”为例，课程的所有教学内容设计为4个教学项目，在真实的工作环境中，围绕项目完成开发若干任务单元，每个任务单元的实施都包含构思、设计、实现、运作等4个环节。[19]各级项目都采用团队合作的形式完成，使学生通过项目执行，学会探索、掌握综合应用知识技能，并培养其团队精神、项目组织和管理技能，以及CDIO能力。

石家庄铁路职业技术学院实行“7周学段制”。通过构建“做中学”能力培养体系，以项目为载体，按照项目的建设周期，打破一年两学期的界限，采用“7周学段制”教学组织新形式，即7周为1个教学周期，被称为“1学段”，一年分6学段，三年共18学段，工学交替做中学，强化知识、技能和素质培养，并获取双证书。按照学习学段为工作学段打基础的原则，确定递进衔接式能力培养层次，每个学段在相应的工程背景下确定教学目标。第一层次，即初级技能培养段(1—6学段)，以学校为主、企业为辅，对学生进行初级操作技能培养。第二层次，即中级技能培养段(7—12学段)，校企合作培养，学习与实训交替进行。第三层次，即高级技能培养段(13—14学段)，校企合作培养，以项目为载体，以任务为导向，校企循环培养。第四层次，即综合职业能力培养段(15—18学段)，以企业为主、学校为辅，主要形式是顶岗实习。

石家庄铁路职业技术学院通过建校设站，搭建“做中学”课程实施平台。按照“共建、共管、共享、共赢”的原则，在生产建设一线建立“流动学校”，下设多个“合作教育流动工作站”，开设“流动课堂”，形成“校管站、站成链、流动课堂成一线”的课程实施平台。合作教育流动工作站具有项目教育、现场教学、顶岗实习，技能鉴定、职工培训和技术服务等功能。流动课堂车穿梭于工作站，实施现场教学，及时为学生解疑释惑，帮助解决技术问题。学生16—20人一组进驻工作站，3—5人为一个学习小组，由一名专职教师负责学生日常管理，每个学习小组有1—2名现场工程技术人员任指导，专兼教师组成协同教学团队，共同实施教学和考核。

石家庄铁路职业技术学院制定了《流动学校工作章程》《合作教育工作站员工职责》《合作教育工作站运行管理办法》《现场教学管理办法》《兼职教师聘任及管理办法》《学生顶岗实习安全管理暂行规定》《学段考评暂行规定》《7周学段制》等教学质量保障与监控管理办法与管理制度，为

"CEC-CDIO做中学"人才培养模式的实施提供保障。另外,基于校企共同制定的一系列质量标准,通过网络化远程管理平台,建立现场教学、顶岗实习、技术服务等质量网络测评系统和信息反馈系统,形成校企合作长效机制。

4.2.1.3 驻马店职业技术学院

驻马店职业技术学院不断跟进行业、企业发展态势,以立德树人为根本,以服务发展为宗旨,以促进就业为导向,查找人才培养方案与实施中存在的矛盾和不足,不断融入行业,企业元素,准确定位人才培养规格,修订完善人才培养方案。学校借鉴CDIO工程教育模式,将其融入高职人才培养模式改革中,逐步确立学院新的办学理念和培养模式,取得了较为显著的成效。[21]

从2010年开始,驻马店职业技术学院将CDIO理念融入高职人才培养体系中,构建了BAQ-CDIO高职人才培养模式框架。B(base)代表基础知识,A(Ability)代表能力,Q(Quality)代表素质,三者相互联系、相互映照、相互补充,三位一体实现人才培养质量的提高。BAQ-CDIO是以强化学生基础知识掌握为支撑,以提高学生创新实践能力为核心,以提升人才核心素质为重点,构建创新型高职人才培养模式。这种人才培养模式改革的总体思路是:首先,在于引进CDIO教育理念后,结合国民经济发展的战略需要,考虑区域经济发展的实际需求,准确定位高职院校的人才培养目标,科学分析人才结构核心要素,优化人才培养方案;其次,通过教法和学法的改革,努力建设CDIO专业课程实施的平台,将学生创新实践能力的培养与教师教学能力的提高紧密结合起来;最后,通过教学之监控体系的建设,检验教学的效果,并不断修订人才培养方案,使BAQ-CDIO人才培养体系建设处于动态之中。[22—24]

4.2.1.4 浙江水利水电学院

浙江水利水电专科学校(浙江水利水电学院的前身)自2010年试点并推广SWH-CDIO工程教育模式(SWH是"水文化"的汉语拼音首字母),各试点专业秉承SWH-CDIO教育理念,结合专业特色,制订一体化专业人才培养方案,搭建职业核心软能力、工程基础能力、专业基本能力、专业综合能力等"四大能力平台",构建"全程能力训练和测评认证体系",开展项目制教学,为落实实践育人提供课程和条件支撑。学校全程融渗式培养学生的职业核心能力，除专业课外，在英语、高等数学、体育等公共课领域广泛开展SWH-CDIO教育模式教学改革。专门成立职业核心能力发展教研室，开设“人文素质与养成”(含团队合作导论、职业沟通导论、做人做事教育)必修课程。引入教育部信息管理中心“职业核心能力认证项目(CVCC)”，建立“职业核心能力测评站”。随着教学改革的稳步推进，SWH-CDIO试点教学改革取得明显成效。2013年升本改名为浙江水利水电学院后，进一步提出培养“上手快、适应强、后劲足”的应用技术型人才的“人格本位”人才培养新理念，开展“项目制课程”建设，推广“知识＋技能＋态度”三位一体考核方式，全面提高教学水平。浙江水利水电学院于2016年加入全国CDIO工程教育联盟，目前在专科和本科继续推广SWH-CDIO工程教育模式，[25]并上线SWH-CDIO试点网。[26]

浙江水利水电专科学校根据自身办学特色和办学理念，将以铸就水利精神为核心的“以水育人”和以培养人文素质为重点的“以文化人”相结合，并与CDIO工程教育模式对接，创新了SWH-CDIO高素质技能型人才培养模式。SWH为“水文化”的汉语拼音首字母。S蕴含有“水利精神”(献身、负责、求实)和“水的品质”(清纯包容、以柔克刚、锲而不舍)。W意指“人文情怀、文化素养”，强调以人为本，坚持科学与艺术的结合、理性与情感的融合，崇尚伦理道德，传承中华民族的优良传统，培养真诚善良的情感和体现社会主义核心价值体系的价值观。H指将弘扬“献身、负责、求实”的水利精神与水的品质、人文素质培养有机结合，将其融化渗透在基于CDIO工程教育模式的人才培养全过程，从而实现水文化的教育、启迪、陶冶、审美、愉悦的功能和作用。[27—28]

本土化的SWH-CDIO工程教育模式包含“一个理念、一个愿景、一个能力大纲、八条标准”，是开展SWH-CDIO教学改革的顶层设计框架。[28]以试点专业“模具设计与制造专业”为例，其专业愿景是，在一个现代的、基于团队的环境下，基于精密模具的构思—设计—实现—运行的工程背景，以“设计与制造”为导向，融合水利精神和人文素质，培养精密模具技术“硬”能力和职业核心“软”能力均衡发展的高素质应用型人才。在一体化课程体系设计上，以三级项目为主线，融合职业能力核心课程，使学生获得专业知识、个人自身能力、团队合作能力，以及建造产品和系统的能力，即培养学生的“软”“硬”能力，进而培养具有创新和实践精神及良好职业道德的高素质应用型专门人才。

4.2.2 在专业层面推动的专业改革

以各级专业建设项目或教学改革项目为依托，进行基于CDIO工程教育模式的教育教学改革，主要有两种方式，即在整个专业层面实施改革和在专业人才培养系统的部分要素上实施改革。

4.2.2.1 在整个专业层面实施改革

国内有少部分专业，根据自身的教育环境，结合我国高等职业教育实际情况和社会需求，在整个专业层面实施本地化的基于CDIO工程教育模式的高职教育教学改革，下面举几个典型例子。

(1)计算机专业。

金华职业技术学院计算机专业实施SECI-CDIO人才培养模式，即构建并依托校企利益共同体(SECI)组织，在真实的职业工作环境中，合作主体按照CDIO工程教育模式协同培养人才。[29—31] SECI-CDIO人才培养模式是一种基于合作主体共同诉求，以工程实践环境为教育环境，以工程项目的构思、设计、实现、运行全过程为载体的"做中学"模式，是对高职院校"校企合作、工学结合"人才培养模式的继承性创新，是对CDIO国际工程教育模式的本土化实践。

校企利益共同体是指学校或学校的一个强势专业或专业群选择区域内相关行业领域内产业链长、成长性好的企业集团或多家企业，共同成立的人才培养实体.校企利益共同体成员一般由政府、行业、企业、学校等组成，主要是学校和企业。校企双方合作主体基于提高人才培养质量这一共同诉求，通过组织、团队、管理等方面的创新，最大限度地满足经济、政策、人才、文化等方面的诉求。该校计算机专业基于区域IT产业发展需求，建立"政府主导、校企主体"的校企利益共同体。在政府层面，提供政策和资金支持，引导校企利益共同体机制建设；在企业层面，提供人力、项目、场地、企业文化等市场资源，对接人才培养主要环节；在学校层面，主动寻求与企业的合作点，有效地整合行业及企业的项目、人力、场地资源，完善教育教学条件，同时为企业提供技术培训、开展技术合作，达成重要利益相关者双赢或多赢目标。

该专业基于校企利益共同体合作机制，对接区域内IT行业，通过对相关就业岗位所需的职业能力与素质分析，校企共同构建计算机专业的融实践训练与能力培养为一体的 SECI-CDIO 能力大纲；共同设计课程体系并开发项目课程与项目教材；共同构建基于 C—D—I—O 流程的实践教学环境；共同组成互动性的专兼教学团队；共同实施基于项目/案例的“做中学、做中教”；共同实施人才培养评价；共同开展订单班人才培养；共同将企业文化引入校园；共同将 CDIO 的 12 条标准本土化，融入校企合作的考核指标。从而为 SECI-CDIO 人才培养模式的核心要素，即培养目标、课程体系、师资队伍、保障体系等提供支撑。

SECI-CDIO 人才培养模式根据 SECI-CDIO 能力大纲的要求，以项目为导向，以专业核心能力需求为依据，系统组织与设计全程项目制三级课程体系。

一级项目由引导项目和毕业设计组成，是包含本专业主要核心课程和能力要求的综合项目。其中，引导项目通过项目完整的 C—D—I—O 流程体验、SECI-CDIO 能力大纲的学习、企业工作环境的观摩，引导新生树立正确的职业认知和工作规范，激发学习兴趣。毕业设计是企业真实项目的创新设计，由企业与校内教师双导师共同指导，以团队形式完成整个 C—D—I—O 流程项目。

二级项目是由一组关联核心课程组成的课程群项目，侧重培养综合实践能力和团队合作能力，并避免了课程之间的重复。依据职业岗位的注重团队合作，关联岗位多交叉，学生认知水平渐进发展的特点，二级项目分基础技术类综合项目、岗位方向类综合项目，以学期实训项目的形式递进式开展。

三级项目是为加强核心课程学习而设置的项目，侧重培养专项技能和项目实现能力。实施项目衔接制链式教学策略，三级项目前后续课程或课程群的最后一个三级项目与二级项目首尾引用同一教学项目，但教学侧重点不同，通过一个项目在关联课程中的多重引用，促进各课程间相互支撑和关联，通过理念、内容、形式、手段的集聚，实现“岗位牵引、链式递进”的项目实践能力的提升，使学生的工程知识、实践能力和职业素养得到一体化培养。

该专业以二级项目建设为抓手，打造课程群教学团队。组建课程组内关联集聚、校内外专兼互动的二级项目课程群团队。二级项目是涵盖一组关联课程的综合实践项目，需要组织跨课程的团队共同建设，因此，该课程的教师必须熟悉相应关联课程的教学过程，才能将二级项目课程的能力有效分解落实到各课程，有效实施互利合作的课程群教学。以二级项目负责人为核心，组织和形成关联课程教学团队，通过课程群内教师轮流承担群内课程，逐渐将教师单门课程开发能力提升到教学团队的课程群开发能力。通过建立“学院项目部对接合作企业”“课程群团队对接技术部门”“课程群负责人对接技术经理”“三级项目负责人对接技术骨干”的多元对接机制，为每位群内教师配备一名兼职教师，形成专兼互动的课程群教学团队。实施团队化培养培训与评估机制，依据二级项目建设的总体需求，通过“外引内培”，优先考虑有工程背景的人员。以团队形式参加企业社会实践、赴国内外培训。以团队形式进行教育教学能力、科研能力的考核。各团队开展以二级项目为核心的课程群开发与资源平台建设、综合性竞赛指导，凝聚集体智慧、形成专业合力。

(2)电子信息工程专业。

宜宾职业技术学院电子信息工程专业实施 EP-CDIO 工程教育模式(E 指工程方法 Engineering，P 指产品 Product)。[32] EP-CDIO 工程教育模式是基于 CDIO 工程教育模式的基本原理，以典型产品为学习载体，以工程方法为手段，将产品工程成功的理念、方法、技术、过程、标准、环境与经验应用于教学内容和教学方法的选取。以 CDIO 背景环境构建实践教学体系，并参照企业生产管理的制度和经验实施教学，让学生以主动的、实践的、课程之间有机联系的方式开展学习活动，使行业、职业、学业和就业相互交融，培养高素质的技术应用型人才。

该专业通过对相关就业岗位所需的职业能力与素质进行分析，参照 CDIO 能力大纲设计专业人才培养规格。在此基础上参照 CDIO 标准 1、3、4、5，构建以三级项目为核心的课程体系，特别强调以典型产品(智能测控小车)来规划 CDIO 项目，以项目导引学生对核心专业课程的学习兴趣和能力培养。CDIO 项目按规模和范围划分为三级。一级项目为包含本专业必备的知识、技术和能力要求的综合项目，共设置两个，第一个一级项目按照 EP-CDIO 工程教育模式完成专业必需的知识、技能及能力的培养，第二个一级项目是对第一个一级项目的强化和拓展。二级项目为包含一组相关知识、技术的项目。二级项目为一级项目的子项目，包含小车机械结构认识与拆装、小车基本电路分析、小车外围电路模块设计与制作、小车控制电路设计与应用、小车电路板设计与制作、小车电路安装与调试、小车整机装调与技术报告撰写、小车各模块的小批量生产加工、电子产品功能改进与创新设计等项目。三级项目为针对专门的知识和技术的项目，即课程项目。

(3)数控技术专业。

阜阳职业技术学院数控技术专业实施SP-CDIO数控技术专业人才培养模式，该模式是以CDIO工程教育模式为基础，突出专业技能(Skill)培养和职业素养(Professionalism)的形成。[33]

通过工学结合、校企合作，由专业建设合作委员会成员共同分析职业岗位典型工作任务，重组基于工作过程的学习内容，通过学习借鉴CDIO工程教育模式，以三级项目营造育人环境，构建"面向企业，项目递进"的专业课程体系。整个课程体系以两个一级项目为主线，以五个二级项目为支撑，以多个三级项目为基础，通过构思、设计、实现、运行方式进行教学实践活动，培养学生自主学习和解决实际问题的能力，提高学生的专业技能(S)和职业素养(P)。

一级项目包含本专业主要核心课程和能力要求，且能够模拟企业和社会环境中实际产品或系统的构思、设计、实现和运行过程。共设计两个一级项目，其中轴承产品生产综合项目贯穿于整个高职阶段，从第一学期开始，就将4—5个学生分成一个项目小组，选出组长，为每个项目小组分配一种轴承产品生产项目，保证每个项目小组的轴承类型不同。专业教师成立项目指导小组，每组由3—4名教师组成而且至少有一名来自轴承企业的兼职教师，一个项目指导小组负责3—4组项目小组的实践活动，指导教师利用五个学期期末的前一周时间，组织学生进行轴承产品的构思(资料查阅、计划制定)和设计(零部件图纸设计、加工工艺流程设计)，指导学生在校内外实训基地进行轴承产品的实现(数控编程、加工装配)和运行(精度检测、产品评价)。另一个一级项目是毕业设计项目，在第六学期的企业顶岗实习阶段实施，要求毕业设计选题来自企业的技术改进、工艺创新等真实的工作项目，鼓励学生通过分工合作的方式完成一个完整的CDIO项目，由原来的一级项目指导小组教师和企业岗位技师提供方法指导。

二级项目是课程群或某一方面专业能力要求的项目，通过该项目学习的知识技能多是完成一级项目中相关模块所必需的；减速器(轴承)测绘、轴承制造与装配等五个二级项目分别安排在五个学期期末的前两周或前三周实施，将学生分组，由学期课程教师组成二级项目指导小组提供构思、设计、实现和运行指导，教学场所可从教室、实训室扩展到校内外实训基地。

三级项目指课程设计，它是二级项目实现的基础，机械设计基础、滚动轴承基础知识等课程设计是三级项目。通过三级项目将课程涉及的知识、技能、职业素养有机结合起来，三级项目又由若干个子项目组成，以子项目为模块通过任务驱动引导学生主动学习，按照构思、设计、实现和运行的过程开展理论与实践教学。

4.2.2.2 在部分要素上实施改革

在专业人才培养系统的部分要素上借鉴CDIO理念，如对课程体系、创新创业教育、项目化课程教学链、项目教学模式等方面开展基于CDIO工程教育模式的探索与实践，下面通过例子对此加以说明。

(1)温州科技职业学院。

温州科技职业学院计算机网络技术专业，以符合国际化标准且为现代化工程需求的网络工程师为人才培养目标。根据CDIO能力大纲，完成了"以工程项目为载体，工程能力培养为主体"的课程体系设计。计算机网络技术专业的整个课程体系以"一级项目为主线，二级项目为支撑，三级项目为基础"，而且与导论性课程、学科课程、专业核心课程和"设计—制作"实践项目课程相互嵌合，实现了课程的空间逻辑性与时间连续性的紧密结合。其中，一级项目是以培养学生构思—设计—实现—运行的系统构建能力为主线贯穿于三年整体培养模式。一级项目的初级引导项目让学生通过知名IT企业调研，初步接触与实践产品/系统从研发到运行的一体化过程，让学生尽早形成工程项目实践意识，并了解产业所需人才应具备的素质知识能力，可为以后一级项目的高级引导项目做好基础准备。一级项目的高级引导项目为综合实践项目，有网络编程综合应用实践项目、网站设计综合应用实践项目、网络集成综合应用实践项目、顶岗实习、毕业设计等。学生通过一级项目的实践可以得到CDIO系统构建能力的训练及专业知识与素质能力的融合培养。

二级项目，是以相关核心课程群和相关能力要求为基础的项目。为了支持实现共同目标，二级项目将建立起多门课程之间的关联，让各类型知识内容与技能有机地结合，杜绝学生仅仅掌握孤立的知识点。计算机网络技术专业设计了职业道德与交际技能项目、计算机基本操作与应用能力项目、程序设计基本技能项目、数据库管理与开发能力项目、计算机网站规划与组建能力项目、计算机网络操作与应用能力项目、计算机网络管理能力项目、计算机网络工程能力项目等八个二级项目；如计算机网络操作与应用能力项目覆盖了计算机网络基础、计算机网络基础实训、网络服务器架构、网络操作系统、网络操作系统实训、电子商务导论和网络营销等多门课程。

三级项目，是以单门课程为基础的项目，主要是为了加深与强化学生对这门课程的理解与应用而设的。核心课程依据专业课程教学需求，创设以小规模实践项目为载体，帮助学生尽可能扎实地掌握专业知识与专业技能。针对计算机网络技术专业的专业核心课程，设计了网络设备配置与管理、网站规划与建设、网络操作系统、网络编程技术、网络安全与管理等 5 个三级项目。[34]

(2)浙江经贸职业技术学院。

浙江经贸职业技术学院信息技术系电子商务专业，充分借鉴基于工作过程的课程开发思路与 CDIO 工程教育模式，在融入了教学工厂(TF)理念的基础上构建并实施了 TF-CDIO 电子商务专业课程体系，该课程体系包括了商务网站建设和网络营销服务两个方向。首先，基于工作过程系统化方法开发了以 CDIO 项目为主线的 TF-CDIO 电子商务专业课程体系，完成了核心课程的项目化改造，然后创建教学工厂实训基地，最后，实施项目制教学，深化“教、学、做、评”一体化的教学模式，从而为专业人才培养提供强有力的保障。[35]

(3)山东商业职业技术学院。

山东商业职业技术学院计算机信息管理专业，针对产品销售工程师、产品开发工程师、售后服务工程师三个职业岗位，以工作过程为主线，以真实工作任务为载体，确定了以设计和实现为主导的一体化课程体系。一体化课程体系主要包括六类课程：导论型课程、素质课程、学科基础课(高等数学、管理学、会计学原理等)、学科课程、专业课程和总结性项目。计算机导论课程是信息管理专业的第一门课程，主要向即将开始专业学习的一年级学生介绍基于 CDIO 理念的能力大纲、未来学习的专业课程及各种实践活动，并灌输 CDIO 工程教育模式思想，课程依托相关项目实践，初步培养学生的个人能力、协同能力、沟通能力和协调能力等，从而培养学生的创新意识、协作精神和理论联系实际的学风。

总结性项目中共设置三级项目，一级项目是包含专业主要核心课程和能力要求的项目，在第五学期共设置三个一级项目，分别是信息产品营销实训、ERP 软件操作及配置实训、信息产品售后服务实训，它们能够模拟在企业和社会环境中实际产品、过程或系统的构思、设计、实现和运行过程。二级项目，是包含专业相关核心课程和能力要求的项目，前四个学期按照从易到难、从简单到复杂不断迭代的原则设置四个学期项目，然后围绕学期项目把这学期的课程组织起来，在授课过程中多门课的授课教师组成一个教学团队，可以在每个学期开始时各自独立地教学，在最后课程设计周中把这学期的课程合并起来，进行学期项目的教学，也可以在整个学期内以学期项目为连接点围绕学期项目进行教学。三级项目是单门课程内设置的项目，以来源于企业的真实题目或结合教师的科研课题为依托进行组织和设计，以项目作为基础知识传授与基本技能掌握的载体。如基于Oracle(甲骨文)的Web应用开发中的“鲁商唱片管理系统”、ERP(企业资源计划)原理及应用中的“Global Bike Company”(全球自行车公司)系统，这些项目贯穿于教师的授课过程中，教师以这些项目为载体来传授基本知识和基本技能。[36]

(4)台州职业技术学院。

台州职业技术学院高职工科类专业开展CDCSA项目化课程教学链的探索与实践。融合CDIO能力大纲和项目化教学特点的高职工程类学科的CDCSA项目化课程教学链，指项目构思(Conceive)→解决方案设计(Design)→协作实践(Cooperation)→产品服务(Service)→考核评价(Assessment)。CDCSA项目化课程教学链授课一般被安排在学生掌握了基本的专业知识和操作技能之后，根据需求，一门课程可安排若干个综合性项目，项目的难度从简到繁。在课程的每一个项目实施中，把实际工作过程与教学相结合，将CDCSA教学链具体划分为五个模块，依次为项目构思、解决方案设计、协作实践、产品服务(客户反馈、产品汇报与总结)和考核评价。

第一，项目构思模块，在每一个项目开始时做一次项目引入，确定课程组内的一名教师作为项目负责人，介绍项目背景，说明项目来源和实际应用情况，从而体现其真实性和重要性。通过分析项目所涉及的工作岗位和技能要求，来确定学生应达到的学习目标。通过项目预期“收益”分析，激发学生兴趣等。

第二，解决方案设计模块，主要培养学生对项目的整体设计和驾驭能力。每个项目都要提醒学生，学会制作只是最基本的第一步，更重要的是怎样理解用户的想法，怎样帮助用户解决实际问题，在充分听取用户意见和调研的基础上设计出项目解决方案。这个模块要求项目负责人对学生进行项目解决方案设计的引导，学生独立地对项目做出设计，并编写《项目解决方案设计书》，主要涉及项目制作目标、设计原则、整体结构、制作平台、组员分工、制作计划、项目推广、费用明细等内容的填写。解决方案设计书的编写对提升学生的构思、策划、组织能力起到了重要作用。

第三，协作实践模块，在该模块中，项目分组时是现场随机组合的，再由各组成员推选出组长，即项目经理。项目负责人在此环节中主要进行分工协作指导，指导学生总结归纳项目合作流程，并将其作为学生组内分工协作的标准。为避免学生在多个项目重复担任某一职责，需要记录每位学生在项目中所担任的工作，并且在课程结束后，每位学生必须担任过项目合作工作中的所有工作岗位。这样既能让学生有机会扮演不同工作任务的角色，又能真实体现实际工作情境，对于培养学生协同工作和团队合作能力大有好处。

第四，产品服务模块，该模块主要培养学生的服务意识、职业道德准则和相互交流的学习能力，主要通过客户反馈、产品汇报与总结等两个教学部分进行训练。

第五，考核评价模块，该模块贯穿整个教学链，这是因为教学链的每一个环节都需要进行考核和评价，通过考核标准的环节才可以进入下一个环节的学习和工作，这样可以有效地确保教学链每一个环节的顺利实施，为项目化课程的教学过程提供全面的监控与管理。考核评价模块主要是由教师负责完成，教师会根据项目的特性及 CDCSA 教学链各个模块的不同要求，分别采取填写考核表、现场答辩、任务抽查、阶段性成果展示等方式进行成绩的评判。[37]

(5)广西机电职业技术学院。

广西机电职业技术学院计算机专业，在教学中推行 CDIO 项目教学模式。其基本思路是以典型真实项目为主线，有效综合探究教学法、任务驱动教学法和案例教学法的优点，在 CDIO 项目实施过程中，把真实的项目分为若干任务单元，每个任务单元的实施都包含构思、设计、实现、运行四个环节，以培养学生解决问题的能力、社会责任感和学习兴趣，并自主地进行知识的建构。CDIO 项目教学模式由四个阶段构成，第一是寻找和确定主题；第二是可行性论证、规划和组织；第三是主题完成或实现；第四是验证、资料汇编、评价和拓展。其教学程序为："构思（任务构思）""设计（分组设计）""实现（排除与调试）""运作（维护与评价）"。在构思阶段主要搞清楚要完成怎样的任务，并做好任务准备。在设计阶段主要对项目进行可行性分析，并根据要求进行项目方案设计，也就是让学生自行根据所提供的资料与要求进行项目方案设计。在实现阶段主要根据项目总体方案完成项目实施，即根据项目要求，让学生自己想办法独立完成项目。在运作阶段主要对完成项目的情况进行公正的评价，根据方案的要求与最终目标，对完成项目的全过程及结果进行评价，最后进行意见反馈。[38]

4.2.3 从教师层面推动的课程改革

基于 CDIO 工程教育模式的教育教学改革最多的是以教学改革项目为依托，参照 CDIO 相关标准，由教师个体推动的基于 CDIO 理念的课程教学改革，下面通过例子对此加以说明。

4.2.3.1 "电子产品设计"的课程改革

基于 CDIO 理念，对"电子产品设计"课程的教学目标、内容、教材、教学方法及考核方法进行改革。[39]

第一，借鉴 CDIO 能力大纲，根据本专业对电子产品研发助理岗位的职业素质和职业能力要求，确定课程的教学培养目标，包括课程的核心知识、关键能力和职业素质目标，具体是培养学生智能电子产品设计的实际能力，包括电路设计与模块选用能力、PCB（印制电路板）设计与制作能力、单片机编程与应用调试能力、产品样机制作与综合测试能力、设计归档文件编制能力等。

第二，通过深入调研电子行业发展动态和专业人才需求变化趋势，结合用人单位实际工作岗位的能力需求分析，在专业建设指导委员会的指导下，依据 CDIO 能力大纲要求和 CDIO 理念，通过分析具体的电子产品研发工作过程，以教学项目为载体，将课程理论知识、实践能力、职业素质、素质拓展有机融合，来构建电子产品设计课程教学内容。

第三，在确定教学内容，完成教学项目设计的基础上，根据电子产品研发岗位的具体工作过程，按照 CDIO 基于工程项目全过程的理念构建课程项目的教学过程，即任务布置、知识讲授、设计方案、操作演示、学生操作、技能拓展和总结考核，重构得到的每个教学过程，都设计成一个独立的教学单元。

第四，依据 CDIO 理念，实施项目化教学，选取两到三个复杂程度递进的典型电子产品作为教学载体，例如数字温度测控器、自动超声波测距仪、智能红外窗帘控制器等，并根据每个产品的项目研发过程进行教学内容的整合、序化，形成项目的八个教学单元任务。

第五，按CDIO理念编写校本教材，课程教材以行动导向教学为特色，按项目形式来划分教材的整体结构，以每个项目的推进实施过程以及各项目之间的逻辑关联来融合和串联课程的理论知识和能力培养要求。

第六，遵照CDIO学习考核标准，设计课程考核评价体系，具体采用以多元化行程性（过程性）考核为主、终结性目标考核为辅的方式，行程性考核方式要覆盖到整个课程的教学实施过程[39]。

4.2.3.2　“数据库原理”课程的教学改革

基于CDIO理念进行“数据库原理”课程的教学体系设计，突出基于项目的教育和学习，通过多样化课堂教学，启发学生理解和掌握数据库的概念、原理和方法，通过项目的开展，在实践中体验“做中学”，实施基于CDIO的考核评价模式，培养学生的工程、团队协作、交流等能力，提高学生学习兴趣，改善学习效果。

首先，以原理、设计和应用为主线完成教学内容设计，课程教学内容划分成与之对应的三个部分：(1)数据库原理部分涉及数据库系统概述、关系数据模型、数据库的管理（包括故障恢复技术、并发控制、完整性和安全性）等。(2)数据库设计部分涉及数据模型、实体联系模型(E-R)、建模工具ERwin、关系规范化设计、数据库设计等。(3)数据库应用部分涉及SQL语言及其操作、数据库应用系统开发、数据库新技术、数据库实验等。通过这样的设计，教师能从较高层次把握这些内容各自的地位和作用，学生容易理清数据库系统中各种内容之间的关系，从而凸显设计和应用，改变过去重视原理、弱视设计、忽视应用的状况。

其次，采用基于CDIO工程教育模式的以能力为目标的“数据库原理”课程教学体系，围绕使学生理解数据库基本概念、掌握数据库设计技术，并能够开发完整可用的数据库应用系统这一目标，结合知识框架设计了三个课程级项目。第一个项目是“数据库应用与发展综述”项目，学生通过自己查阅资料，并对数据库技术在某一领域的应用进行探究，撰写综述报告。目的是激发学生学习“数据库原理”课程的兴趣，培养其对数据库应用领域的探究兴趣，训练其文献综述的写作能力，是毕业设计综述撰写的一次训练，即训练CDIO的C。第二个项目是“基于ER模型的概念设计与逻辑设计”项目，要求学生在提供的项目实例中选择一个，独立进行需求分析、概念结构设计、逻辑结构设计。引导学生领会设计步骤，掌握设计方法，优化各个环节，让学生在学习过程中体验到数据库应用系统设计的工程性、实用性和有趣性，即训练CDIO的D。第三个项目是“课程设计”项目，要求学生以团队形式选择或自拟一个课题，遵循数据库系统设计的思路完成一个完整的CDIO项目周期，包括：构思—需求分析、设计—实施方案、实现—编写代码、运作—作品测试、展示、最后答辩、验收文档等。项目实施过程训练学生的工程意识和数据库应用系统开发的基本能力，整个过程体现CDIO。

最后，采用基于CDIO的考核方式，从以下六个方面进行考核：(1)理论基础，通过阶段性小测验、期末考试进行测试。(2)技术能力，通过完成15个实验任务和3个课程级项目进行测试。(3)工程素质，通过项目开发生命周期的过程实施进行测试。(4)沟通能力，通过课程中的讨论和课程级项目、课程设计答辩进行测试。(5)协作能力，通过考查项目完成情况、团队成员的分工和任务完成情况进行测试。(6)创新能力，通过考查课程设计中学生在基础需求上所做的扩展和在基础功能上做的扩展及其实现情况进行测试。这六个方面的考核通过作业、课堂讨论、实验、项目训练和期末考试等五种形式的考核来进行，并按不同的权重计入最终成绩。[40]

4.2.3.3 “数据库技术”课程的教学改革

基于CDIO理念，对“数据库技术”课程的教学环节进行重构，既注重学生工程基础理论和专业知识的培养，又注重学生综合职业能力和职业道德的培养。

第一，对课程教学目标进行重构。原有的高职“数据库技术”课程的教学目标是使学生了解数据库技术的相关理论的基础知识，具有关系型数据库系统设计与开发的知识与技能，能解决关系型数据库应用系统开发过程中遇到的问题。基于CDIO理念对“数据库技术”课程的教学目标进行重构为“能结合实际的社会背景理解相关的业务流程，能结合实际环境的需求确立数据库系统的设计目标，能进行数据库系统的分析与设计，能以团队形式部署数据库，包括测试计划的编写与执行等；从而培养学生图文表达能力；培养学生发现问题、分析问题和解决问题的能力；培养学生的人际交往能力和团队协作能力”。

第二，教学案例的重构。原有教学过程中采用的教学案例大多是为了验证课程知识点而设置的零星案例，各个案例彼此没有联系，更没有从实际需求出发完成工程项目生命周期的学习与实践。基于 CDIO 理念，课程采用“高校固定资产管理系统”为主案例贯穿整个教学内容，包括需求分析、数据库管理、数据表的创建与管理、数据的查询、数据的完整性、数据的安全性和各类文书的形成等。通过项目设计将整个课程体系有机、系统地结合起来，所有的教学内容都围绕该项目展开，以完整项目设计为主线，完整、有衔接地贯穿于课程教学的各个阶段，使学生系统地得到从工程项目的构思、设计到实现、运作(CDIO)的整体训练。

第三，教学方法的重构。“数据库技术”课程原先采用“教师讲授—学生练习”的传统教学方法。基于 CDIO 理念，改变原有的传统教学方法，取而代之的是基于问题的教学方法、基于项目的教学方法。基于问题(项目)的教学方法是由指导老师首先抛出问题(项目)，学生通过相关资料的学习从而解决问题的过程。学生在解决问题的过程中掌握相关的知识和技术，培养学生的自主探究的学习精神，使学生的学习过程充满挑战性和实用性，能够使学生在毕业后更好地适应软件开发相关的工作。

第四，教学组织的重构。“数据库技术”课程原有的培养目标更加注重个人知识与技术学习，采用的教学组织形式以个体学习为主，基本忽略了学生人际交往能力和团队协作能力的培养。基于 CDIO 理念，在“数据库技术”课程的教学中大力培养学生的团队意识，为此改变原有的以个体学习为主的教学组织形式，成立由 3—5 个学生组成的工程项目小组，并且给项目小组冠以工程项目的名字，如学生成绩管理系统项目组，小组成员的搭配要有意识地根据学生的特点合理配置并动态调整。每个工程项目小组设组长一名，其余几人分工由组长进行安排，对项目小组组长，指导老师要充分放权同时又要加强指导。每周项目小组组长要向指导老师汇报本组成员的情况，以便指导老师及时掌握学生动态情况，并做出合理的调整。项目小组成员的角色轮流担任，借此培养各个成员的管理和协调能力。

第五，教学评价的重构。原有的课程考核评价方式注重的是理论知识的考核，这种考核方式仅仅反映出学生对理论知识的掌握程度，很难体现学生的工程实践能力和工作态度。为此基于 CDIO 理念重新构建课程的考核评价方式，期末考核采用上机实践考核，并减少其在总评中所占比例，设定比例为 40％，重点考查学生的知识和技术。加强平时考核的力度，提高平时考核所占比例，设定比例为 60％，重点考查学生的职业能力和态度。平时考核(按百分制打分，最后按 60％折算)包括学生的课堂表现(是否准时,是否积极参与团队的协作)及作业、实验、实训等完成情况,主要由学生自我评价(10%)、协作小组成员评价(20%)、协作小组组长评价(30%)及指导老师的评价(40%)构成。[41]

4.2.3.4 "ASP.NET 程序设计"课程的教学改革

运用 CDIO 理念,整合课程内容,构建"ASP.NET 程序设计"课程的三级项目体系,通过项目任务与知识的无缝对接,实现工作过程和学习过程的结合。首先,以校企合作的横向课题和实际项目为依托,构建基于 CDIO 的课程三级项目体系。

课程一级项目是与工程实际相结合的贯穿所有单元和知识点的项目,又称课程设计项目,该项目主要在课程讲解完成后的课程设计或者综合实训阶段完成,主要目标是培养学生综合运用专业知识设计复杂软件产品和系统的能力。本项目选择的主要原则就是涵盖知识体系的完整性原则,为此,选取电子商务网站系统作为课程一级项目。

课程二级项目是整合若干个课程单元的知识点,在课程三级项目基础上设计的项目,又称单元项目,该项目主要在课程 1 个单元或者 2—3 个单元完成后的总结阶段完成,主要目标是提升学生对知识点的转化和实际应用能力。本项目选择的主要原则就是知识点的前后关联性原则,该部分可以是一级项目的分解项目或者是新设计项目。

课程三级项目是针对一个课程单元的多个知识点而设计的项目,又称任务项目,该项目主要在课程单元所包含的一个任务中完成,主要目标是促进学生对课程核心知识点的掌握。本项目是一级项目模块任务的分解,其中一级项目电子商务网站系统既是课程设计的项目,又贯穿整个教学过程,作为前者时,对项目不做具体要求,由学生充分发挥自主创造性来完成,实现工作过程学习化。作为后者时,有严格的要求和实现情境,注重知识与项目开发周期的结合,通过"做中教""做中学"来完成,实现学习过程工作化。

然后,完成基于项目的课程内容体系建设,以项目的生命周期为载体,将所有需要学习和掌握的内容都围绕项目这个核心,并与这个核心融合在一起,形成集培养目标、培养理念、课程内容、教学方法、考核方式于一体的课程体系。

最后是课程的实施与评价,项目式教学贯穿整个培养过程,项目实施过程是以学生为主体、教师为主导的项目研究与实践过程。课程的每个单元均以软件开发的实际工作任务为背景，将知识点和工作任务进行有机链接，每个单元由学习目标、情境描述、任务、单元小结、评价、单元练习六部分组成。每个任务由任务陈述、知识准备、任务实施、任务拓展、项目实训五部分组成。课程按理论实践一体化的模式授课，三类项目的教学、实训过程均按照构思、设计、实现和运作的教学周期来完成，与软件开发的工作周期融为一体。课程结合软件项目管理的方式和 CDIO 工程能力的评价模式来进行课程考核，软件管理方式主要是目标管理，任课教师要对课程中的每个二级项目和一级项目预先设定好考核办法和标准，并在项目实施前告知学生相应的考核办法和标准。一级项目的完成情况主要以学生课堂上自评为主，不计入总成绩。考核的要点是学生在完成项目时其知识掌握程度、知识应用能力、团队协作与沟通能力、分析能力的过程体现。采用的评价方法包括笔试、口试、学生自评与互评、汇报与答辩、教师与企业工程师的评价等。[42]

参考文献

[1] 顾佩华，胡文龙，陆小华，等. 从 CDIO 在中国到中国的 CDIO：发展路径、产生的影响及其原因研究[J]. 高等工程教育研究，2017(1)：24-43.

[2] 顾佩华，沈民奋，李升平，等. 从 CDIO 到 EIP-CDIO——汕头大学工程教育与人才培养模式探索[J]. 高等工程教育研究，2008(1)：12-20.

[3] 顾佩华，包能胜，康全礼，等. CDIO 在中国(上)[J]. 高等工程教育研究，2012(3)：24-40.

[4] 顾佩华. 面向工程认证的 CDIO-OBE 工程教育模式[R/OL]. (2013-11-31)[2017-03-24]. http://www.chinacdio.com/Detail.aspx?type=content&id=319.

[5] 顾佩华，胡文龙，林鹏，等. 基于“学习产出”(OBE)的工程教育模式——汕头大学的实践与探索[J]. 高等工程教育研究，2014(1)：27-37.

[6] 李彤，张璇，王旭，等. SE-CDIO 工程教育模式的探索与实践[J]. 高等工程教育研究，2014(1)：52-57.

[7] 邢薇薇，卢苇. 国际化软件工程人才培养的探索与实践[J]. 中国高等教育，2012(8)：34-36.

[8] 王天宝,程卫东. 基于CDIO的创新型工程人才培养模式研究与实践——成都信息工程学院的工程教育改革实践[J]. 高等工程教育研究,2010(1):25-31.

[9] 温涛. 探索构建一体化TOPCARES-CDIO人才培养模式[J]. 中国高等教育,2011(7):41-43.

[10] 东软学院. 深入推进TOPCARES-CDIO教育教学改革[R/OL]. (2010-10-12)[2017-03-26]. http://www.nsu.edu.cn/topics/2011_07_04_CDIO/.

[11] 苏州工业园区职业技术学院. 2014年苏州工业园区职业技术学院招生章程[R/OL]. (2014-04-29)[2017-03-26]. http://news.163.com/14/0429/14/9R0LQ60700014AEE.html.

[12] 单强,徐兵. 基于CDIO的高职人才培养模式改革[J]. 计算机教育,2010(11):30-34.

[13] 徐兵,孙海泉. T-CDIO课程体系的构建与实践[J]. 高等工程教育研究,2009(2):35-38.

[14] 孙海泉,徐兵,邱白丽. 苏州工业园区职业技术学院项目制教学改革的探索与实践[J]. 中国职业技术教育,2011(32):66-69.

[15] 石家庄铁路职业技术学院. 石家庄铁路职业技术学院2016年单招简章[R/OL]. (2014-04-29)[2017-03-26]. http://www.gx211.com/news/2016316/n2624345613.html.

[16] 胡振文. 高职教育CEC-CDIO做中学课程模式的探索与实践[J]. 计算机教育,2010(11):35-40.

[17] 王红军. 石家庄铁路职业技术学院借鉴国际教育理念培养实用型高技能人才[J]. 教育与职业,2010(19):78-79.

[18] 霍俊仪,万东梅,靳会超. 基于CEC-CDIO模式电气自动化技术专业课程体系构建与实施[J]. 职业技术教育,2009,30(26):20-22.

[19] 李辉. 高职课程CDIO教学模式的设计与实施[J]. 计算机教育,2010(11):90-93.

[20] 胡振文,李辉,陈风平. 基于CEC-CDIO模式高职课程体系的构建与实施[J]. 职业技术,2009(1):64-66.

[21] 宋大成. 驻马店职业技术学院:立足中原大地 培育职业精英[R/OL]. (2016-07-22)[2017-03-27]. http://gaokao.chsi.com.cn/gkxx/gzzk/gzft/201507/20150728/1501951312.html.

[22] 谢维奇. 基于 CDIO 模式的高职“综合布线技术”精品课程建设[J]. 教育与职业,2012(33):139-140.

[23] 曹留成. BAQ-CDIO 人才培养模式的实践[J]. 价值工程,2014,33(25):256-257.

[24] 曹留成. 高职高端技能型人才培养体系探索[J]. 继续教育研究,2014(7):50-51.

[25] 中国高校之窗. 浙江水利水电学院徐金寿副校长为 SWH-CDIO 试点专业学生授课[R/OL]. (2015-11-26)[2017-03-28]. http://www.gx211.com/news/20151126/n1598318883.html.

[26] http://www.zjweu.edu.cn 链接到 http://ypcj.zjweu.edu.cn/.

[27] 周志敏. 基于 SWH-CDIO 理念的“认识实习”项目设计[J]. 教育与职业,2014(5):150-152.

[28] 丁明明,蔡丹云,郭晓梅,等. 基于 SWH-CDIO 模式的精密模具技术高技能人才培养模式的研究和实践[J]. 科技创新导报,2013(11):235-236.

[29] 浙江在线新闻网站. 金华职业技术学院信息工程学院院长,做有思想的领路人[R/OL]. (2011-11-14)[2017-03-28]. http://zjnews.zjol.com.cn/05zjnews/system/2011/12/14/018075498.shtml.

[30] 宣翠仙,龚永坚,王成富. 高职院校 SECI-CDIO 人才培养模式构建和实施[J]. 黑龙江高教研究,2013,31(11):121-123.

[31] 邱晓华,龚永坚. 基于校企利益共同体的 CDIO 工程教育改革实践[J]. 黑龙江高教研究,2012,30(1):102-104.

[32] 黄明清,李春明,张焕国. 关于高职 CDIO 培养模式的应用[J]. 职教论坛,2012(5):53-54.

[33] 王宣,杨辉. 基于 SP-CDIO 人才培养模式的数控技术专业教学改革[J]. 长春教育学院学报,2014(11):141-143.

[34] 徐娜. 基于 CDIO 工程教育模式下高职计算机网络技术专业课程体系的创新构建与研究——以温州科技职业学院为例 [J]. 软件导刊,2012,11(9):206-208.

[35] 商玮,盘红华,郭飞鹏. TF-CDIO 电子商务专业课程体系的构建[J]. 高等工程教育研究,2012(2):146-151.

[36] 孟繁兴. 基于 CDIO 的计算机信息管理专业课程体系构建[J]. 计算机教育,2010(6):98-100.

[37] 陈丽婷,詹青龙. 高职工科专业 CDCSA 项目化课程教学链探索与实践[J]. 中国职业技术教育,2011(11):49-52.

[38] 陆刚兰. 基于 CDIO 理念的项目教学模式应用与研究[J]. 中国成人教育,2013(24):149-151.

[39] 潘世华,徐济惠. 基于 CDIO 理念的高职电子类工学结合课程探索—以电子产品设计课程为例[J]. 职教论坛,2015(14):69-73.

[40] 应宏. 基于 CDIO 工程教育理念的数据库原理课程教学实践[J]. 教育与职业,2013(6):139-140.

[41] 单好民. CDIO 视野下高职“数据库技术”课程教学的重构[J]. 教育与职业,2013(17):136-137.

[42] 徐占鹏. 基于 CDIO 的《ASP. NET 程序设计》课程项目教学的探索与实践[J]. 软件工程,2014(4):36-37.

第 5 章　基于 CDIO 工程教育模式的高职教育教学改革存在的问题

从社会理论的角度来审视，教育教学改革的成功取决于三个基本条件：一是促进所有学生的发展，这是教育教学改革道德正当性的来源；二是对积极支持并参与教育教学改革者予以合理的利益回报，这是教育教学改革社会合法性的前提；三是采取民主的推进方式，这是教育教学改革过程有效性的保证。[1]另外，教育教学改革是一项系统工程，从改革开启、实施到取得成效，每一步的成功都不仅取决于教育教学系统内的各方合力，也取决于系统外、系统内的运作协调；其中系统思维与整体设计是教育改革成功的前提条件，系统整合与部门协同是教育改革成功的关键制约，经验反思与成效评价是教育改革成功的反馈机制。[2]从教育教学改革成功要素上来说，一次成功的改革涉及多个要素，包括有效传递改革压力、明晰的改革目标、清晰的改革共识、使改革相关者理解改革目的并对改革做出承诺、科学的方法、让改革相关者共同参与、改革所需的资源必须就位、领导必须重视、要建立有效的信息双向沟通机制、对改革中的疑惑能及时回应、可行的第一步、树立榜样、对改革进程及时跟踪、评估并持续改进等。[3]当前，基于 CDIO 工程教育模式的高职教育教学改革，其总目标都是促进学生的全面发展，提高人才培养质量，即改革具有道德正当性，并且改革也取得了一系列成效，但在理论研究、可持续性、系统性设计、改革实施、改革评估等诸多方面依然存在不少问题。

5.1 理论研究方面的问题

5.1.1 理论研究现状

第一，针对本科工程教育的CDIO理论研究。关于CDIO理论基础的研究。目前直接以CDIO理论基础为研究对象的研究，只见于查建中、谢清明等对以“做中学”为CDIO理论基础的阐述和林海斌、叶汝军等对CDIO赖以存在的环境与系统理论、生命周期理论、知行合一理论与价值链理论的简要介绍[4—6]。

关于CDIO工程教育模式的改善性研究。如CDIO工程教育模式对于教师CDIO能力的评估没有完整的评估体系和评测指标，也没有给出改进和提高的方法和措施，针对这一问题学者胡志刚等人提出了基于能力成熟度模型(CMM)的教师CDIO能力成熟度模型TC-CMM，并基于该模型提出教师CDIO能力评估与提高的PDCA(戴明环)循环运行机制。[7]

关于CDIO工程教育模式的本土化研究。学者叶民针对中国国情，借助历史文献法和基于扎根理论构造出一个CDIO适应性转换平台，该平台由五大构成要素和三大环境支撑要素构成，它们分别是重构本科课程计划、工程师资的认可与激励、教育教学方法、学生的评价与激励、大学文化变革等五大构成要素，以及国家战略、财政支持、变革的社会共同参与等三大环境支撑要素。[8]另外国内高校进行的CDIO探索中先后涌现出EIP-CDIO、TOPCARES-CDIO等一些本土化特色明显的CDIO工程教育模式[4]，并制定相应本土化的CDIO能力大纲。

最多的是关于CDIO工程教育模式的应用研究。学者王旃针对CDIO在实际应用过程中时，面对来自实际教学环境和工程环境的诸多约束问题，就如何在这些约束条件下贯彻CDIO通用标准开展研究，具体是通过对CDIO实际应用约束条件和CDIO内在形成机理的研究，提出CDIO渐进部署模式，并具体阐述了其中的关键流程组合。[9]娄小娥等人通过借鉴CDIO核心理念“实践导向”与“全过程性”，设计了以实践与研究为主线，以课程模块化设置为辅线，并通过多样化的教学与管理方法、多元化的师资队伍建设等方面进行支撑的临床药学人才培养模式。[10]

第二,针对高职教育的 CDIO 理论研究。关于 CDIO 工程教育模式本土化的研究。国内高职院校在基于 CDIO 工程教育模式的改革中,先后出现了 T-CDIO、CEC-CDIO、ABA-CDIO 等一些本土化的 CDIO 工程教育模式[11—13],其中,CEC-CDIO 工程教育模式还对 CDIO 能力大纲和标准进行了本土化改造。

最多的是关于 CDIO 工程教育模式的应用研究。学者吴建设从专业对接产业、课程对接行业企业、师生对接职业岗位三个维度,研究基于 CDIO 工程教育模式的人才培养定位、课程体系和培养目标的实现问题。[14]学者薛健飞等人通过分析 CDIO 理念运用于高职教育研究的现状,提出 CDIO 理念运用于高职教育的价值所在,然后构建了基于 CDIO 的高职创新人才培养的模式探析。[15]学者刘道广探讨了基于 CDIO 理念下高职教学改革的目标和任务,包括构建系统化的课程体系、编制教学大纲、改革教学方法和手段、建立课程考核体系等。[16]

5.1.2　理论研究存在的主要问题

由于中国现实环境与体制的不同,对来自西方的 CDIO 工程教育模式不能简单地模仿和移植,需要注重 CDIO 工程教育模式本土化的研究和再创新,特别是 CDIO 能力大纲和 CDIO 标准的本土化研究,这是基于 CDIO 工程教育模式开展高职教育教学改革的基础性工作。针对 CDIO 能力大纲和 CDIO 标准的本土化问题,汕头大学、大连东软信息学院等少数本科院校开展了相关理论研究和教育实践工作,而高职院校却鲜有涉及,仅有的本土化研究中存在形式主义问题,且特征不清晰,这对提升基于 CDIO 工程教育模式的高职教育教学改革的实际成效是一大制约,如基于 CDIO 工程教育模式的高职教育教学改革中,对高职人才培养规格问题鲜有研究,存在把 CDIO 能力大纲教条化的问题;又如,当前基于 CDIO 工程教育模式的高职教育教学改革实践中,主要是依据 CDIO 理念,参照某些 CDIO 标准,进行课程体系、课程建设、教学方法等方面的局部改革,并取得一定成效,但由于缺乏对 CDIO 标准的高职化的研究,影响了整体实施效果,这应该引起我们足够的重视。

另一方面,CDIO 工程教育模式没有提供一体化课程计划开发方法,目前基于 CDIO 工程教育模式的高职课程体系开发,主要是参照 CDIO

标准，采用 CBE/DACUM（能力本位教育/课程开发）、工作过程系统化等方法来开发以项目为主线的课程体系。[17—19]

首先，CBE/DACUM 是能力本位教育的一种体现形式，如果把它用来开发所有的课程，亦有许多局限，例如，将能力等同于技能或行为，DACUM 代表的最终结果是技能，并要求技能定义时必须明确行为，且必须是“能够做—”，后面紧跟一个动词和附带一些涉及对象及限定词。这虽然避免了以往陈述目标的模糊性，但普遍用于所有课程的目标分析，就会遇到许多困难，其只强调外在的行为变化，忽视内在的能力和情感变化，难以实现真正的培养目标。另外，CBE/DACUM 直接将繁杂的能力标准作为课程标准，以此为依据开发的课程过于零散[20]。

其次，基于工作过程的课程体系开发方法则是使用典型职业工作任务分析法（即 BAG 法），其特点是围绕典型工作任务重构课程体系，以学习任务为载体确定专业知识、技能和职业素养，学生的学习内容是工作，通过工作实现学习，该课程体系与岗位任职要求具有较强的一致性。但是所学课程之间缺少关联性、没有考虑职业素养培养的系统性和协同性、把典型工作任务放在围绕一个目标的整个工作系统中缺乏整体思维能力培养等。鉴于利用 CBE/DACUM、工作过程系统化等方法开发一体化课程体系所存在的问题，需要研究开发以知识、能力和态度融合培养为目标的一体化课程开发方法，但是目前还未看到这方面的研究成果。

5.2 可持续性方面的问题

5.2.1 从推进方式的视角

教育教学改革过程是否有效，关键在于以何种方式来推进。按照改革的启动路径，教育教学改革大致可分为两种不同的基本类型，即“自上而下”的教育教学改革和“自下而上”的教育教学改革。

从学校层面推动和专业层面推动的基于 CDIO 工程教育模式的高职教育教学改革，是“自上而下”的教育教学改革，由学校、学院或系部发起。但改革的成败，关键在于教师，教师在本质上是趋于保守、拒绝变革的，主要的原因在于对自身超越舒适地带而带来的不安全感、对变革的未来走向的恐惧和担忧，以及担心学校变革会危及自己的切身利益[21]。虽然这种“自上而下”的教育教学改革原本在很大程度上也符合教育教学一线实践工作者的感受与改革愿望，可一旦行政要求的特征过重，布置任务的色彩过浓，也会在相当程度上扰乱教育一线实践工作者的心思与心态，导致他们对参与教育教学改革过程的体验变成“按照上面的要求完成规定的任务”，导致他们对自身与教育教学改革的关系体验，从原本应有的“我要改革”在相当程度上变为“要我改革”，这都难免会影响教育一线实践工作者参与教育教学改革的积极性、主动性，反而使得原本可以充满动力与激情、富有活力与创新的改革过程变得谨小慎微、机械呆板，甚至疲沓懈怠、敷衍了事，使得改革过程常常处于“无效状态”，结果也就大大增加了教育教学改革取得成功和持续有效推进的难度。特别是基于教学改革项目的专业层面推动的改革，随着改革难度的增加、改革项目周期的结束、改革项目资源的耗尽、项目负责人的更替、改革短期成效不明显等因素都会导致改革不能持续，从专业层面推动改革的研究成果和相关宣传近年逐渐减少可以反映出这个问题。

从教师层面推动的课程改革是一种“自下而上”的教育教学改革，是教育一线教师自发地独立进行教育教学改革的个人探索。对于这种“自下而上”的教育教学改革来说，改革过程的有效性通常不是问题，至少不是一个严重的问题，因为这种自发的改革，没有强硬的行政命令，没有僵直的评价标准，改革者通常都有一种无须外部强制的内在欲望。所有这些，一定程度上能保证教育教学改革过程的有效性和可持续性。但问题是从教师层面推动的课程改革，绝大多数是基于教学改革项目的改革且研究周期都比较短，这样随着项目的结束，一方面，教师的内在驱动力会逐渐消失；另一方面，改革成效很难在短时间内显现。这样就导致改革得到院校的关注、认可、倡导乃至推广的情况鲜有发生，即“自下”而不能“而上”，也就很难保证改革的持续推进。

5.2.2　从改革者合理利益回报的视角

对于教育教学改革的主体来说，利益是决定其参与教育教学改革的最根本的动力因素，不同主体之间的利益冲突是钳制教育教学改革过程及绩效的“紧箍咒”，教育教学改革持续推进的动力是不同主体之间利益博弈的结果，实现利益共享是维持每一主体最大动力的最佳平衡点。[21]

进行利益补偿，实现学校教育教学改革参与主体各方利益的“帕累托均衡”[22]（不能进行帕累托改进的状态），是主体动力激发的关键。

作为改革最重要的主体，教师面临时间紧、压力大、负担重的现状，以及教师追求稳定与确定性的职业惯性和频繁的改革“洗礼”的冲突，加上改革所意味的不确定性和模糊性，都会导致教师产生“为什么要参与改革”的困惑。教师个体的利益追求，是支撑与保障教育教学改革工作得以顺利推进的外在因素。教师个体的价值偏好，是引导与规范教师参与教育教学改革行为的内在因素。[23]我们可以这样说，教师对个人利益的追求，特别是对个人利益最大化的追求，直接决定了教师是否支持、参与和投身教育教学改革之中。当然，这里的利益不仅仅是指教师的经济利益，还包括教师的社会利益及其他利益。试想，在教育教学改革中，如果教师仅仅被看作是需要改变的因素，仅仅需要他们改变已经习以为常的工作方式、生活方式和思维方式，改变他们已有的既得利益，并且还要求他们参加大量的学习和培训，而不能基于教师的立场，满足其利益最大化的需求时，那么，改革对于教师来说无疑就意味着利益的损失，如果再没有相应的利益补偿机制，那么，改革引起教师的抵触和反对也就在所难免。

教育教学改革首先必须受到学生的普遍欢迎，但同时也要得到其他利益相关者特别是老师的普遍支持，否则便难以顺利持续进行。对积极支持并参与教育教学改革者予以合理的利益回报，是教育教学改革社会合法性的前提。作为最大利益相关者的学生对于旨在促进学生全面发展的基于CDIO工程教育模式的高职教育教学改革，通常会几无例外地普遍持欢迎态度。然而，同样作为利益相关者的教师却未必如此，诚然，我们的社会对教师的职业操守和职业道德有一系列要求和期望，但教师也是活生生的人，他们也会努力寻求自己的切身利益。所以对积极支持并参与教育教学改革的教师予以必要的利益回报，是改革设计时必须考虑的因素。教师的切身利益包括晋升职称、增加薪酬、获得奖金、获取荣誉、提升地位、享受机会等。

学校层面推动的系统性改革，由于是由学校主要领导所推动，可以为改革配置相应资源、经费、激励制度和考核制度等，所以对积极支持并参与教育教学改革的教师予以必要的利益回报，是一个可以解决的问题，关键是在制定相关政策时，各方利益权衡问题和思想统一问题，更关键的是由于改革的长期性及改革失败的可能性，会使这个问题变得更加复杂。

基于教学改革项目的课程层面和专业层面推动的改革，是由项目负责人推动的自发性改革，一般意义上，负责人没有能力为改革配置相应资源、经费、激励制度和考核制度等。但项目负责人可以基于经济学上的“帕累托改进”[22]理论推动项目的实施，所谓“帕累托改进”又称“帕累托改善”，是以意大利经济学家帕累托命名的，并基于帕累托最优基础之上提出的；帕累托最优是指在不减少一方利益的情况下，就不可能增加另外一方的利益；而帕累托改进是指在不减少一方的利益时，通过改变现有的资源配置而提高另一方的利益。由于改革项目本身及其背后的项目资金对项目组主要成员的职称评定、教学绩效考核、年终考核、享受培训机会、荣誉项目申报、论文发表等都能提供一定支撑，使在改革项目实施期间，一定程度上可以实现经济学上的“帕累托改进”，即该项改革能使项目组主要成员、学生、学校等利益相关方利益增加，而不损害其他人的利益，改革的有效性能够得到保障。但随着项目的结题和项目资金的耗尽，继续深化改革必然会挤压教师正常的科研、教学和社会服务时间，导致教师的机会成本升高，而项目负责人又没有建立“补偿”机制所需的资源和权利，从而使深化改革的动力逐渐消失。

而由院系推动，以专业建设项目为支撑的专业层面的改革，在项目实施期间，各级政府或学校会投入较多的一次性资金，而且院系在为改革配置资源、经费、激励制度和考核制度等方面，也有一定的话语权。这样，虽然很多参与人员由于较多的时间投入而利益受损，但院系可以通过建立符合“帕累托改进”原则的“补偿”机制进行补偿。如院系可以在权限范围内，基于公平公开原则，对改革参与成员在评优评先、教学业绩考核、年终考核等方面予以倾斜，也可以把教学改革时间折算成一定的授课学时，从而使改革得以有序推进。但随着建设项目完成和一次性资金的耗尽，加上院系的资源调配能力不强，“补偿”机制一般就不复存在，从而使改革持续推进的主动性逐渐降低。总之，由于缺少有效持续动力机制，从课程层面推动和专业层面推动的改革，存在不可持续和不能深入的问题。

5.2.3 从学校或专业文化的视角

目前，基于CDIO工程教育模式的高职教育教学改革，主要是项目驱动的改革。随着项目建设周期的结束，人们总是倾向于改革已经结束，也就是暗示改革工作已经基本完成，而不在乎有没有或是有多少证据能够证明最初的构想已经完全变成了现实，也不管教师是否已经接受了新的方法。但这是一个天大的错误,除非改革已经深深地渗进了学校或专业文化之中,而通常这需要 3—10 年的时间,否则新的方法是脆弱的,很容易就会失势,过了若干年,这些行之有效的方法可能会慢慢销声匿迹,而且如果再次开展相关改革,其难度会大很多。如果想巩固基于 CDIO 工程教育模式的高职教育教学改革成果,那么 CDIO 工程教育模式必须融入学校或专业文化中,而目前在基于 CDIO 工程教育模式的高职教育教学改革实践中,在这方面少有涉及,对改革的持续深化很不利。

5.3 系统性设计方面的问题

系统思维与全局设计是教育教学改革成功的前提条件。[2] 系统思维,是把认识对象作为系统,从系统和要素、要素和要素、系统和环境的相互联系、相互作用中综合地考察认识对象的一种思维方法。

(1)系统思维要求改革者在方案的设计阶段着眼全局,放眼全程,在方向定位、舆论动员、方案设计、制度设计上通盘考虑、运筹帷幄。

在方向定位上,基于 CDIO 工程教育模式的高职教育教学改革追求的是促进学生的全面发展,提高人才培养质量,但目前不少改革把改革手段当成改革目的,可能更加关注的是改革项目的立项和评奖,而忽略改革初心。

在舆论动员方面,由于基于 CDIO 工程教育模式的高职教育教学改革涉及众多利益相关者,为使改革顺利进行,必须高度重视舆论动员与共识营造工作,以统筹各方利益与多元声音,使教育教学改革建立在最大限度的共识之上。目前,从专业层面推动的基于 CDIO 工程教育模式的专业改革和从教师层面推动的基于 CDIO 工程教育模式的课程改革,在舆论动员和达成共识方面做得非常不够。而从学校层面推动的基于 CDIO 工程教育模式的系统性改革就要好得多。

在教育教学改革方案设计上,要运用系统思维,强化整体设计,突出核心问题。目前,基于 CDIO 工程教育模式的高职教育教学改革的最大问题是人才培养系统的整体性问题。首先,是割裂人才培养系统的各要素联系的问题,如基于 CDIO 工程教育模式的课程改革中,出现课程培养目标与专业人才培养目标的割裂问题。其次,是人才培养系统各要素联系的控制缺失,如基于 CDIO 工程教育模式的专业建设改革中,存在质量保障体系、评估反馈系统不完善等问题，这在一定程度上导致结构无序和功能缺失。同时，是否接受CDIO标准1或它的变异形式是判断一个专业是否实施CDIO改革的基本标准，[24]是基于CDIO工程教育模式的高职教育教学改革的核心问题，但目前基于CDIO工程教育模式的高职教育教学改革对此并没有给予足够的重视。

在制度设计方面，只有学校层面推动的基于CDIO工程教育模式的系统性改革，在制度设计上有所开展，而基于CDIO工程教育模式的专业改革和课程改革，都没有条件开展制度设计。

(2)系统思维要求改革者加强人才培养规格、课程体系等人才培养系统的核心要素建设。

首先，由于我国高职教育的社会环境、产业条件、教育目标和教学基础与西方不同，对来自西方的以工程师培养为目标的CDIO能力大纲进行高职化的改造，是我国高职教育应用CDIO工程教育模式的基础性工作。但目前基于CDIO工程教育模式的高职教育教学改革，存在把CDIO能力大纲教条化的问题，导致人才培养规格设置不合理，进而导致以此为基础的课程目标设置不合理。

其次，一体化课程体系的设计是高职教育实施CDIO工程教育模式的关键，其主要特征是专业课程是有机联系和相互支持的，知识、能力和素质的融合培养得到有效明确的支持，每门课程都明确关于知识、能力和态度的具体培养目标，项目课程贯穿整个课程计划。一体化课程体系一般应包含导论性课程、设计—制作类实践课程和综合性实践课程。由于CDIO标准没有给出一体化课程体系的开发方法，目前基于CDIO工程教育模式的高职课程体系开发，主要采用CBE/DACUM、工作过程系统化等方法，并参照CDIO标准，以项目为主线设计课程体系，但存在缺少工程导论类课程，课程之间关联性不强，课程体系不能对专业目标进行协同支持等问题，如对团队能力的培养，各门课程各自为政，缺乏协同配合。

最后，教师个人推动的基于CDIO工程教育模式的课程改革，从系统科学[25]的角度，可被看作是人才培养系统中随机形成的涨落，因涨落一般都达不到一定的阈值，并得不到强化，很难导致人才培养系统的演化。即基于CDIO工程教育模式的高职教育教学改革要贯穿于人才培养的各个阶段，至少要在整个专业层面上规划、设计和实施，才能取得期待的改革效果。

5.4 改革实施方面的问题

5.4.1 将CDIO工程教育模式弱化的问题

CDIO工程教育模式强调的是从人才培养目标到课程体系到教学方法到评价的整体改革，而不是实施某一具体教学方式。基于CDIO工程教育模式的高职教育教学改革过程中，对CDIO工程教育模式的认识还存在着一些偏差，出现了一些片面化、简俗化、功利化的理解，进而造成了对CDIO工程教育模式的误解和曲解。典型的问题是把CDIO工程教育模式弱化为基于项目的教学和把CDIO工程教育模式弱化为典型产品组织教学，这些弱化影响了基于CDIO工程教育模式的高职教育教学改革的正确深入进行。因为虽然基于项目的教学、按照典型产品组织教学等方法都可用于基于CDIO工程教育模式的教育教学改革中，但从本质上说，CDIO工程教育模式不仅仅是教学方法的改变，还是全面的、系统的教育改革。

首先，CDIO工程教育模式不乏培养学生实践能力的教学项目，但这不等同于项目教学。[26] 比较而言，前者在一体化的课程体系中不仅包括实践教学项目，也包括专业技术的知识教育，具有长期性与学制化的特点。而后者是针对某一具体项目开展的教学活动，具有短期性与临时性的特点。从表面上看，两者有些相似，项目教学包括立项、计划、实施、展示和结项等各个阶段，学生需要在教师的帮助下对各个阶段中可能产生的问题找出相应的解决方法。但是两者的实质性不同在于，CDIO工程教育模式旨在提供一种学生获取知识与经验的背景环境，它是制度化的、循环性的，而不是即时性的，并不随着实践教学项目的完成而终结。目前大部分高职院校在基于CDIO工程教育模式的教育教学改革中，将“项目教学”作为中国化CDIO探索的基本策略，这本身没问题，问题是有些改革将CDIO工程教育模式等同于“项目教学”。

其次，CDIO工程教育不能等同为典型产品组织教学。典型产品组织教学是针对产品的生产，教师组织学生围绕具体的产品构件及其生产过程，让学生在尽可能短的时间内掌握生产技能的一种教学模式。这种模式强调以典型产品为载体来设计教学活动，主要是让学生通过模仿现有产品的制造程序与工艺，尽快达到参与企业生产第一线的目的。在高度计划经济与物质资源匮乏的年代，它对于培养大批的熟练工人起到了积极的作用，具有技能性、职业化等特点。不可否认，制造或建造产品也是 CDIO 工程教育的重要表现形式，但是基于 CDIO 工程教育模式的高职教育兼顾了职业性与技术性，它的实践教学环节包括以产品为对象的教学活动，并让学生参与或自行设计新产品，而不是片面地对现有产品的制造进行模仿。从培养目标上说，高职教育旨在培养高素质技术技能人才，而不仅仅是技能工人。

5.4.2 缺乏高效有力的改革团队

基于 CDIO 工程教育模式的高职教育教学改革没有学校领导的积极支持，就很难取得大的成效，除此之外，建立高效有力的改革团队是教育教学改革取得成功的基本保障。

(1)改革领导者必须在改革的初期，在教职员工中培养出足够的改革紧迫意识。不能过高地估计自己能够推动教育教学改革的程度，低估人们走出传统教育教学模式时所需的努力，不能以为通过施加压力就可以达到目标，更不能把紧迫感和焦虑混为一谈，使人们变得焦虑，从而更加墨守成规，拒绝变化。

(2)改革领导者需要构建由相关部门领导、专业负责人、骨干教师等组成的强有力团队。低估改革所遇到的困难，从而低估了强有力的改革团队的重要性是改革失败的因素之一，因为就个体而言，无论这个人的能力多么出众、成就多么非凡，多么投入工作，他也永远不可能具备全部资源以颠覆原有的传统和惯性。

(3)改革团队必须给出清晰的改革愿景，愿景在改革中是非常重要的，它可以引导、团结并激励大多数人投入改革。如果对未来没有正确的判断，改革努力就会变成一系列混乱的、不协调的、纯粹浪费时间的项目，不是方向不对，就是没有明确方向，这样就很难激发人们正确实施这些改革的积极性。没有一个鲜明的愿景去引导改革，每一项改革决策都会导致教职员工一场无休止的争辩，这无疑会导致热情消退，士气低落。凭经验而论，如果在五分钟之内没有办法说清楚实施改革的原因，并得到人们的理解与兴趣的话，那么就有问题了。

(4)改革团队必须对改革愿景进行有效传播,只有在大部分教职员工的支持甚至是牺牲下,改革成功才可能产生。但人们通常还是不愿意为了变化而做出牺牲,除非他们真的认为变化所带来的潜在利益对他们极具吸引力,或者他们相信改革成果是有可能变为现实的。没有相互信任的沟通作为基础,改革愿景的有效传播是很难的。沟通不仅仅是一种语言艺术,同时也需要用行动来体现,行动通常比语言更有说服力。

(5)改革团队要尽量扫清改革的障碍,实施任何一种改革,都有赖于大多数人的努力。尽管很多教职员工都支持愿景,但在感受到阻力的情况下,他们的积极性还是会一落千丈,从而使改革归于失败。有时这种障碍其实只是存在于人们的想象之中,要想解决问题只需要说服人们相信外部的障碍是不存在的。但在很多情况下,障碍是实在存在的,如以科研能力为核心的教师专业技术职务评聘办法,会驱使教师在积极参与教育教学改革和积极开展科学研究之间进行抉择。

(6)改革团队要确定初期目标和长期目标,确保初期实施成功,增强改革信心,以逐步推进改革。整个改革的时间跨度较长,如果没有短期的目标让人们去追求和自我激励,那么整个改革会面临失去动力的危险,大多数人不愿进行冗长的拉锯战,除非他们在6—18个月的时间内可以明显地看到所进行的这项工作有了预期的结果,如果没有达到短期的目标,会有非常多的人选择放弃,或者转而抵制变革。要注意创造短期的成功和希望获得短期成功是不同的,后者是被动的,前者是主动的,改革团队应非常积极地寻找初期实施成功的方法,并对参与这些短期目标实现的人员给予肯定和奖励。

目前的基于CDIO工程教育模式的高职教育教学改革实践,主要是由项目驱动,一般都没有设计短期目标,而且教职员工普遍没有紧迫的改革意识,特别是从教师层面推动的课程改革和从专业层面推动的专业改革。另外,从专业层面和教师层面推动的改革,由于实施改革的主体本身没有足够的资源调配能力以及机制和制度建设能力,导致缺乏组建强有力改革团队和扫清改革障碍的基础。最后,在改革实践中,提高人才培养质量是其共同目标,但把此目标作为改革愿景就显得太宽泛和不明晰,缺乏愿景与改革的逻辑关联。另外在改革目标和方法的传播上主要采用开会、讲座等不是非常有效的沟通方式,影响传播的有效性。

5.4.3　教师能力有待进一步提高

教师的工程实践能力和教学能力，是基于 CDIO 工程教育模式的高职教育教学改革成功的关键条件。教师必须提升自己的能力，努力转变其角色定位，从单一讲授者转型为课程设计者、学生的引导者、学生学习效果的评估者、实践场所的设计者、学生工程实践的榜样等复合型角色。但目前教师能力不能满足基于 CDIO 工程教育模式的教育教学改革的需要。

首先，高职师资大部分没有教育专业性背景，为了提升教师的教学能力，目前主要采取为教师提供国内外教学能力提升培训、对教师教学能力进行测评、将教学能力测评结果作为评定教师职称评定重要考察点等措施，虽然取得一定成效，但整体效果有待提升。

其次，高职教师大多是在传统学科本位教育模式下培养成长的，一般在某个学科领域有专长但往往缺乏综合能力和工程实践能力，为此目前主要通过以下措施来提升教师的工程实践能力：引进有工程经验的教师，聘请企业工程师担任兼职教师，教师下企业进行工程实践并将实践经历作为评定教师职称的基本要求，鼓励教师与企业工程师在项目研发和教学项目开发方面进行合作等；但这些措施尚不足以激励教师主动、持续和有效地开展工程实践锻炼，不能满足教师持续积累工程实践经验以提升工程能力的需求，总体上教师的工程实践能力培养效果并不明显。

再次，教师工程实践能力的提升需要产业界的大力支持，而目前高职教育来自产业界的支持仍然偏弱，影响了提升效果。

最后，CDIO 标准对于教师 CDIO 能力的评估，尚没有完整的评估体系和评测指标，对于改进和提高也没有给出系统化的方法和措施。而目前基于 CDIO 工程教育模式的高职教育教学改革实践中，对于高职教师 CDIO 工程实践能力和教学能力的评估和提升，很少开展相关研究，也没有给以足够的关注，更谈不上针对 CDIO 的教师专业发展体系的研究与实践。

5.4.4　学习考核方法有待进一步科学化

以目标为导向的课程学习效果的一体化考核是基于 CDIO 工程教育

模式的教育教学改革中至关重要的环节，是CDIO标准11的核心内容，有助于实时了解学生取得的预期学习结果，有利于CDIO改革的持续推进，是改进课程教与学，提升课程学习效果和实现人才培养目标的基础。在推进基于CDIO工程教育模式的高职教育教学改革过程中，不仅应积极重视学习考核的关键性，而且要制定科学的一体化考核方案以考核学生在个人、人际交往能力，产品、过程和系统建造能力，以及学科知识等方面的学习效果。考核方案设计时要以学生为中心，以促进和诊断学习为目的，要营造相互合作、协作和支持的学习考核文化氛围，要科学设计多项评价内容、多个评价阶段和多种评价方式，并通过收集学生在学科知识、个人、人际交往能力，以及产品、过程和系统的建造能力等方面掌握程度的证据来评价学习效果。

目前基于CDIO工程教育模式的高职教育教学改革过程中，对学习考核关注不足，且考核方案科学性不足。首先，对学生学习效果的评价主要包括四个阶段，即制订课程预期的学习效果（课程目标）、选定与预期的学习效果和教学方法相一致的评价方法、采用多种方法收集和分析学生所取得成绩的有关数据、利用评价结果去改进教与学活动。由于目前基于CDIO工程教育模式的高职教育教学改革中，存在CDIO能力大纲教条化问题，从而导致人才培养规格设置不合理，进而导致以此为基础的课程目标设置不合理，而课程目标是学习考核的标准，标准的不合理必然导致评估的信度和效度[27]大打折扣。其次，目前缺乏对学生整体学习效果的评估，简单地将课程学习效果的叠加当作学生整体学习效果，从哲学上说，是还原主义评估观。最后，目前基于CDIO工程教育模式的高职教育教学改革中，来自产业界的支持仍然偏弱，对学生学习效果的考核主要由教师和学生来完成，产业界人士很少参与，这影响了评估的科学性和有效性。

5.4.5 教学方法和实践场所建设有待进一步改进

教学方法改革是要解决怎么教、怎么学的问题，是教学基本单元—课堂教学模式改革的难点。教学方法改革的方向是打破满堂灌和照本宣科的陈旧方式，增加学生对工程系统的认知和新的体验，在学生自主的体验、实践和探索中学习技能。CDIO工程教育模式要求教师在基于CDIO工程教育模式的高职教育教学改革实践中，采用多种主动学习和经验学习的方法，以使工程技术教育对学生更具吸引力。基于主动学习和经验学习的一体化教学方法，是通过集成化教学过程，实现知识、能力和态度的一体化培养，是 CDIO 工程教育模式的主要特征之一。基于“做中学”原则的项目化教学作为一体化教学的一种实现形态，在基于 CDIO 工程教育模式的高职教育教学改革中，得到了最多的探索与实践，取得了不错成效，但在项目化教学中存在把具体项目作为教育内容，没有强调知识、能力和态度的融合培养，忽视对具体项目实践进行抽象思考的通用能力和一般方法能力的培养的情况，即在项目化教学中缺乏对 CDIO 方法论或其变异形式的支持。

工程实践场所是主动学习和经验学习的场所，是学生对标准 1 理解的重要载体之一，是实施一体化课程计划的关键因素。目前基于 CDIO 工程教育模式的本科工程教育教学改革已经开展相关研究与实践，如学者李萍等人基于 CDIO 理念，通过对实践场所建设的三阶段分析，提出“场所设计—资源统筹—场所建设”模式。[28] 但基于 CDIO 工程教育模式的高职教育教学改革中，在工程实践场所的建设上少有针对性的探索和实践。

5.5　改革评估有待开展

基于 CDIO 工程教育模式的高职教育教学改革进展到一定阶段后，就需要对改革效果进行反思与评估，从而发现存在的问题，在总结经验的基础上提出持续改进方案，从而推进改革的持续发展并取得预期的成效。而在基于 CDIO 工程教育模式的高职教育教学改革过程中，不管是从教师层面推动的课程改革，还是从专业层面推动的专业改革，甚至从学校层面推动的系统性改革，改革评估鲜有开展。

参考文献

[1] 吴康宁. 教育改革成功的基础[J]. 教育研究，2012(1)：24-31.
[2] 王海英. 成功教育改革的系统设计、协同运行及效果评价[J]. 南京师大学报(社会科学版)，2013(5)：99-104.
[3] 孙健敏. 企业成功变革的七要素[R/OL]. (2016-02-22)[2017-04-

02]. http://it.sohu.com/20160212/n437232122.shtml.
[4] 康全礼,丁飞己. 中国CDIO工程教育模式研究的回顾与反思[J]. 高等工程教育研究,2016(4):40-46.
[5] 谢清明. 论CDIO培养模式的教育理论基础[J]. 教育与职业,2010(26):184-185.
[6] 林海斌,叶汝军,高树昱. CDIO理论基础综述[J]. 商场现代化,2010(13):189.
[7] 胡志刚,江林,任胜兵. 基于CMM的教师CDIO能力评估与提升[J]. 高等工程教育研究,2010(3):26-31.
[8] 叶民. 工程教育CDIO工程教育模式适应性转换平台的研究[D/OL]. 杭州:浙江大学,2013: 144[2017-04-02]. http://kns.cnki.net/KCMS/detail/detail.aspx? dbcode=CDFD&dbname=CDFD1214&filename=1014377739.nh&v=MjkyMDBGckNVUkwyZllPWnFGeXJnVXI3TFZGMjZHckMvR2RiUHBwRWJQSVI4ZVgxTHV4WVM3RGgxVDNxVHJXTTE=.
[9] 王旃. 基于约束条件的CDIO渐进部署模式研究[J]. 高等工程教育研究,2009(5):44-47.
[10] 娄小娥,翁默斯. 基于CDIO的新型临床药学人才培养模式探索[J]. 高等工程教育研究,2016(5):161-165.
[11] 徐兵,孙海泉. T-CDIO课程体系的构建与实践[J]. 高等工程教育研究,2009(2):35-38.
[12] 胡振文. 高职教育CEC-CDIO做中学课程模式的探索与实践[J]. 计算机教育,2010(11):35-40.
[13] 曹留成. BAQ-CDIO人才培养模式的实践[J]. 价值工程,2014,33(25):256-257.
[14] 吴建设. 基于“三层对接”视角的工程人才培养[J]. 高等工程教育研究,2012(5):171-175.
[15] 薛健飞,袁志华,谢旭东. 基于CDIO的高职创新人才培养模式探析[J]. 职教论坛,2011(14):76-77.
[16] 刘道广,史玲华. 基于CDIO理念下的高职教学改革[J]. 教育与职业,2012(35):106-107.
[17] 徐娜. 基于CDlO工程教育模式下高职计算机网络技术专业课程体系的创新构建与研究以温州科技职业学院为例 [J]. 软件导刊,

2012,11(9):206-208.

[18] 商玮,盘红华,郭飞鹏. TF-CDIO 电子商务专业课程体系的构建[J]. 高等工程教育研究,2012(2):146-151.

[19] 孟繁兴. 基于 CDIO 的计算机信息管理专业课程体系构建[J]. 计算机教育,2010(11):98-100.

[20] 谭移民,钱景舫. 论能力本位的职业教育课程改革[J]. 教育研究,2001(2):54-60.

[21] 孙翠香. 学校变革主体动力研究[D/OL]. 上海:华东师范大学,2010:1[2017-04-04]. http://kns. cnki. net/KCMS/detail/detail. aspx? dbcode=CDFD &dbname=CDFD1214&filename=1014377739. nh&v=MjM4ODcvR2RiUHBwRWJQSVI4ZVgxTHV4WVM3RGgxVDNxVHJXTTFGckNVUkwyZllPWnFGeXJnVmJ2TVZGMjZHckM=.

[22] 黄秋萍. 我国电力煤炭沿海运输系统帕累托改进研究[D/OL]. 大连:大连海事大学,2013: 26[2017-04-06]. http://kns. cnki. net/KCMS/detail/detail. aspx? dbcode = CMFD&dbname = CMFD201302&filename = 1013204236. nh&v = MDE0NzdXTTFGckNVUkwyZllPWnFGeXJoVWIzSVZGMjZIYkc0R3RQUHFaRWJQSVI4ZVgxTHV4WVM3RGgxVDNxVHI=.

[23] 周彬. 决策与执行:制度视野下的学校变革[M]. 北京:教育科学出版社,2005.

[24] 克劳雷,等. 重新认识工程教育——国际 CDIO 培养模式与方法[M]. 顾佩华,沈民奋,陆小华,等. 北京: 高等教育出版社, 2009.

[25] 谭璐,姜璐. 系统科学导论[M]. 北京:北京师范大学出版社,2009.

[26] 熊和平,岳爱臣. CDIO 工程教育模式:误解的澄明与风险的规避[J]. 高等工程教育研究, 2009(5):48-51.

[27] 朱德全,李鹏. 课堂教学有效性论纲[J]. 教育研究,2015(10):90-97.

[28] 李萍,万国超. 通过资源投融资优化 CDIO 实践场所建设流程[J]. 实验室研究与探索,2012,31(12):205-208.

第 6 章　基于 CDIO 工程教育模式的高职教育教学改革的对策

教育教学改革是一项以提高教育质量，促进学生全面发展为根本目的的实践活动。基于 CDIO 工程教育模式的高职教育教学改革是一个系统工程，至少从专业层面进行推进，才能取得预期成效。在改革中要有系统思维，加强顶层设计和整体谋划，增强改革要素的整体性、关联性和协同性，通过整体推进，重点解决改革面临的突出矛盾和问题，形成推进改革的强大合力。在改革中要有辩证思维，要辩证地看待改革中面临的问题，既要看到有利的一面，又看到困难的一面，既要看到其中的机遇，又要看到其中的风险，在改革中要做到既尽力而为又量力而行。在改革中要有创新思维，CDIO 工程教育模式中国化的理论创新，对基于 CDIO 工程教育模式的高职教育教学改革具有先导作用。在教育教学改革中要培育和激发改革的动力之源，一方面要树立共同愿景，注入强大精神动力，以凝聚改革共识，使全体教职员工心往一处想、劲往一处使。另一方面，要坚持以人为本，紧紧依靠教师和学生推动改革，广泛听取师生意见，充分调动师生推进改革的积极性、主动性和创造性，使改革深深扎根于教师和学生之中。在改革中，领导必须有担当，要从全局高度谋划推进改革，做到实事求是、求真务实，善始善终、善作善成，把准方向、敢于担当，亲力亲为、抓实工作。

6.1　教育教学改革成功因素分析

教育教学改革可以理解为按照某种预期的目标，以改进教育教学实践的有意识的努力，其实质是对未来的反应。[1]推动大学进行教育教学改革的力量同其他大部分组织变革是相同的，教育教学改革的成功因素涉及强有力的领导者、明确的目标、科学的决策、教育教学理论的支撑、合理的借鉴、共识的达成、改革相关者积极性的调动等诸多因素。[1—10]

(1)强有力的领导者。教育教学改革往往是领导者发现并首倡的,领导者的洞察力、敏锐性、决心、意志和聪明睿智往往是改革成功的第一要素,改革领导者必须为学校教职员工所尊崇信任,才能使教职员工信任改革预期的结果,从而投入努力。改革领导者必须构建一定规模且具有献身精神的改革团队,来达成既定的改革目标。

(2)明确的目标。明确的教育教学改革目标不仅是整个改革过程、改革工作的需要,也是对改革成功与否开展评估的需要。有了明确的教育教学改革的目标,才能对改革的目标本身进行充分的讨论和评估,从而为大家在目标的设定上达成共识提供基础。有了明确的教育教学改革目标,才能统一大家的思想并凝聚大家的力量,从而调动每个与改革有关的成员的积极性和自觉性,使他们主动积极地为达到目标献计献策,做出贡献。有了明确的教育教学改革目标,才能确定具体的改革路径和方法,并对偏离了改革目标的改革步骤和方法进行及时改正。有了明确的教育教学改革目标,才能统筹改革过程中的人员、物资和经费等保障条件,并预估改革过程中将碰到的具体困难,进而设想克服困难的方法。有了明确的教育教学改革目标,就有了改革是否成功的最基础的评估标准,就能依据目标对改革过程进行调节和矫正,并对改革的阶段性成果进行诊断。

(3)科学的决策。教育教学改革的复杂性、变动性、关联性要求不断提高决策的科学性,科学的决策是实现教育教学改革目标的前提。在现代教育教学改革中,下列一些基本原则必须建立。[2—3]其一,系统性原则。教育是一个复杂的开放性的系统,首先,学校的人才培养系统不能脱离社会需要。人的社会经验,包括社会的知识、观念、价值取向,都是在与社会发生关系、进行交往的时候获得的。其次,教育又是一个子系统,有它自己的运转规律和自身的特点,不能因为强调与社会的联系,连教育自身的特点都不要了。任何事物的本质都存在于它的特殊性之中,存在于它与其他事物的不同特点之中。如果取消了这一事物的特点,也就取消了这一事物本身。最后,教育应是一个灵活的系统,针对不同校情、院情、区域产业情况等,教育教学改革的措施要因时因地制宜,在做法上允许多样化,这样改革才有较大的适应性、主动性和创造性。其二,以人为本的原则。教育教学改革决策要想科学就必须以人为本,尊重师生主体地位,认真系统地研究师生群体的利益诉求,紧紧依靠师生推动改革,真心实意为师生服务，促进学生的全面发展。其三，程序化原则。科学的改革决策是一种程序化决策。程序化是保障改革决策科学的有效方法。科学决策是一个过程，由一整套决策程序构成。一般需要经过以下几个步骤，即发现问题—确定目标—确定准则—拟订方案—分析评估—方案选优。发现问题，是改革决策的起点，问题倒逼改革，因此弄清楚问题至关重要。确立目标在改革决策中是非常重要的一步，目标错了，就可能引起整个改革决策的失误。确定改革价值准则，是为落实目标，作为以后目标评价和方案选择的基本依据。拟定改革决策方案，就是拟制多种可选择的、有原则区别的决策方案，以资比较和鉴别。分析评估，主要是运用科学的方法，进行科学预测和可行性分析，科学地表达多种改革方案的利弊。方案选优，就是领导者集体讨论，拍板决断。

(4)教育教学理论的支撑。教育教学实践是教育教学理论的源泉，是检验教育教学理论的标准，而教育教学理论则是对教育教学实践的能动反映，并指导教育教学实践，二者统一于教育教学实践活动之中。教育教学理论指导教育教学实践，既强调教育教学实践对教育教学理论的决定作用，也强调教育教学理论对教育教学实践的指导功能，并谋求教育教学理论与教育教学实践在具体的实践活动中的对立统一。基于教育教学理论的教育教学改革的基本理念必须清晰、简单、通俗易懂和方便推广。

(5)充分的准备。教育教学改革是一个充满着不确定性的长期过程，教育教学改革的成功，需要有充分的思想准备，需要对自身发展的不足有较清醒的批判意识、对理想的教育教学改革有较清晰的愿景意识且具备强烈的改变现状的意识等。教育教学改革的成功，需要有充分的物质、人力等资源方面的准备，具体改革资源的准备涉及经费、政策、制度、奖惩权、合法性权威、文化积淀、硬件设备、人员变动、人员培训、可支配的时间和空间等。匆匆忙忙推行的教育教学改革，对问题缺乏仔细的调查和分析，对教育教学改革中将出现的问题缺乏必要的估计，则当教育教学改革推开以后，会产生成堆的问题，很容易匆匆忙忙收场。

(6)全面的认识。教育教学改革是一项复杂的系统工程，从宏观到微观，从制度到方法，从教师到学生，涉及很广泛，需要有一个整体全面的认识。在教育教学改革中要避免以偏概全的错误，不能究其一点不及其余，不能矫枉过正，如为了强调教育教学改革的必要性和迫切性，就把既成的、传统的东西否定得一无是处。

(7)合理的借鉴。在当今这样一个全球化的时代，教育正在经历着全球化的进程,世界各国在教育教学上面临的问题有越来越多的共同性,别国的教育教学改革实践和经验完全可以借鉴过来,实现取长补短,为本国的教育教学改革服务。但如何结合国情、校情等本土化因素,进行合理借鉴,是一个不能回避的问题,处理得好可以使我们的教育获得生机和活力,处理得不当,就可能适得其反。

(8)共识的达成。要使教育教学改革成功,就必须在改革相关者内达成清晰的共识。共识是参与的前提,没有对改革目标和具体方法的共同认知,改革相关者是不可能真正参与到教育教学改革中去的。改革领导层可以通过使全体教职员工产生危机感而理解改革的必要性和迫切性。可以通过创造机会让改革主要相关者参与制订改革目标,而不只是别人传达给他们的一种目标陈述,以满足他们的参与感。可以通过沟通和解释等方式,把改革目标、改革方案和改革成功与否的判定标准有效地传达给全体参与者,以使改革目标、改革方案和改革成功与否的判定标准得到教职员工的充分理解和认同。可以通过座谈会、问卷调查等形式让教职员工表达他们对现状的评价、对改革过程的希望和建议,使其成为改革中的一分子而不是旁观者;可以通过充分调动改革主要相关者潜能和有效的薪酬激励机制,使改革相关者关注改革结果并为之努力。如果在改革前,改革相关者对改革的目标、内容、方案都有共同的认识的话,改革相关者会更多地参与,这样就会加速改革的实施。反之,在改革中就会遇到阻碍,易出现你有政策,我有对策,你唱你的改革曲,我吹我的老调调的现象。

(9)改革相关者积极性的调动。改革的实施必将给教职员工带来影响,当改革与他们的价值观和习惯发生冲突时,当他们对改革的目的、内涵和做法不了解时,当改革威胁到他们自身的利益时,他们就会对改革产生抵触情绪,并抗拒改革,能否顺利解决这些问题并让教职员工积极参与到改革中来是改革成功的关键所在。成功的教育教学改革必须充分考虑教育教学改革相关的组织者、教师和学生等群体的利益诉求,进而调动他们的积极性。一场教育教学改革如果与他们都无利益上的联系,却要靠他们的支持和合作,以把教育教学改革推行下去是难以想象的。即使他们出于一种责任感和使命感,积极参与和推动教育教学改革,但要持久也是很困难的。当然,教育教学改革不可能使每个人都获得利益,相反,有些人的利益还会被剥夺,比如靠着“大锅饭”不劳而获的人,教育教学改革是不可能调动这部分人的积极性的,其实是要剥夺他们的利益的,因为改革本身就是对大多数人的积极性的调动,这样才体现了社会公正。所以,要调动改革相关者中大多数人的积极性,根本的是两条,一是公平公正,二是给多数人带来利益。

(10)教育教学改革压力的有效传递。压力是必需的,否则改革相关者就不会把改革列入他们思考的议事日程上。改革相关者有许多需要,在有限的时间里他们希望通过工作来追求的目标很多,而改革常常不是他们要追求的目标,除非领导层保证改革会带来效果,或者通过沟通使他们相信改革对自己事业有好处。否则,他们就不会对改革产生兴趣。

(11)树立榜样。要求教育教学改革领导层,把体现改革愿景的价值观和行为方式落实到实际工作中,通过自身的言行体现出来。教职员工看到领导层的活动,并将其作为榜样,知道领导层对自己的期望,从而激励自己全力以赴投入改革。

(12)可行的第一步。教育教学改革的进程往往需要经历比较长的时间,不可能一蹴而就。要为教师提供一种机会,使他们在明确教育教学改革阶段目标后能马上行动,而且可以在短期内看到结果,即"鼓励微小的获胜",从而使教师在一开始就有积极的成就感,以鼓励他们投入更多的时间和精力。

(13)改革的强化。使职务晋升、绩效考核等与改革保持一致,如采取以下措施:对积极参与改革者的奖励或认可,对阻碍改革的人的调离和降职,改变教育教学管理机制使改革成为日常管理运作的一部分等。

(14)改革的有效评估。一般认为,教育教学改革的成功推进意味着通过改革达到了预期的目标,教师的教学观念和行为发生了预期的变化,提出的改革内容得以在学校日常实践中充分落实。[10]评估是对教育教学改革目标和取得的各阶段成果的评价,是对改革目标的不断确认,是保证改革成功的前提。对改革所取得的阶段性成果,要不断表彰奖励,从而清楚地传递改革信息,以增强教职员工参与和坚持改革的信心。总之,及时评价改革的结果,不仅有利于领导者监控改革进程,而且有利于强化改革参与者的参与热情和成就感。

6.2 教师参与教育教学改革的动力分析

教育教学改革的成败,关键在于学校组织中的主体——教师,正如加

拿大著名学者富兰所言，教师作为变革的动力是想做成任何事情的前提条件。[11—12]

6.2.1　相关激励理论

美国著名社会心理学家马斯洛的需要层次论[13]是广为人知的关于个体需要的动机理论，这种理论通过大量的临床实践经验，把人类纷繁芜杂的需要按照一定的等级层次分为生理的需要、安全的需要、归属和爱的需要、尊重的需要和自我实现的需要五个层次。这五种需要之间是相互关联的，与个体生存最密切相关的需要被排在其他需要之前，马斯洛认为，只有低层次的需要得到部分满足以后，高层次的需要才有可能成为行为的重要决定因素。五种需要是按次序逐级上升的，当下一级需要获得基本满足以后，追求上一级的需要就成了驱动行为的动力。但这种需要层次逐渐上升并不是遵照“全”或“无”的规律，即一种需要 100％的被满足后，另一种需要才会出现。事实上，社会中的大多数人在正常的情况下，他们的每种基本需要都是部分地得到满足。一般而言，马斯洛需要层次理论中，前四个层次的需要被称为缺失需要，这四个层次的缺失需要激励人们不断地采取行动以满足它们，而第五个较高层次的需要是成长需要，和缺失需要不同，成长需要一般不会被全部满足，因为个体对成长需要的反应导致了成长的增加，而个体成长的循环似乎是永无止境的。另外，马斯洛还认为，“个体的大部分行为不只被某一个层次的需要所驱动，新的需要也不会以一个接一个的顺序出现，不会是一种层次的需要出现了而另一种就结束了”。显然，按照马斯洛的需要层次理论，个体在不同发展阶段中占据主导地位的需要是不同的。

美国心理学家赫茨伯格与摩斯纳等提出双因素理论[13—14]，也称激励—保健因素理论，该理论认为个体工作的动机不像需要层次理论描述的那样是单一的一个方面，而是由两类各自独立的因素构成，其中一类因素被称为激励因素，诸如成就、对成就的认可、工作本身具有的挑战性、责任和晋升等，这些因素的满足会提高个体在工作中的满意度，但如果这些因素不能得到满足时，并不必然导致个体的不满，或者即使个体产生不满，也可能只是较小程度的不满。而另一类因素被称为保健性因素，诸如个体之间的人际关系、工作团体的气氛、监督类型、管理的政策和态度、工作环境和条件、工资、额外福利、个体的生活等，这些因素如果不能得到满足,则个体容易产生不满,但同时,即使这些因素得到满足,也不会在很大程度上提高个体的满意度。显然,从这个角度可以看出,保健因素对于组织中的个体来说有两点作用,一是减少或消除个体的不满,二是创造可能激励个体的条件,也就是说,保健因素是激励因素产生效果的基本前提和先决条件。双因素理论的一个重要观点是,人们往往认为,工作的满足是与成功、工作的挑战、成就和认可等诸如此类的内在因素相关的,同时,人们还往往认为,不满足是与工资、监督和工作条件等这类外在因素相关的。换句话说,他们把激励的特性归因于人们自身,而把不满足的特性归因于组织。

6.2.2 教师抗拒改革的原因

教师是学校改革的最核心动力,提高人才培养质量,促进学生全面发展是每一位教师的道德使命和责任,但在学校教育教学改革中,教师又往往扮演着学校改革阻力的角色。教师对改革的抗拒行为,与教师个人、学校改革本身,以及与教师所处的外在改革环境等因素相关。[13]

6.2.2.1 教师个人因素

教师个人因素,主要包括教师所秉持的文化特征、教师的人格特征及教师的认知特征三个方面,这些方面直接制约着教师在改革中的行为。

(1)教师所秉持的文化。教师所秉持的文化,主要是指教师在长期的教育教学生涯中日积月累形成的、个人对自己的职业所秉持的一种核心价值观、思维方式及信念。从总体上来看,教师群体的文化呈现出保守性、封闭性和孤立性的特征,就保守性而言,教师文化不具有知识冒险的特征,不热衷于观念、价值、假设与现行措施的批判反思,[15]教师文化中的不善于反思、不开放的特征使得教师在改革中表现出保守的倾向。就封闭性而言,教师文化呈现出强调教育教学过程中的自主倾向,进而拒斥合作的特征,这种特征使教师本能地排斥来自外部的改革信息。并且,教师群体的这种封闭性又不可避免地造成了教师文化中的孤立性,这种孤立性和个人主义的教师文化特征使教师易专注于与学生交往的世界,容易忽略一个更广阔的社会变化。

(2)教师的人格特征。教师的人格特征也是造成教师对改革阻抗的重要因素,主要包括教师的情感特征,如教师的不安全感、恐惧感、孤独感和焦虑感，特别是在面对不确定的改革过程和结果时，体现得更为强烈，教师的安全需要也是影响教师阻抗的一个重要变量，学校改革对于学校中的个体的安全需要构成了一定的威胁，因为改革必然意味着学校原有制度的改变，原有稳定、平衡态秩序的打破，这一切都会给个体带来焦虑、恐惧和不安。试图寻求安全与保障的需要，还表现在人们通常偏向于熟悉的而不是陌生的事物、已知的而不是未知的事物。在学校里，有安全需要的人们会抵制改革，他们会要求工作保障和伤害补偿、退休计划等，以满足他们的需要。当然，教师的人格特征除了上述教师的情感特征和安全需要之外，还包括教师的能力特征，特别是当改革要挑战教师已有的知识技能、需要教师对自己原有的知识技能进行大的改变、甚至是否定自己原有的经验和做法时，往往很容易导致教师对改革的抵触。另外，教师已有的习惯和惰性也可以看作是教师的一种人格特征，对于长期从事教师职业的教师来说，由于长期处在一个相对稳定的环境中从事教育教学，因此就会在有意或无意间形成对自己工作及工作环境的认知、情感、一套较为固定的做法，以及一种不愿意变化的惰性，因此，当改革要求教师改变以往的习惯性做法和经验时，易造成教师内心的失衡感，失去公正判断的客观尺度，进而导致教师的抗拒行为。

(3)教师的认知因素。教师的认知因素也是影响教师抗拒行为的一个重要因素，特别是教师对改革的认知，包括对改革必要性、可行性的认知和理解，以及对改革预期结果的预测等，都直接影响着教师的行为。如果教师认为某项改革根本没有必要，或者改革的推进策略和方式存在问题，或者对预期的改革结果没有期望等都会直接导致教师的抗拒行为。另外，教师对自身能力、所处情境的认知和权衡，同样也会影响教师的行为选择，教师如果认为自己没有能力应对将要进行的改革，也就是说教师认识到自己的专业能力不足，或者教师权衡自己多方面的情况之后，认为自己在改革中将有大的利益损失时，就会对改革存在抗拒，这不难理解。

6.2.2.2 学校改革因素

学校改革因素，指影响教师抗拒改革的、与学校改革本身有关的因素。学校改革的价值取向、学校改革的推进过程、学校改革的性质及学校改革的预期结果等方面直接影响着教师在改革中的行为。

(1)学校所推行的改革的价值取向是否与教师所秉持的价值观和信念相一致，是否符合教师的期望，直接关系到教师对待改革的态度和行为。一般而言,学校推行改革的价值取向应与学校全体成员所共同遵循的价值取向一致,并在此基础上创新和超越,这样的价值取向较易得到教师群体的认同。但从学校改革实践来看,很多学校的很多改革项目呈现出"外来化"或"个人化"的特征,即改革是由外部力量或学校领导的个人力量强加于学校的,与学校原有的价值规范或教师群体的价值规范相脱离,甚至是相背离,在这种情况下,教师抗拒改革也就不难理解。

(2)就学校改革的推进过程而言,学校改革方案确定的过程和方式,学校改革的推进策略,学校改革的推进过程是否有序等方面,直接影响着教师是否抗拒学校改革。例如,学校采用的改革方案是否有可接受性?这些方案确定的过程是否有教师群体参加?在改革推进策略上,是采用外在强制性的权力—强制策略,还是采用内在的规范—再教育策略?这些方面都直接影响着教师的改革参与行为。一般而言,教师群体易对外来的学校改革方案和强制性的改革推进策略持抗拒的态度和行为。另外,学校改革推进过程的无序、改革项目的过多和繁杂同样容易引起教师的抵制和反对。

(3)学校改革的性质也是影响教师抗拒与否的一个重要影响因素。具体而言,学校改革是渐进性改革还是激进性改革,学校所推行的改革项目与学校的实际情况是否相契合,改革是否有必要,推出的改革方案是否具有可操作性等,都直接关系着教师的改革参与行为。一般而言,对于渐进性的学校改革,或者真正根据学校发展实际、源自学校发展需要的改革项目,并且当改革方案具有较强的可操作性时,教师易倾向于赞成变革,反之,则易导致教师的抗拒行为。

(4)学校改革的预期结果直接决定着教师对改革的抗拒与否。一般而言,那些预期能极大地增进教师个人利益的学校改革,容易得到教师的赞同,这里的利益包括教师的权利利益、精神利益和物质利益等。

6.2.2.3 外在改革环境因素

外在改革环境因素,指教师所处的外在改革环境。诸如与学校改革相应的政策的支持、相关制度的支持、学校行政的支持及学校物质性资源的支持等,都直接影响着教师在改革中的行为。一般而言,如果学校缺乏相应的政策支持,或者在学校制度建设中缺少与改革配套的激励性制度建设,或者缺少完善的教师改革行为评价制度,或者学校在管理工作中缺少相应的行政支持,或者教师缺乏参与学校改革的物质性资源等,教师都易产生抗拒学校改革的态度和行为。

总之，对于教师来说，在特定的情境下，上述三个方面的因素或单一或综合地作用于教师个体，使教师常常表现为学校改革的阻力。从根源上说，哪种(或哪些)因素对教师的影响更大，取决于这种(或这些)因素对教师利益变化的影响程度，也就是说，教师利益的变化——利益增加或减少，是影响教师改革行为的关键点。教育教学改革之所以困难，最重要的一点就在于在教育教学改革过程中并不是人人都能够受益或同等程度地受益，有些人的利益甚至会受损或暂时受损，那些利益受损或没有受益或受益较少的人就会或多或少地产生抵制或反对改革的动机，形成对改革的阻力。[16]

6.2.3　教师改革动力因素分析

影响教育教学改革实践中教师行为的因素可分为“内在个人特质因素”和“外在学校组织环境因素”两大类。“内在个人特质因素”主要是指教师认知风格、需要、目标和信念，四者直接影响着教师的内在动机，而“外在学校组织环境因素”则直接影响着教师外在行为表现。教师的行为是“内在个人特质因素”与“外在学校组织环境因素”相互作用的产物，两者交互作用的参照系是“利益”，即利益作为直接决定教师生存的关键变量，直接影响着教师的价值取向、行为取向、教师的自我角色认知，以及自我行为期待。对教育教学改革的主体——教师来说，利益是决定其参与教育教学改革动力的最根本的因素。[11]

教师认知是教师对外界信息和刺激进行筛选、组织和理解，并赋予信息和刺激以一定含义的过程，教师的认知直接影响着教师的行为选择和行为实践。教师认知风格可分为两类，即“场依存型”和“场独立型”，[17]“场依存型”教师倾向于更多地利用外在的参照或外部环境线索作为信息加工的依据，也就是说“场依存型”教师更注意和参照社会性刺激、更倾向于社会定向，其态度和自我知觉更容易受其周围的个体，特别是领导或权威人士的影响，其行动时常常参考和了解他人的想法、意见和做法。而“场独立型”教师倾向于更多地利用内在的感知作为信息加工的依据，在行动时更倾向于非社会定向，其在认知活动中较少受外部环境因素的影响和干扰，更多的是利用自己内在的感知来进行理解与判断，更倾向于在抽象、分析的水平上对信息进行加工并独立采取某种行动。教师对学校改革的认知直接影响着教师是否会产生改革的意愿。具体而言，教师对学校改革的认知，包括四个方面，即教师对改革意义的理解，教师对改革必要性的认知，教师对改革价值观的认知，以及教师对学校改革过程、时间和方式的认知。

首先，教师对改革意义的理解，也就是教师所认为的学校改革对学校组织和个人发展有什么价值和意义。一般情况下，如果教师认为学校改革对学校组织的发展、对个人的发展、对学生的发展具有积极的价值、有好处，那么，这种情况下，教师较易产生改革的意愿。反之，教师如果认为学校推行的改革项目对学校组织、个人或学生的发展的意义均不大时，则教师很难产生改革的意愿。当然，还存在一种情况，就是教师认识到改革有可能对学校组织或学生的发展具有意义，但却在某种程度上对个人的发展的意义不大时，教师可能会持一种“无所谓”的态度，这种情况下，教师易出现“随大流”的现象。

其次，教师对推行的改革的必要性的认知，即教师对要推行的改革是否切合学校当时的实际情况的认知。从某种意义上说，教师是最了解学校教育教学实际情况的学校个体，如果推行的改革确实切合学校发展的实际，学校确实需要推行改革，那么，从职业伦理的角度来看，这样的改革容易使教师产生改革的意愿。反之，如果推行的改革项目与学校实际情况不相切合，不是学校发展所需要的改革，则教师一般很难产生改革的意愿。

再次，教师对改革价值观的认知。当教师面对新的价值观和改革观念时，这种价值观和观念与教师原来所持有的价值观和观念之间的冲突程度，将直接影响教师参与改革的意愿。如果两种价值观之间冲突过于强烈，即教师参与改革将意味着教师重塑价值观，那么教师会更多地表现出对新的价值观的抗拒和抵制，很难产生改革的意愿；如果冲突不是特别强烈，那么，教师接受新的价值观、产生改革意愿的可能性就较大；如果两种价值观之间较为一致，则教师参与改革的主动性将大大加强。

最后，教师对改革推行过程、改革需要的时间、改革推进的方式等方面的认知。一般来讲，影响教师对学校改革认知的因素是复杂的，主要与教师的专业素养、认知方式、学校文化有关，其中教师的认知风格对其认知起着关键作用，“场依存型”教师较易受所处群体的主流观点及外在权威性人物的影响，而“场独立型”教师往往根据自己对各方面综合情况的感知和理解，产生是否愿意改革的意愿。

教师需要是教师对物质生活资料和精神生活条件依赖关系的自觉反映，[18]改革满足教师个人需要的程度也直接影响着教师改革意愿的产生，与个人不同层次需要相契合的改革容易使教师产生改革的意愿。就教师的需要而言，依据马斯洛的需要层次理论，处于不同情境、不同职业发展时期的教师，其需求的层次类型并不一致。学校中教师的主导需求比较多样化，涉及从生理需要到自我实现需要的每个层次。但就占主流的教师需求层次来看，大部分教师的生理需要、安全需要、归属和爱的需要等类型都能在某种程度上得到基本的满足，也就是说，对于大部分教师来说，其主导需要可能是尊重和自我实现的需求。因此，如果学校改革能满足教师自尊的需要，教师的成就、能力和社会地位等能得到他人认可，或者教师通过学校改革的实施，能在某种意义上实现自己的人生价值（自我实现），那么，这种情境下，教师就能产生较为强烈的学校改革意愿。但同时，我们还不能忽视另外一种值得我们关注的现象，那就是在上述教师需求的主导性趋势之外，部分教师还存在基本的生存需求，例如“教师的睡眠需要”“教师的安全需要”等。总之，如果学校所实施的改革能满足教师的不同层次的需求，那么这样的学校改革很容易引起教师的共鸣，教师也就很容易产生改革的意愿。

教师目标是教师希望实现的目的或结果，是教师希望达到的未来状况，导引着教师的行动方向。根据美国马里兰大学的心理学教授埃德温·洛克的目标设置理论，成功的目标绩效需要满足四个基本条件，即目标必须是具体的、必须具有挑战性、必须是可以实现的，并且个体必须投入到实现这些目标之中[13]。目标包括目标的内容和目标的强度两个维度，目标的内容可以涉及从具体到抽象的、长期和短期的、容易和艰难的、数量多与少的等多种多样的目的和结果。而目标的强度则意味着教师对目标所赋予的重要性程度、对目标的承诺，以及教师为实现目标而付出的努力。教师个人成长目标是激发教师各种积极行为的重要力量源泉，对教师的行为具有定向和调节等功能，改革的各个方面与教师个人成长目标的关联性越密切、一致性越高，则教师的改革意愿将越强。处于不同职业发展周期的教师，其个人成长的目标之间差异较大，而对于某位教师来说，在不同的成长发展阶段，激励其成长的主导目标也不尽相同，但不同目标之间是密切关联的。

按照目标设置理论，在教师改革意愿产生之前，对下列问题的澄清是必需的，“学校改革需要达成的究竟是什么样的目标，这个目标与我个人的成长目标之间是否有关联性、是否相一致？达成学校改革目标带来的利益有利于我个人成长目标的达成吗？这些利益是我所希望得到的吗？为了达成学校改革目标，我究竟需要做什么？这些付出是否有利于我个人成长目标的达成？学校改革的推进过程及策略是否有利于我个人成长目标的达成？学校改革目标能达成吗？我应该去尝试吗？我会成功吗？”等等。一般而言，对上述大部分问题的肯定性回答，意味着改革与教师个人成长目标之间关联密切，并且一致性程度较高，也就意味着教师参与学校改革的意愿将得到极大的激发和肯定，反之，则很难激发教师的改革意愿。另外，学校改革本身的目标设置难易程度、对教师个体的挑战性、教师能否最终实现目标等因素也影响着教师个体是否产生改革的意愿。一般而言，学校改革目标设置得越具体，对教师个体的挑战性越大，而且教师经过努力能最终实现的目标，容易激发教师个体的改革意愿。

教师信念是教师对某种现实或观念抱有深刻信任感的精神状态，是教师认识事物的基点和评判事物的标准，同时还是教师行为的强大精神支柱，具有巨大的情感动力作用。在学校改革情境中影响教师行为的关键信念是期望，即对于自己行为结果的信念。根据期望理论，[19]有三个重要的概念需要把握，即期望值、工具性和效价，个体工作的动机是期望值、工具性和效价三者相互作用的函数，即 $M=f(E\times I\times V)$，M 是动机，E 是期望值，I 是工具性，V 是效价。其中，期望值是个体根据自己的经验，判断某一行为可能导致的结果以及满足自己需要的程度，也就是说，个体采取某种行为对实现个体目标或改进工作绩效的可能性大小。工具性是个体对于目标达成或优良的绩效表现等行为结果受到关注或奖励的觉察和认知。例如，当个体觉察到个人目标达成、个人绩效提高与受到关注和奖励之间联系密切时，则工具性价值就高。效价是个体所感知的奖励的价值，也就是说个体付出某种努力之后所受到的奖赏和关注对于满足个人需要的价值大小，效价具有较强的个人性特征和情境性特征。例如，对于教师来说，如何看待努力实施学校改革之后的所得，金钱、财富、名誉、职位晋升、自我成长、得到师生和社会的认可等，对于不同的教师来说，具有不同的效价。教师选择和投入改革的动力取决于三个变量的相互作用，如果三个变量均处于较高的水平，即高期望值、高工具性和高效价，则可以激发教师改革的最大动力。反之，如果三个要素中有任何一个要素接近于零，则教师的动机不会很强。所以，教师改革意愿的产生与否，在很大程度上取决于教师对学校改革的期望，假如教师对学校改革的最终结果抱有较高的期望,相信自己有能力发动或实施改革,相信自己的努力将会得到回报,并有可能获得有价值的结果时,那么,教师将会产生改革的愿望和决心,在改革面前,将会表现得更为积极和主动。

教师利益既包括对于教师来说是可见的、有形的物质利益,又包括无形的、但却能满足教师精神需求的精神利益。教师的直接利益是维系学校改革的重要力量,如果学校改革能增进教师的个人利益,那么教师较容易产生改革的意愿,反之,如果学校改革不能增进、甚至是损害了教师的个人利益,则教师很难产生改革的意愿和决心。当然,这里的增进教师利益包括增进教师的物质利益和精神利益两个方面,物质利益诸如增加了教师的工资,使教师获得了额外补偿等;精神方面的利益,例如提高了教师地位,拓展了教师成长的空间,优化了教师发展和成长的环境及人际关系,帮助教师找到了成长的方向等。在此过程中,学校组织承诺起着关键的作用,例如,学校组织承诺改革将对教师将来的发展有何影响,如何影响,会产生何种后果等,将这些信息以教师可接受的方式告知教师,则容易使教师愿意配合学校改革、产生改革的意愿。

6.3 教育教学改革的模式选择

6.3.1 “自上而下”和“自下而上”相结合的模式

“自上而下”和“自下而上”是两种主要的教育教学改革模式。[10,20—21]“自上而下”的教育教学改革,是政府或学校制定改革政策,通过顶层设计构建统一的规划部署,以行政化手段由上向下贯彻落实执行的教育教学改革。“自下而上”的教育教学改革,是指通过基层教学单位或一线教师的教育教学改革实践,推动教育教学创新,促进或“倒逼”学校或政府在制度层面实施改革的模式。

教育教学改革需要将“自上而下”和“自下而上”模式相结合,形成上下结合,多方合力推进教育教学改革的局面,在自上而下强制推进教育教学改革的同时,要充分发挥自发性改革和基层单位的主动改革精神。如果仅依赖这两种模式中的任何一种,改革效果都不会理想。就“自上而下”的改革模式而言,具有照章办事等科层特征,改革从启动到实施更容易推进，[10]能够保证教育教学改革必要的专业品质和以行政权威为保障的执行力度。但面对千变万化的教育教学的实际情境，“自上而下”的教育教学改革模式在推进过程中往往会遭遇困境，尤其是在促进微观领域特别是在教师教学理念与行为的深层次改革方面，这种改革方式更难奏效，而微观领域恰恰是决定教育教学改革能否成功的关键所在。就“自下而上”的改革模式而言，由于教育教学改革本质上是一个因地制宜、“自下而上”的生长过程，在复杂的改革情境中，由于基层教学单位或一线教师处在具体的教育教学实践中，他们最清楚教育教学改革面临哪些问题，应该采用哪种最适用、最有效的方法，与“自上而下”改革模式相比，“自下而上”改革模式具有更为积极的实践意义，由于改革的推动力主要来自内源动力，改革行动能直接体现在他们的日常行动中。然而，“自下而上”改革模式也存在缺陷，以基层教学单位或一线教师为基础的教育教学改革，如果没有政策和智囊团的引导和支持，改革可能向错误的方向发展却浑然不知，即使小范围的改革的确卓有成效，然而没有大环境的支持和沟通的途径，好的思路仍然没有办法得以扩展，久而久之，孤掌难鸣，改革并不能持久。

教育教学改革的复杂性决定了教育教学改革的过程绝不可能按照原先设想的改革计划按部就班地向前推进，也不可能有哪种教育理论能够提供一种适用于所有情境、适合所有人发展的万能教育教学方法。因此，教育教学改革的成功推进，首先，要求基层教学单位或一线教师能够适应“自上而下”提出的改革思想或改革方案；其次，基层教学单位或一线教师还要联系自身实际情况，创造性地发展和完善改革思路或改革方案，教育教学实践者必须时刻面对新情况和新问题，不断创造出新方式和新手段；最后，“自上而下”强权制的改革模式需要转变为一个更加开放和公开，能够快速应对外部变化的模式。

6.3.2 渐进改革模式

激进改革主张采用颠覆性手段来实现改革目的，把改革理解为彼此替换、新旧对抗、势不两立、破旧立新、推倒重建、彻底消灭、脱胎换骨等激烈的斗争和改革。这种根源于浪漫主义和乌托邦精神的改革模式诚然有其存在的意义和价值，但激进式改革往往会导致矛盾的激化甚至社会的过分震荡，最后导致失控。中国几千年传统积淀而成的凡事不走极端、强调适可而止的观念深深影响着中国人的心理及行为选择倾向的“中庸”文化，使激进改革模式并不特别适合当代中国教育教学改革。[22—23]

渐进式改革是与激进式改革相对应的一种改革模式，指改革从整体布局上，包括改革目标、改革时间、改革范围、改革思路准备等方面始终坚持循序渐进、稳步推进的战略原则。在中国，渐进式改革得以顺利推进并最终取得成效，是中国特殊的国情和历史文化传统，以及民族心理的体现。[22—26]渐进式改革是温和的、渐进的，容易启动改革并为社会和公众接受，具有“帕累托改进”的性质。反之，激进式的“非帕累托改进”的改革，在改革初期就动大手术，使利益受损的人和组织较多，不易为大家所接受，容易引发恐慌，加大改革的社会成本。分步走的渐进方式拉长了改革的时间和周期，有助于在改革的推进过程中，充分发挥渐进改革的教育功能，利用改革的收益逐渐消除不同意见，化解阻力。

教育教学系统是一个复杂系统，具有非线性、不可还原性、自组织性等复杂系统的基本特征，这决定和强化了教育教学渐进改革的必要性。作为一个复杂系统，教育教学系统是不断进化和演变的，为了处理与系统外部因素的关系和求得自身发展，教育教学系统必须使内部各有机部分及其功能发生不断的变化和调节，这样就会发生一系列教育教学改革，教育教学改革的目的在于完善教育教学系统的结构与功能，教育教学改革的过程是渐变的，而不是突变的。渐进教育教学改革强调采取温和、稳健、循序渐进和自我完善的方式实现改革，其基本立场是把改革理解为一个修正、充实、完善和提高的波浪式前进的过程。

在坚持渐进式改革模式的基础上，在具体操作中采取试验式改革则更容易减少失误，提高成功的机会。所谓试验式改革(也称试错式改革)是指改革不是一开始就全面、正式地展开，而是先进行局部非正式的试验，取得成效后再大范围正式地推开的改革。而在学科专业课程上划小范围进行试验，就可以变一次试验为多次试验，还可对不同的试验方式进行比较，有利于发现和产生创新性的方法，使改革的经验化零为整，避免犯错误和走弯路，或少犯错误和少走弯路。

6.4　教育教学改革的策略选择

美国学者罗伯特·钦等将教育改革的策略分为三种类型:“经验—理

性策略”“规范—再教育策略”“政治—行政策略”[1]。

(1)经验—理性策略。这一策略主要是以现代知识为依据预测教育未来发展的策略。它认为未来的变化是以今天所能观察的趋势和倾向为基础的,教育教学的改革过程是“知识的使用过程”,它假定人类是有理性的动机并以理性的态度采取行动,并以科学的方法支配行动。改革的主要任务是通过采用熟知有效的方法,提高工作的效率和效益,以证明改革的成果,改革共分为三个步骤,即基础研究—应用研究—具体操作。

(2)规范—再教育策略。它认为改革最重要的是人的因素,改革是改变人的态度、观念、价值观和关系的实践活动。它的基本假定不是以“人是有理性的”为基础,而是基于人的动机,人的愿望,人有不断改变现状、创造更好未来的动力。它认为,人在一定的规范中行动,同样的理性在不同的文化规范中行动方式有别,文化规范形成了人们的态度和价值观,人们的态度和价值观又支持着文化规范,所以要改变人们的行为方式,就需要改变原有的文化规范,进而形成并使人们接受新的文化规范。这一策略认为,改革的主要任务在于提出并宣传新思想、新观点、新价值观,促使人们接受,所以说是一种规范的再教育。但这一策略反对价值观的灌输,主张人们通过思想、价值的冲突,进行独立的价值判断和选择,从而成为教育改革的自觉执行者。总之,规范再教育的策略是一种着眼于观念转变的策略。

(3)政治—行政策略,即权力—强制策略。它通过行使权力来改变环境,确定行动方案,推动教育改革,政治的、法律的、行政的和经济的权力是整个权力的主要来源。当然,也有另外一些强制策略,如强调道德、情操、罪恶感和羞耻心的力量,强调通过这些力量影响人的行为,进而推动教育改革。

经验—理性策略是依据新知识、新理论对教育教学进行改革,以提高教育教学工作的效率和效益。规范—再教育策略是倡导一种新的态度,新的价值观,以改变教育中的角色关系、人际关系,改变人们的行为方式。政治—行政策略是通过政治、行政的手段,进行教育教学改革。经验—理性策略和规范—再教育策略主要都是反映价值体系的变化,并将新的价值体系融入今天的整体文化之中,但在控制改革的进程中也免不了要运用政治—行政策略。但单纯依靠政治—行政策略是有问题的,富有成效的改革需要新知识、新理论、新技能、新态度、新文化规范、新价值取向等要素。教育教学改革策略的选择上不要采取排斥法,而是有批判地吸收不同改革策略，这样会使改革策略更具时代性和科学性。

需要强调的是任何策略都是特定的环境、特定的条件下产物，它必然要受到特定环境和条件的限定。如决策者的主观因素对决策的制定有决定性的影响，决策的正确与否，优劣的程度，与决策者的个人价值观念、个人知识背景、个人直觉习惯、个人人格特质等有很大的关系，加强决策过程的民主性，使策略的产生能广泛综合不同团体和不同个人的意见，是十分必要的。

在制定具体改革策略的时候，必然首先碰到优先发展教育教学的哪一部分和教育教学改革如何入手的问题。教育教学改革的方向对不对，能不能顺利进行，首先与这两个问题有关，而要确定这两点，即教育教学发展的重点和教育教学改革的突破口，却是很不容易的。从反映最强烈的问题入手、从阻力最小的地方开始实行渐进式的改革是可行的选择，这样有利于创造一种共同发现并解决问题的真诚、轻松、有效的工作氛围，有利于改革被接受和顺利推进。另外，如果改革没有达成广泛的共识，就应该坚持改革的弹性与刚性相结合，改革固然是破旧，但需要依靠旧才能破旧，在改革中保留一定的弹性，给人也给改革本身以回旋的余地，让事实说服对改革有疑虑和异议的人，进而团结尽可能多的人投入改革，同时这种弹性也给改革留下了调整空间。刚性有余而弹性不足，往往会加剧改革派与改革反对派之间的对立斗争，甚至把对改革持观望态度的中立派推向反对阵营，从而削弱改革的群众基础，也影响了改革推进。

6.5　教育教学改革的实施模式

促成大学改革的方式与其他大部分组织的变革方式是相同的，[6]组织变革的过程模式同样对教育教学改革的实施具有指导价值。关于改革的过程模式，影响最大的有美国社会学家、计划变革理论的创始人卢因提出的三阶段变革模型，赫尔曼提出的五阶段模型，基尔曼提出的整合性过程模式，科特等人提出的变革模型等。[6—7,27—30]

6.5.1　卢因提出的变革模型

卢因提出的变革模型，将改革过程分为三个阶段，即解冻、改革和再冻结。

(1)解冻阶段。该阶段的任务是创造变革动力,鼓励员工改变原有的行为模式和工作态度,采取新的适应组织战略发展的行为与态度。为此既要对旧的行为与态度加以否定,又要使干部员工认识到变革的紧迫性。可以采用比较评估的办法,找出差距和解冻的依据,帮助干部员工"解冻"现有态度和行为,使其迫切要求变革,愿意接受新的工作模式。此外,要注意创造一种开放的氛围和心理上的安全感,减少变革的心理障碍,增进变革成功的信心。

(2)改革阶段。改革是个学习过程,需要给干部员工提供新信息、新行为模式和新视角,指明改革方向,进而形成新的行为和态度。在这一阶段,要为新的工作态度和行为树立榜样,可采用角色模范、导师指导、专家演讲、群体培训等多种途径。卢因认为,变革是个认知过程,它由于获得新的概念和信息得以完成。

(3)再冻结阶段。此阶段用于巩固改革成果,即利用必要的强化手段使新的态度和行为固定下来,使组织改革处于稳定状态。为了确保组织改革的稳定性,需要注意使干部员工有机会尝试和检验新的态度和行为,并及时给予正面的奖励和强化。同时,加强群体改革行为的稳定性,促使形成稳定持久的群体行为规范。

6.5.2 赫尔曼提出的变革模型

赫尔曼提出的变革模型,将改革过程分为三个阶段,即发轫、实施和连续性。

(1)发轫阶段。即发动阶段,在该阶段主要完成评价"成熟性"、动员援助、开发并明了初步的实施规划、决定采用/援助具体的创新计划。

(2)实施阶段。该阶段的任务是将创新变成日常的行动,一个成功的变革计划必须考虑到以下因素,即明确的目标,现实性与有限度的范畴,有见地的意识,选择合适的干预策略,有良好的时机,参与、援助关键的权力团体,利用现行的权力结构,事先进行开放性评估,得到大多数人的支持,得到有能力的教职员工的援助,整合、转移与传播成功的创新行动,连续性的修改,适当的奖酬等。

(3)连续性阶段。改革领导者要努力实现创新的稳定性、综合性与制度化。

6.5.3　基尔曼提出的整合性过程模式

基尔曼提出的整合性过程模式，[7]将改革分为五个阶段，即发轫计划、诊断问题、制订路径时间安排、路径实施、评估结果。

(1)发轫计划阶段。基尔曼强调要在开始第一阶段前对组织的乐意变革性做出判断，只有组织的领导者和经营者真正投入到改革中，一个完整的变革才可进行下去。

(2)诊断问题阶段。诊断问题主要通过组织生活的复杂全息图来体现，复杂全息图展示了代表组织表面的五个宽泛领域和三个增加深度范畴的核心领域，五个宽泛领域是背景、组织、管理者、团体与结果，三个核心领域为文化、假设和精神。基于文化、假设和精神的问题诊断过程实际上就是咨询专家在全息图的指导下进行数据收集、对“成功模式的障碍”的修订与改编过程。

(3)路径的时间安排阶段。由于模式的五个领域是由管理者和咨询专家对文化、管理能力、团队、策略—结构，以及奖酬制度加以直接控制的，因此这些行动的杠杆构成了五个路径的计划，通过安排五个变革路径的时间顺序，以促进组织单位有效地学习与改革。

(4)实施改革的路径阶段。本阶段要勾勒文化路径、管理能力路径、团队构建路径、策略—结构路径和薪酬制度路径，并且所有的路径都是有计划地加以实施。

(5)评估结果阶段。评估结果决定了整个计划对组织成功的影响，该模式倡导在评估过程中利用内部咨询专家与访谈法。

当然这五个阶段是反复发生的活动循环，每个阶段必须轮流完成，也就是说，只有任何计划性阶段的标准达成后，它才能进入下一个阶段。基尔曼强调，“任何组织或机构取得更大成就的根本手段是学习”，“领导者(管理者)、组织成员，以及组织的内部、外部咨询专家的协力”是“保证整个计划的成功的途径”，他建议外部咨询专家要针对诊断问题过程及前三个路径中的主要组成部分给予指导。

6.5.4　科特等提出的变革模型

美国领导研究与变革管理专家科特提出的变革模型包括八个阶段，

即建立紧迫感、创设指导联盟、开发愿景与战略、沟通改革愿景、实施授权行动、巩固短期得益、推动组织变革、定位文化途径。美国西雅图华盛顿大学的教授卡斯特提出的变革模型包括六个阶段的循环过程，即审视状态、觉察问题、辨明差距、设计方法、实行改革、反馈效果。科尔布等提出的变革模型包括七个阶段，即侦察、进入、诊断、规划、行动、评估以及制度化。

此外，还有包括诊断、计划和执行、评价等三阶段的传统变革模型[27]，其中评价的结果，又要反馈到计划和执行阶段，对变革的计划做出必要的修正。

(1)诊断阶段。首先是确定问题，提出组织结构需要变革的目标和可能遇到的问题，其次要收集资料和情况，进行组织结构分析。

(2)计划与执行阶段。首先要做的是制订几个可行的改革方案，供领导抉择。然后确定改革的指导原则、方式和策略。在大的指导方针定下来之后就需要制订改革步骤，并进行试点。最后是实施改革计划。

(3)评价阶段。检查、分析、评价改革的效果和存在的问题，并且及时对信息进行反馈，对原定改革方案和计划做修正。

另外，由美国质量管理专家戴明提出来的PDCA模式(也叫戴明模式)也可以作为改革过程模式，该模式包括计划、执行、检查和行动四个循环阶段，而模式名称的四个字母分别代表这四个阶段，其中P即计划阶段，主要任务是确定方针和目标，确定活动计划；D即执行阶段，任务是实施计划，完成计划的内容；C即检查阶段，任务是总结执行计划的结果和效果，并找出问题；A即行动阶段，任务是对总结检查的结果进行处理，对成功的经验加以肯定并适当推广，使之标准化，对失败的教训也要加以总结，避免下次再犯，没有解决的问题放到下一轮循环中去完成。

其实不存在适合所有改革的通用模型，在教育教学改革中，可以在借鉴和综合已有的改革过程模式的基础上，通过具体问题具体分析，因地制宜地设计教育教学改革的过程模式，这样才能取得较好成效。

6.6 基于CDIO工程教育模式的高职教育教学改革

6.6.1 领导积极推动，加强对改革的统筹协调

基于CDIO工程教育模式的高职教育教学改革是一项复杂的系统工程，改革的不确定性和教师过去的实践经验是改革的主要障碍，基于CDIO工程教育模式的系统性改革必须要有强大的推动力，单靠教师个人或专业层面很难顺利持续推进，领导作为改革的先驱者，其积极推动和参与是改革成功的关键。

(1)学校或二级学院(系)主要领导必须领导整个改革进程，通过成立多元和包容的改革团队，负责改革方案的总体设计和改革的持续推进，并做好改革过程中的统筹和协调。

(2)改革领导者除了必须得到内部团队的积极支持外，必须争取更高领导层的大力支持，以为改革提供足够的资源。

(3)改革领导者需要在集思广益的基础上创造一个共同愿景，[6—7,31]共同的愿景就好比一个组织的旗帜和灵魂，像空气一样无处不在，笼罩在组织上空，能够产生聚沙成塔、万众一心的力量，从而能够激励组织成员为实现目标而前进。共同的愿景是一种领导者借以吸引下属想象力并使下属对其忠诚与支持的途径，在改革时期，愿景既给团队提供了方向，又维持了团队的行动，它不但能增强团队的道德信念，而且能充当压力的缓冲器。在高校的院系或专业组织中，领导必须把握一种平衡关系，使愿景达成一致的过程既不能过于草率，也不能花费过长时间。过于草率易使教职员工产生被强制的感觉，会使教职员工失去广泛的主人翁价值，而这种价值对于长期的认同是极为重要的。花费过多的时间，易导致混乱，并且失去所有潜在的认同。CDIO工程教育模式已经有了一个清晰的愿景并已经融入了CDIO标准1，即为学生提供一种在实际系统、过程和产品的构思—设计—实现—运行的背景环境下强调工程基础的工程教育，从而使学生能够掌握深厚的技术基础知识，领导新产品和新系统的开发和运行，理解工程技术的研究与发展对社会的重要性和战略影响。基于CDIO工程教育模式的高职教育教学改革可以在CDIO工程教育模式愿

景的基础上建立新的愿景。

(4)领导者要参与制订并实施愿景传播策略，用以统一师生思想和价值观。

(5)领导者在改革的推进过程中要树立榜样，通过积极投身于改革，把体现远见和改革效果的价值观和行为方式落实到实际行动中，即通过自己的言行体现出来，从而在员工中树立榜样。

(6)领导要通过正式和非正式渠道激励教职员工参与改革，并促进、鼓励教师发展。

(7)领导者要为改革提供支持及反馈，领导者需要一个结构化的方式接受各级组织的反馈，而教职员工也需要一种途径使其领导者了解到改革的进展及对改革的看法，当一项改革努力的因素开始动摇时，能迅速做出反应并将它们引回正轨。

(8)领导者要建立明确的机制，以监测重要改革措施及贯彻改革的进展，通过定期考察改革过程，以保证达成某个指定的时间框架规定的改革目标与要求。

6.6.2 加强理论研究，为改革提供理论支撑

虽然CDIO工程教育模式适用于我国高职教育，但由于中西文化、价值观、体制、管理模式、产业发展、教育环境、教育定位、社会环境和教学基础等的差异，对CDIO工程教育模式不能简单地模仿和移植，要注重CDIO工程教育模式的高职化研究和再创新，这是基于CDIO工程教育模式的高职教育教学改革的基础性工作。

(1)要研究CDIO能力大纲的高职化问题。高职化的CDIO能力大纲，是专业实施全面和严谨的目标教育，进行课程计划设计、实施和学生学习评估的依据，在人才培养系统中处于核心地位。一是以需求决定论为价值导向，基于高职教育的人才培养定位，认真分析高素质技术技能型人才在社会中的角色和职责，结合国家对高职人才培养规格的共性要求及经济社会发展现状与趋势，参照技术技能型人才相关标准和专业认证标准，通过对高职教育各利益相关方的调查分析，在充分了解他们需求的基础上，对CDIO能力大纲在继承的基础上做出创新，改进大纲架构，对大纲的各层主题集进行修改、删除和添加，构建完整、连贯和清晰的高职化的CDIO能力大纲。二是高职化的CDIO能力大纲仅是一个普适性的

人才培养规格框架。实施基于CDIO工程教育模式改革的专业，必须结合学校使命和愿景、学院使命和愿景、学校对专业人才培养规格的统一要求、学校教育资源和条件、专业特点和特色、专业面对的行业的人才需求标准、特定行业工程实践需求，以及区域产业现状与趋势等因素，通过对利益相关者需求的充分分析，对大纲主题集再次进行改造，并完成相关术语转换和解释，完成高职化的CDIO能力大纲的专业化改造，并采用某种学习效果分类法，以明确大纲中每个主题的能力等级即每个主题的具体培养目标，从而形成专业人才培养规格。

(2)要研究CDIO标准的高职化问题。第一，加强CDIO相关标准系统性研究。要从整体上审视CDIO标准的高职化问题，结合我国当前高职教育教学改革导向和实践探索经验，提高高职化后的CDIO标准的系统性、科学性、完整性和可操作性，使其成为高职专业设计、实施和发展的指南，这对提升CDIO工程教育模式在高职教育教学中的应用实效至关重要。第二，加强CDIO相关标准完善性研究。CDIO工程教育模式中在教师CDIO能力的评估和提高、学生CDIO工程能力的评估和改进、质量保证体系等方面都没有提出具体方法，需要进行完善和创新。如关于教师能力提升的第9条和第10条CDIO标准，虽然提出了需要提升教师在工程实践和教学方面的能力，但缺少具体的提升方法和措施，从而影响其可操作性，我们可以借助教师发展理论、马斯洛的需要层次理论、赫茨伯格的双因素理论，以及教师能力测评相关理论，给出关于教师进修培训、教师企业锻炼、教师业绩考核、职称评聘、教学奖励、教师引进、教师发展中心建设、教师能力测评等方面的制度建议，从而为教师能力提升的动力机制和教师发展支持体系的建立提供参考。

(3)要开展一体化课程开发方法的研究。CDIO工程教育模式仅给出一体化课程的开发思想，并没给出系统的开发方法，我们需要研究知识、能力和态度一体化培养的理论基础，基于CDIO工程教育模式的课程开发思想和CDIO标准，在分析研究CBE/DACUM、项目课程模式和工作过程系统化等高职课程主流开发方法的基础上，参考课程研究方法论、系统工程理论、工程项目开发技术和当前教育实践，遵守高职教育规律和职业人成长规律，采用“自上而下”和“自下而上”相结合的路径，以实践为导向，探索以知识、能力和态度融合培养为目标的一体化课程开发方法。

6.6.3 做好系统设计,为专业改革的实施提供依据

人才培养系统设计的核心是人才培养规格设计、课程体系设计和课程设计等,一般采用基于目标传导的自顶向下的设计方法。

(1)高职化的 CDIO 能力大纲仅是一个通用性框架,必须结合专业特点、特定行业的人才需求标准、区域产业现状与趋势等因素,在对利益相关方需求的充分分析的基础上,采用某种学习效果分类法,完成改革专业的 CDIO 能力大纲修订并明确大纲中每个主题的具体培养目标。

(2)根据专业的 CDIO 能力大纲,在对现有课程体系进行评估的基础上,采用一体化课程体系开发方法,构建改革专业的一体化课程体系。另外,依据课程目标,完成每门课程的设计和开发,包含教学内容选择和次序安排、一体化教学方法设计、一体化评估方法设计、实践场所设计等。其中一体化教学方法设计,需要实现课程的知识、能力和态度目标的融合培养,促进学生的深层学习。而一体化评估方法设计要与课程目标和教学方法相一致,要发挥产业界在评估中的作用,通过多种手段收集证据,应用多种方式进行评判,以增加评估的信度和效度,同时完成基于评估结果改进课程教与学的机制设计。所设计的以学生为中心的实践场所,要为学生提供实践性学习、创新性学习、主动学习和团队学习的环境。

(3)要科学设计人才培养质量保证体系,包括分阶段整体学习效果的评估系统设计及依据评估结果持续改进课程体系的机制设计。

6.6.4 发挥教师主体作用,推进改革持续深化

教师的努力和积极参与,是任何教育教学改革取得成功的前提。如何使教师理解改革,如何支持他们实施改革,如何公正地评价教师的绩效对于改革成功也至关重要。

(1)营造改革氛围。通过不同类型的报告会、培训会、研讨会和座谈会,以增强教师参与改革的内生动力。特别要加强与教师的沟通,在改革的过程中,沟通不仅重要而且复杂,教师不仅希望知道改革可以带来什么(愿景),也会评估改革对其个人和生活造成的影响。改革领导者需要通过不同的方式和教师沟通交流,对他们的疑惑做出反馈,这些沟通应该贯穿于整个改革进程之中。特别是实施“自上而下”的改革,虽然领导是改

革的主导,决定了改革的愿景、战略、评价指标和进程,教师处于被动接受或拒绝的位置。但在改革过程中,教师也可以发挥更多的才能,如一部分睿智的教师可以在改革初期就介入其中,他们可以从教学层面上提出建议并从教学一线的角度来预测改革中会遇到的困难。

(2)建立推动教师积极参与改革的动力机制。在中国当前教育管理体制下,改革的主要动力需要"自上而下"施加,参照马斯洛需要层次理论和赫茨伯格双因素理论等激励理论,通过政策调整和完善,借助有效的激励、导向、约束和考核等机制,调动教师参与改革的积极性和主动性,将学校发展目标和教师个人发展需求相结合,引导和推动教师们在利益的追求中实现育人目标。

(3)提升教师综合能力。这是实施CDIO工程教育模式的关键。参考教师发展理论,完善教师发展的支持体系,以提升教师专业实践能力和教学能力的重点项目为抓手,促进教师的专业能力发展、教学发展与个人发展。

6.6.5 整体推进,渐进实施,提升改革成效

基于CDIO工程教育模式的教育教学改革是一项复杂的系统工程,需要在做好系统设计的基础上,通过"自上而下"的整体推进,才能取得期待的改革效果。另外,教育教学改革是一个长期的渐进过程,推倒重来的激进式改革并不可取,采用螺旋上升的过程,结合"自下而上"改革需求的民主的渐进式改革,会大大增加成功的可能性。如以二级学院作为改革推进主体时,可将改革分为选择试点专业开展局部试点、深化试点专业改革、制度化并推广三个阶段。

(1)试点专业的试点阶段。试点阶段至关重要,要抓好三个环节:第一,在改革上达成共识。可通过高职生源危机、按专业招生的招考方式改革、社会对高职办学的期待或诟病等因素,使全体教师在改革的必要性和紧迫性上达成共识。第二,建立一个愿景和明晰的各阶段改革目标,特别在试点初期,要先确定实现较易的短期目标,如设立针对部分课程的包括课程设计、实践场所设计和教学方法设计等要素的改革项目,通过招标等方式遴选出第一批改革的实施者,并为他们提供各种资源,以开展引领性工作并取得明显成效,从而增强教师对改革的信心,激发其他教师参与改革的热情。在此基础上,再确定新的目标,使螺旋上升得以持续。第三,

通过各种形式，让非第一批改革实施者的教师参与到改革中来，如定期召开所有成员参与的专业改革会议，定期以新闻快讯的方式向全体教师通报改革进展，从而逐渐增强全体教师参与改革的信心。

(2)完善方案阶段。在试点成功的基础上，完善改革设计方案和实施方案，从整体上推动专业改革，其关键是：第一，提供足够的资源，特别是要将教师投入教学改革的时间作为教育资源投入的一部分，尽量减少教师的时间和精力投入；第二，全体师生的积极参与，除了教师的积极参与外，还需要让改革主体之一的学生成为改革的促进者，如让改革受益的学生成为其他教师实施改革的推动力。第三，依据高职化CDIO标准，采用基于标准的评估方法，定期开展以持续改进为目的的专业评估，以判断专业改革的整体有效性，并将评估结果反馈到利益相关方，为决策和持续改进提供依据。

(3)制度化推广阶段。在专业整体改革取得成效之后，需要进行系统梳理，将成功经验和方法制度化，推动教学奖励、教师引进、职称评聘、教师考核、教师进修培训、教师企业锻炼、专业建设、课程建设、实训场地建设等诸多制度改革，扫清制度上的一些障碍，以使试点专业成功经验和做法，在其他专业得到较快推广。

6.6.6 引导学生积极参与改革，促进学生全面发展

学生成长的需要是学校教育教学改革实践的起点，促进学生成长是学校改革的基础性价值追求。[31]学生是学校教育教学改革中不可或缺的改革动力，学校存在的目的之一就是学生，而学校教育教学改革的最终目标之一也是让学生发展得更好。因此，从严格意义上来说，作为学校中最重要的个体，学生在学校教育教学改革中是不可或缺的。[13,32—33]如果学生在学校教育教学改革中没有发出自己的声音、无所作为的话，一切都是徒劳。[34]

把学生放在学校教育教学改革的主要位置上，对改革来说是非常重要的。虽然学生角色往往以一种不成熟的形象出现，学生经验也往往被认为是单一的、非正式的或者固定不变的。但客观地说，学生自身是教育教学改革的强有力的行动者，由于学生掌握着学校教育教学实践的第一手资料，学生们知道哪一种方法、哪一种模式对他们起作用，什么东西他们更感兴趣，什么东西对他们来说是有益的，谁教得好，以及谁教得不好，

其经验的真实性和不可替代性是任何从事教育教学的教师无法企及的。因此，利用"最有发言权"的学生群体的经验、考虑他们对学校教育教学改革的看法和观点，对于学校改革成功来说是必需的。学生是制订改革计划和为改革提供反馈信息的非常有价值的信息来源。如果向学生解释清楚改革的动机并向学生描述清楚改革的方向，他们将发挥更大的作用。并且经历过良好体验的教育教学改革后，他们往往会给其他尚未实施改革的教师施加较大的压力。

学生参与学校教育教学改革主要是指学生以合作者身份参与学校改革中各项事务的决策、执行和评估的过程。学生积极参与学校改革，既能促进学生全面发展，又能提高学校的办学质量。学生积极参与学校教育教学改革，对改善学生的学习、学生的态度、学生的社会技能发展，以及整体上促进学生全面发展有很大的促进作用。那些积极地参与制订自己的学习计划并将计划付诸实施的学生，可以比其他学生学到更多的东西。如果学生的情感、智力和社会需求得到满足，学生将会成为有效的学习者，如果学生参与教育教学改革的整个过程，不仅能发展学生今天及将来参与社会的技能，还能提高学生的领导能力。学生积极参与学校教育教学改革，对教师的教学水平和态度、学校的文化建设、人才培养的质量、学校的管理机制等方面的改进起到不可低估的作用。例如，如果学生参与教师从课程教学计划的制订到对教师的评价的整个教学过程，将有助于形成学生和教师相互支持的文化氛围，教师课堂教学准备得会更充分、课堂教学也会更为有效，并且对教师的评价也会更真实和更有价值，从而能增强教师的自我效能感及自信。

最后强调一下学生参与学校教育教学改革的度的把握问题。学生参与学校教育教学改革时还受诸多因素的制约，既有学生自身的因素，又有外在客观环境的因素。首先，学生自身的因素是限制学生参与学校改革的主要制约性因素，包括学生参与的主动意识、学生参与的知识和能力、学生本身对学校改革的不适应等。其次，外在客观环境的因素会在很大程度上限制学生参与改革的质量，如在传统学校组织文化中，学生一向以一种被管理者、被教育者的身份出现。学校缺少一种民主的、合作的氛围，那么学生参与学校教育教学改革的程度往往会受很大限制，大多数学生参与改革仅限于一些形式上的参与，很难真正地实质性参与。

6.6.7 定期开展改革成效评估,建立改革反馈机制

在基于 CDIO 工程教育模式的高职教育教学改革进展到一定阶段或暂告一段后,改革设计者与执行者要有意识地对改革效果进行反思与评价,以发现问题,总结经验,为下一阶段改革做好必要的智力准备。

从系统论的角度来看,教育教学改革成效评估是对教育教学改革活动的系统协同度、政策矩阵相容度、改革成效的系统性调查研究。[35]所谓系统协同度是指系统之间或系统要素之间在发展过程中彼此和谐一致的程度,体现系统由无序走向有序的趋势,[36]基于 CDIO 工程教育模式的高职教育教学改革评价的系统协同度的度量,可采用系统要素的构成协同、功能协同、组织管理协同、技术协同、权力协同、文化协同、环境协同等七个指标。在任何一项教育教学改革从启动到结束的漫长过程中,总会出台大大小小的多类政策,有的政策起始于教育教学改革之初,有些政策发端于教育教学改革进程之中,还有些政策甚至就是改革的阶段性成果。可对改革过程中出台的各类政策进行矩阵式评估,考察各类政策的相关性、一致性与延续性。至于对基于 CDIO 工程教育模式的高职教育教学改革成效评估,主要采用目标达成评价方法,具体可采用过程性评价、结果性评价、定量评价、定性评价、诊断性评价、发展性评价等方法,参照高职化后的 CDIO 标准对 CDIO 的实施进展和是否达到既定目标的专业评估,也是主要方法之一。

6.6.8 基于 CDIO 工程教育模式的高职教育教学改革实施路径

基于 CDIO 工程教育模式开展高职教育教学改革,对学校及它所服务的学生有着巨大的潜在价值,但它不仅会影响相关的教师,同时还会影响整个环境和组织,对高职院校而言,这是一个具有挑战性的工作。其实这项改革可以看成是组织和文化变革的实例,为了使改革取得成功,充分利用已知的有利于改革的相关变革理论和经验,就显得尤为重要。下面在借鉴组织和文化变革的理论和实践的基础上,[1—10.27—29,31,37]提出学校层面基于 CDIO 工程教育模式高职教育教学改革的具体实施路径,共分为增强改革动力、组建改革团队、建立一个有效愿景、传播有效愿景、改革

局部试点、改革动员和培训、开展专业改革试点、改革推广和制度化、学校文化重构、改革成效评估等十个步骤，其中步骤一到步骤五属于第一阶段，即启动改革阶段。步骤六到步骤七属于第二阶段，即改革试点阶段。步骤八到步骤十是第三阶段，即改革连续性阶段。当然，在具体实施时，相关步骤可以在同一时间段内完成，如传播有效愿景、改革动员和培训等可以重叠推进。

6.6.8.1　增强改革动力

改革领导者，需要从外部和内部去提高广大教职员工参与教育教学改革的积极性，增强改革动力，这对改革的推动至关重要。改革领导者需要从外部激励改革动力。

(1)改革领导者要增强改革紧迫感。教育教学改革需要众多教职员工的共同协作、积极参与和某种程度的自我牺牲，那么让教职员工深入地、清楚地理解改革的必要性，强化教职员工的改革动机和意愿，增强其改革的紧迫感至关重要。如果改革领导者一厢情愿地情绪自满地推进改革，就很难使教职员工对改革产生兴趣，教职员工也就没有改革紧迫感，这样就很难将有足够能力和信誉的教职员工团结起来朝改革目标迈进，也很难说服关键人物花时间去构思并传播改革的愿景，改革往往就没什么结果。危机、外部激励等是典型的增强教职员工改革紧迫感和动机的因素。

第一，改革领导者必须有强烈的危机意识，通过明晰甚至创造一种危机，让教职员工，特别是改革团队充分理解改革的必要性，这是改革成功的必要条件。生源短缺、在教育主管部门或上级部门业绩考核中排名靠后，这些外部压力迫使学校、专业和教职员工有很强的改革紧迫感和改革动力，因为他们面临的是生存危机。对于其他学校或专业，内部、外部的参考信息是创造危机和外部威胁的主要方法，如内部有学生对人才培养过程和质量的不满，外部校友及工业界对毕业生和人才培养过程及质量的反馈信息，第三方评估机构发布的包含学校和专业排名的评估数据，教育主管部门发布的包含学校和专业排名的评估数据等。改革领导者需要带领团队基于与其他高校或专业的比较分析，找出自身存在的主要问题，预估可能面临的危机，而不是坐等真正危机的到来。

第二，改革领导者需要把更多的内部、外部的参考信息传递给教职员工，尤其是能显示出学校或专业在竞争中处于劣势的信息，并通过多个渠道在各类会议上对相关信息进行讨论，用信息的风暴冲洗人们大脑，让人们知道面临的危机和威胁，向教职员工传播学校或专业已经存在的问题、存在的潜在问题，以及潜在的机会。

(2)改革领导者要给教职员工一定的压力。“自上而下”的压力也能成为从外部激励广大教职员工参与教育教学改革的动力。特别是当学校校长或学院院长要推进专业检查、战略规划、专业评估或专业认证时，对系或专业而言是促进改革的极好机会。

改革领导者需要从内部激励改革动力。如通过构建持续改进机制的方法来形成内部激励机制，当然对需要解决的问题要避免公式化的处理方式，而应该问自己“如何做得更好”。另外，新的资源和制度是改革的催化剂，如新的教育教学改革项目申请机会、新的专业建设项目申请机会、新的实践场所建设基金、新的教师海内外培训项目、新的职称评定制度、新的教师业绩考核和激励制度等，这些都可以为改革带来动力。

6.6.8.2 组建改革团队

基于CDIO工程教育模式的高职教育教学改革，是一项复杂的系统工程，参与人数众多，需要成立专门的机构，形成一股强大的力量，从而不断地推动改革的进展，组建改革团队是改革初期的首要任务。

强有力的改革团队对改革而言是必需的，这个改革团队必须拥有合理的结构、相互信任的成员、共同的目标。

(1)领导在改革中的重要性不言而喻，故改革团队中，领导必须由学校关键人物担任，理想的情况是该人物必须有足够的倡导力、影响力、决策力、权威性、坚强的意志和创新力，并能够鼓动学校其他领导参与改革或至少要支持改革。首先，学校负责人或学校教学负责人必须领导改革进程，领导必须民主、开放并善于沟通，具有改革意识与智慧。领导必须得到改革团队的大力支持，并在改革团队中凝聚共识。其次，改革涉及学校众多职能部门和学校基础教学部门，故改革团队领导必须争取相关部门领导及相关部门的分管领导和学校主要领导的大力支持，以为改革提供相关资源和组织上的权力。最后，领导要直接参与改革的规划过程、清除改革过程中的障碍、全程参与团队关于改革问题的讨论、参与改革过程的每一个阶段等。

(2)改革团队必须是多元和包容的，具有创新能力的高级教师和初级教师、专业负责人、二级学院教学负责人等是其重要组成部分，这样的团队才能积极响应改革，才能通过头脑风暴进行改革策划，并持续推进改革。

(3)改革团队必须在系统学习 CDIO 工程教育模式的基础上，完成 CDIO 工程教育模式高职化和本校化的研究，从而为教育教学改革提供理论支撑，才能有效开展教育教学改革所需理论层面和实践层面的培训，并且在改革实践中不断总结经验，进而修正理论。

(4)改革团队需要完成初步改革方案的系统设计，在设计时要运用系统思维，强化统筹设计，突出核心问题，细化行动方案，以初步明确改革总目标、分阶段目标、方法、路径、时间表，确定局部试点内容和实施主体等。关键是初步改革方案的可行性、科学性、有效性、明确性、可评估性等，必须在改革团队内部达成共识，这样才有可能推进改革。需要强调的是，在实施过程中，改革方案也处于持续改进和完善过程当中。并且改革的目标不能过高和过于理想化，不能超越改革团队的知识能力和经验思想水平，不能不考虑实施条件限制。改革方案也不能过于笼统、含糊、缺乏操作性，否则会导致人们无所适从。

(5)改革团队必须比较稳定，才能让团队成员将更多的时间花在改革规划设计和实施上，以应对改革持续性问题，避免出现形象工程。

当改革团队缺乏 CDIO 工程教育模式的高职化和本校化的研究能力和实施经验时，可以建立主要由具有 CDIO 工程教育模式的高职化和本校化实施能力和经验的校外专家组成的改革咨询委员会，以弥补改革资源供应不足的问题，当然这样的委员会也可以是改革团队的组成部分。该委员会的职责是为学校实施改革提供咨询意见，提出改革实施建议，改革相关理论和实施培训，监控改革实施过程。同时委员会成员在教育领域的社会地位也会给改革施加积极影响，增强教职员工对改革的接受度，同时能使改革少走弯路。虽然委员会的行动都是指向有效改革的，但其有效性要取决于学校对其承诺的履行，学校必须能够认真采纳委员会的建议，从而使委员会能很容易地投入到学校教育教学改革中。

6.6.8.3　建立一个有效愿景

愿景是指对未来的一种规划，代表了一个组织想要达到的目标，也反映了对这个组织未来的看法，并用直接或间接的方式来说明人们为什么应该努力创建这样的未来。

愿景是教育教学改革系统的一个重要因素，能够成功指引改革方向，没有一个有效愿景，即使改革方案做得再系统、再完善，也不会促使人们采取正确的行动来推进改革。

(1)有效愿景的基本特征。

①愿景必须给出可以想象的未来景象，同时需要充满雄心抱负，并且顺应全球化、新技术等一些基本趋势。从而要求人们为美好的未来做出牺牲，以激发利益相关方的改革动机。

②愿景要清楚地说明符合利益相关方的长期合理利益需求及为利益相关者提供的机遇，这些利益相关者包括学生、教师、学校和社会等。

③愿景是现实可行的，它们不能是无法变为现实的海市蜃楼。愿景必须是建立在对现状和未来发展趋势的清晰分析和判断的基础上的对未来的有效描述。一方面，需要对目标、资源和能力等加以适当的夸张，以促使大家对现状做出足够的反思，对改革做出足够的思考；另一方面，改革目标必须具有可信度，这样才能激励大家去采取行动。

④愿景具有清晰性和开放性。有效的愿景总是焦点明确，以保证可以对大家起到指引作用，能告诉大家何种行动很重要，何种行动应该避免。同时，有效的愿景应该有足够的开放性，从而为个人首创精神及条件变化提供足够的空间，在快速变化的世界中，过于细化的愿景不但会成为束缚，也会很快过时，会导致愿景不断地调整，这样会失去它的可信度。

⑤愿景必须是简单和易于沟通的，必须有清晰、简单、通俗易懂的陈述，不能让人难以参透。如果愿景描述得过于复杂，以至于不能与大规模的群体沟通的话，那么即使这一描述再理想、再中心突出、再具备可行性，也会毫无用处。

(2)有效愿景的重要作用。

在改革过程中，有效的愿景有三种重要的作用，即澄清改革的整体方向，激励人们采取行动向正确的方向前进，快速高效地帮助协调众多参与者的行动。

①澄清改革方向是至关重要的。因为人们往往在方向性问题上出现意见分歧，或者对改革的必要性感到困惑或怀疑，而有效的愿景及其支持性战略可以使这些问题迎刃而解。同样，有效的愿景可以帮助消除那些代价不菲、耗费时间的混乱状况。因为有了清晰的方向，就能够发现哪些现有项目不合适，从而对这些项目进行及时终止或调整，从而可以从中释放一些资源用于当前改革。

②有效愿景对激励人们采取行动至关重要。教育教学改革中所要求

的所有理智的行动几乎都会涉及阵痛，教职员工需要学习新理论、新知识、新技能与新方法，需要改变原有教学模式等，而这些行动也许从个人的短期利益来看并不必要，但它确实是改革得以推行的基础。有效的愿景可以通过对比的方式激励教职员工采取一些必要而常常又很痛苦的行动。如强调牺牲是必然的，但同时这些牺牲会换来回报，而如果不进行改革的话，将来个人所付出的牺牲要比今天或明天的牺牲大得多。

③有效的愿景有利于团结个人，使人们在激励下非常高效地开展工作。如果不提出愿景，代之以不可计数的细节指导和无休止的会议的话，行动的速度就会大大放慢，成本也会大大提高。有了明确的愿景，教职员工在一定程度上就有了自主权，就知道应该做什么，就能降低改革过程中的协调成本等。

有效愿景的设计是一种团队任务，要求有效的团队合作才能取得成功，具体由改革团队负责。愿景初始设计，一般由改革团队负责人根据其个人经验及价值观来创造一系列有意义且令其个人兴奋的观点，以反映他个人的愿望及教育的真正需要。然后，将这些观点在改革团队或更大规模的团队内进行详细讨论，使原始观点不断得以修订和完善，进而达成共识，得到最终成果，提出一个未来的方向。在愿景的设计过程中，团队合作非常重要，理性的分析和感性的梦想，都必不可少。

CDIO 工程教育模式有一个清晰的愿景，即为学生提供强调工程基础，以真实世界的系统、过程和产品的构思—设计—实现—运行的生命周期作为背景环境下的工程教育，从而使学生能够掌握深厚的技术基础知识，领导新产品和系统的开发和运行，理解工程技术的研究与发展对社会的重要性和战略影响。改革领导团队可以 CDIO 工程教育模式的愿景为基础，结合国情、校情、高职教育特性、专业特性等构建有效的学校或学院愿景和专业愿景。当然，也可以一个特定的组织形式作为开始，如全部是工程技术人员的组织形式，构建一个与 CDIO 工程教育模式愿景类似的新愿景。

6.6.8.4　传播有效愿景

一项有效的愿景，即使只为少数关键人物所理解，也能发挥作用。但是只有在学校或改革所涉及的大多数人对愿景的目标和方向有相同理解的情况下，愿景的真正力量才会得以释放。对未来的共同期待可以激发并协调改革的产生和推进。

获得教职员工对学校、学院或专业的新发展方向的理解和支持绝非易事，接受愿景，无论从智力上，还是情感上，都是很有挑战性的工作。在这个过程中，他们会很自然地产生许多疑问，“愿景的达成对我意味着什么？对学校、学院或专业意味着什么？还有其他什么选择？其他选择会不会更好？如果要求我以不同的模式进行教育教学，我可以做到吗？在实现愿景的过程中，我需要做出牺牲吗？这些牺牲对我意味着什么？我所听到的关于未来发展的方向切实可行吗？”愿景设计之所以极富挑战性，主要原因之一就是改革团队成员需要先自我回答以上所有的问题，而这需要时间和沟通。

愿景传播和被认同工作很难，需要教职员工放弃安稳的现状，放弃未来其他的选择，做出一定型牺牲等，故有效的交流沟通就变得尤为重要。

(1)要求愿景的表述要简单，甚至可以是口头的表述。

(2)需要通过多种传播媒介对愿景进行有效传播，如大小型会议、备忘录、校报、正式的和非正式的交流。

(3)要不断重复，只有当愿景被听到过好多次后，才能慢慢深入人心。特别是领导要经常提到愿景以引起人们的注意，直至愿景有意识地深入到每个人的脑海中，并变成了他们常规智慧的一部分。当教职员工开始引用领导的愿景陈述，并似乎把它变成了自己的看法时，愿景的传播就有显著的成效了。

(4)要发挥关键人物的榜样作用，如果关键人物的所作所为同愿景都不统一的话，所有其他形式的交流都毁于一旦。

(5)对看似不一致的愿景表述，改革团队要加以解释，否则会瓦解所有交流的可信性。

(6)改革团队要学会聆听教职员工的倾诉，因为双向的交流比单向交流要有效得多。

6.6.8.5 改革局部试点，创建短期成效

基于CDIO工程教育模式的高职教育教学改革需要较长时间，执着的改革者不论发生什么事情，都会坚持改革到底，但大多数人还是期望能够看到令人确信的证据显示所有的努力都没有白费。对改革有抵触的人对证据则有更高的要求，他们想看到清楚的证据，显示改革正在发挥作用。改革领导者不能认为实现长期的改革与取得短期胜利是鱼和熊掌不可兼得，而是需要在长期和短期目标之间做出权衡。初期实施的成功，能

使改革处于一个更有利的位置上。故开展局部试点，完成改革方案中所确定的初期目标，取得一些显著的成效，对引起人们对改革的兴趣并激发对改革信心非常重要，具体地说，显著的短期成效可以从六个方面促进改革的推进：

(1)它可以强化人们所做出的改革努力，告诉人们付出总有回报，而且回报越来越明显。

(2)对那些改革的推动者而言，这些小胜利提供了放松和庆祝的机会，因为长时间的持续紧张对推进不利，改革的推进落实需要张弛有度。

(3)短期成效的创造过程可以帮助改革团队将愿景放在实际条件下检验，当愿景不完全正确，则可以做必要调整。否则等到问题显现时，就为时已晚。

(4)短期成效能逐渐减少改革抵制者的各种声音。

(5)明确可见的短期成效可以说服其他领导支持改革。

(6)短期成效有助于加大改革的推动力，使持观望态度者转变为支持者，而支持者也会转变成积极参与者。

为使局部试点取得成功，改革初期内容和目标确定非常重要，作为试验性的初期工作，该内容和目标必须在第一阶段或更早时间内快速实现以获得积极成果，且该目标成功达成必须要有比较明显的效果和广泛的影响力，即成效必须清晰明显，不能模棱两可，细微的成果和侥幸取得的成果都是无效的。短期成效至少包含可见性，即广大师生员工可以亲眼看到这个成效是真实的，而不是夸大的宣传。确定性，即达成的成效应该无可争议。另外就是与改革的密切相关性。在基于 CDIO 工程教育模式的高职教育教学改革中，可以开发如下一些初期改革内容，修改第一年的课程使其包括一个基本的设计—实现的经验。修改一门专业课程，使其包括综合性强且成本较低的设计—实现的实践经验。提供一个合适的会议室或比较灵活的教室作为设计—实现的工作坊，以支持学生进行动手训练和社会实践的学习。在第一学期开设导论性课程。在设计类、竞赛类课程中实施 CDIO 工程教育模式教学等。

为使局部试点取得成功，改革团队可以通过民主或选拔的方法，在教师中选择那些喜欢尝试新方法、有较高学术能力和教学能力、爱岗敬业并乐于进行教育教学改革的教师作为第一批改革实施者，把他们纳入改革队伍中来。第一批改革实施者采取自愿参加的方式，以避免学校与不愿意参与改革的教师的冲突，从而影响改革的推进。改革团队需要为第一批改革实施者提供各种资源，如国内外相关培训、经费、改革实施场所等，为他们开展引领性的工作或改革试验提供保障。

第一批改革实施者承担着用自己的实际行动来示范和引领教师群体投入到改革之中的重任。学校要对第一批改革实施者的成功在各种场合予以表扬和表彰，以进一步激发其改革动力，发挥其榜样作用，增强改革过程中能量的凝聚，使那些尚未参加改革的同行产生好奇心，增强其对改革的信心，并愿意加入改革。

6.6.8.6 改革动员和培训

改革团队要高度重视宣传动员与共识营造工作，为教育教学改革创造支持性的环境氛围，使广大教职员工在理解和相信改革方案的基础上，愿意积极地去实施。基于CDIO工程教育模式的高职教育教学改革不是在真空中发生的，它发生于真实的教育情境，牵一发而动全身，涉及价值重构、资源调配、利益博弈等，改革团队要协调学校意志及教育各利益相关方的诉求，统筹各方利益与多元声音，使教育教学改革建立在最大限度的共识之上，减弱拆解的力量与分化的动机。首先，要扩大改革方案的意见征求面，发挥教职员工的建言献策作用，给利益相关者提供合理利益诉求的通道，通过集思广益，完善改革方案，然后加大对改革方案的宣传力度，逐渐凝聚共识。其次，加强与利益相关人员的全面沟通，以争取他们对改革的更广泛更深入的理解。如通过传统的全体教职员工大会、部门讨论会、专业研讨会等方式，让改革相关者了解改革的本质内容，并在仔细地倾听他们对改革的真实想法、观点和需要的基础上，予以及时、正面反馈。此外，改革团队需要加强与专业负责人、骨干教师等改革所涉及的核心人员的沟通，就改革决策、方向和行动进行一对一谈话，向他们传达改革的重要性和必要性，并展现对教职员工的尊重，谈话的内容应与整体改革计划保持一致。最后，要利用校报、校园电视台等媒体，定期刊发或播出关于改革的专题文章或专题节目。

基于CDIO工程教育模式的高职教育教学改革需要改革参与者学习CDIO工程教育模式的相关理论、改革实施方法等新知识、新能力、新方法、新态度和新观念，这都需要改革团队制定系统的分阶段的分批的培训计划，包括国外、国内、校内，以及企业培训，同时要为培训提供资源保障，特别是时间和经费保障，当然也包括国外、境外培训的政策保障。如果学校提供的培训不够、时机不对、提供的不是改革需要的培训、对所需培训强度认识和时间不够，以及培训没有持续性，就很难改变多年甚至几十年来养成的教育教学积习。

6.6.8.7　开展专业改革试点

学校在局部试点成功、完成改革动员和初步培训之后，可采用行政和民主的方式，选择一个或多个专业开展基于 CDIO 工程教育模式的系统性改革，具体可以在某个二级学院全面展开，或者每个二级学院遴选部分专业展开。

(1)要强化试点专业改革的核心动力。

①打破教师面临教育教学改革时，“做什么和怎么做”的传统的被动的习惯思维。尽管大学是强调创新、研究和学问的场所，但自发实施教育教学改革并不是大多数高校所长，而一个成功的改革过程需要人们跳出旧的教育教学思想框框去尝试新的事物。激发教师主动开展基于 CDIO 工程教育模式的教育教学改革的方法有多种，如让教师建立把改革过程看成一个工程设计问题的意识，这样教师自然会提出许多问题，例如改革有什么要求？什么技术是可用的？怎样创立原型？如何评估设计方案？这些问题常会使教师的态度发生变化。又如让教师建立把改革看成一个科学研究项目的意识，同样教师自然会考虑到改革目标、改革必要性、改革可行性、改革实施路径、改革成果等各要素；这样可以将教师的科研和工程项目的意识、思维和方法转移到教育教学改革上，从而改变其传统的教育教学思维，激发其改革兴趣，使其成为改革的重要力量。同时，针对大学教师做事讲逻辑和讲证据的特点，在实施改革时也可以将国内外其他院校基于 CDIO 工程教育模式的改革现状和成效、其他院系改革现状、本学院或专业面临的问题和挑战、学校对本项改革提供的资源、初期实施成功的做法和经验、CDIO 工程教育模式高职化和本校化研究现状和问题等汇编成册发给教师，然后让教师对改革进行辩论，当教师在辩论时意识到自己所扮演的角色时，自然会利用该册子搜集证据和事实，然后在此基础上对自己的观点进行陈述，并设法使自己具有说服力，甚至可能是说服自己。

②将学生作为改革的促进因素。学生是教育教学改革的强有力的行动者，由于学生掌握着学校教育教学的第一手资料，学生们知道哪一种方法、哪一种模式对他们起作用，什么东西他们更感兴趣，什么东西对他们来说是有益的，谁教得好，以及谁教得不好。学生是制定改革计划和为改

革提供反馈信息的非常有价值的信息来源。如果向学生解释清楚改革的动机并向学生描述清楚改革的方向,他们将发挥更大的作用。并且经历过局部成功试点改革的学生,往往会给其他尚未实施改革的教师施加较大的压力,促使这些教师加入改革。

③不断增强全体教师的参与感和拥有感。试点专业所有教师参与改革是改革的必要条件。因为专业人才培养计划需要全体教师共同实施,包括负责实施公共课、专业群基础课等非本学院和非本专业的其他教师,能使全体教师在自己所授课程方面积极推进基于CDIO工程教育模式的改革是较为理想状态,但至少要使全体教师愿意开展改革。试点专业所在的二级学院需要组建体现各方利益的专业改革小组,负责制订专业改革方案,在改革小组推进改革过程中,要不断邀请对改革有推动作用及有疑问的其他教师参与小组的讨论或非正式会议,听听他们的意见和建议,通过吸收他们的合理化建议,完善改革方案并激发教师改革热情。最理想的状态,最后能使所有教师参与到改革小组中,成为改革的积极参与者。

④为试点专业提供足够的资源支持。基于CDIO工程教育模式的专业持续改革,需要长期稳定地为该专业提供充足的资源,需要全体专业教师的共同参与,改革目标才有可能实现。除经费、实践场所、激励政策、教育教学改革项目、教学助手等资源外,在当前教师职称评定关注科研的情况下,特别需要将教师用于教育教学改革的时间作为资源投入的一部分,尽量减少对科研时间的挤占,当然通过开放性资源共享,提高效率也是一种途径。

⑤给试点专业负责人充分授权。学校改革领导者需要调动试点专业负责人的积极性和主动性,把他们的改革愿景变为现实,作为一项规则,如果试点专业负责人拥有实际意义的发言权和资源支配权,他们会更容易和更主动地实施改革。

(2)改革方案的系统设计和实施。

在改革团队和改革咨询委员会,以及专业建设指导委员会的指导下,发挥全体专业教师的积极性,采用集中和民主相结合的方法,完成试点专业基于CDIO工程教育模式的改革方案的系统设计和实施。

①基于学校、二级学院或系的愿景,以及CDIO工程教育模式愿景,构建具有CDIO特色的专业愿景。

②基于CDIO能力大纲、学校人才培养目标和规格、学院或系人才培

养目标和规格，构建本专业的 CDIO 人才培养目标和规格，采用某种学习效果分类法，明确本专业的 CDIO 人才培养规格中每个主题的具体学习效果，并制订相应的一体化考核方案。

③基于 CDIO 人才培养目标和规格，在对现有课程体系的标准化分析的基础上，采用一体化课程体系开发方法，构建本专业一体化人才课程体系，明确各课程学习目标和详细的学习效果。

④依据每门课程目标和学习效果，完成每门课程的设计和开发，包含教学内容选择和次序安排、一体化教学方法设计、实践场所设计等。依据一体化考核方案完成课程一体化评估工具和方法的设计。

⑤依据实践场所设计方案，通过新建或改造现有实验实训场所的方式，分阶段完成以学生为中心的实践场所建设，为学生提供成功的设计—实现的经验所需的包括合适工作空间、设备和工具的学习环境，它们必须能够支持简单及复杂的个人或小组项目进行构思—设计—实现—运行的全过程。

⑥在对教师现有工程实践能力和教学能力合理评估的基础上，制订有针对性的提高教师的工程实践能力和提升教师教学能力的培训方案和考核方案，并分阶段有计划地实施。

⑦设计专业人才培养质量保证体系并实施，包括分阶段整体学习效果的评估系统设计和实施，以及依据评估结果持续改进课程体系的机制设计并执行。

⑧开发课程实施所需各类资源和平台，为课程有效实施提供共享资源。

(3)改革的实施进展的评估。

在改革团队和改革咨询委员会的指导下，对照高职化的 CDIO 标准和评估量规，对基于 CDIO 工程教育模式的专业改革的实施进展和是否达到既定目标开展定期(至少半年一次)专业评估，然后将评估结果反馈给学生、教师和其他利益相关者，通过综合分析和研究，制订持续改进计划并落实。专业评估的判定依据是输入—过程—输出这样一个判定模型，输入包括人员访查、设施的可用性和利用率、资源的充足性和利用率等；过程包括教学、考核和评价的方法等；输出包括学生整体学习效果和专业的整体成果。专业评估的主要工作是证据的收集，具体可以采用审阅文件、个人和小组访谈、问卷调查、查阅教师工作备忘录、校外专家的专业审查、对不同学习时期的分析比较、毕业生和雇主的跟踪研究、查阅第三方评审报告、课程评估、实地考察等方法。

(4)试点期间必须不断强化改革。

学校可以通过定期开展总结和表彰大会,对改革积极响应并取得成效者予以奖励和表扬,进一步激发其积极性。学校也可以通过对那些阻碍改革的人的岗位调离和降职,增强大家的危机感,促使试点专业全体教师参与改革。学校也可通过把改革程序或流程制度化,使改革成为试点专业日常运作的一部分,以巩固改革。试点专业通过不同方式,如改革看板、改革新闻快讯、通报会、沟通会等,定期有规律地向所有利益相关者通报工作进展,消除大家对改革的不确定性的恐惧,增强大家对改革的信心,强化大家的改革思想。

另外,在试点阶段,要做好教育改革的文件、培训会和研讨会的会议记录、教师工作体会的备忘录、学院制定的改革规划方案、CDIO能力大纲、各专业的课程计划和各单门课程的课程大纲等所有的文件和案卷的保存、整理和提炼工作,为在推广阶段相关制度的制定提供基础。

6.6.8.8 改革推广和制度化

学校在专业改革试点成功的基础上,通过总结和研究分析,完善改革方案和相关制度机制建设,再次梳理学校愿景和二级学院愿景,确定适合开展基于CDIO工程教育模式进行改革的专业清单,以行政的方式,在学校范围推广基于CDIO工程教育模式的专业改革。所有推广专业在学校、学院或系的愿景的基础上,构建各自专业愿景,确定具体明确、可测量、可达成、与学校、学院或系目标一致的专业建设目标,然后制订改革实施方案并实施。

在改革推广阶段,学校必须在总结试点阶段经验的基础上,系统化设计包括职称晋升、绩效评估、激励、专业建设、课程建设、经费分配、实训室建设、科研考核、学生综合测评、教学督导、质量监督评估和保障等配套制度,使制度与推行改革保持一致,从而使改革可持续进行。其中最关键的是对教师的激励制度设计与实施,改革与激励要协调进行是可持续改革的座右铭,任何组织内有奖励才有行动,学校领导层在这点上必须达成共识。在教师最关注的岗位聘用、提拔、职称评聘、岗位考核和绩效考核等制度的具体设计时,需要将考察重点放在教师对教育的贡献度上。当然设立教学成果奖,也是常见做法。

CDIO工程教育模式作为国际合作的产物,参与CDIO国际合作组织是本阶段可选目标之一，这样有利于相互借鉴、资源共享、相互促进、减少弯路等。

6.6.8.9　学校文化重构

在改革巩固和推广阶段，需要逐渐将基于 CDIO 工程教育模式的教育教学新模式融入学校文化。学校文化指教职员工的行为标准和共同价值观。行为标准是普遍深入学校并持续多年的行动方式，教职员工倾向于按这种标准行动，并将它传授给新教职员工，通常符合要求的行为会受到嘉奖，而违反要求的将受到惩罚。共同价值观是学校绝大多数教职员工的共同想法和目标，共同价值观会塑造教职员工的行为方式，而且它具备持续性特征，即使教职员工发生变动，也不会影响其作用的发挥。从文化学角度审视学校教育改革，可以将学校一系列行为目标的变化过程，视为学校文化的创新过程。如果基于 CDIO 工程教育模式的改革实践和学校文化不相容，那么在改革的推进过程中时常会出现“阳奉阴违”现象，如果学校缺乏鼓励创新的文化，那么改革实践就会让位于学校保守文化，即使改革团队花了好多年时间进行改革实践，而最终却可能毫无结果，这就是学校保守文化对改革的抵制作用。

这里特别强调一下教师的学习文化，因为教师是决定改革成败与否的决定性因素，目前大多数大学的文化并不重视专业领域以外的广泛的终身学习，这与教育教学改革要求教师不仅在他们的专业范围内开展终身学习，还要在教育和教学领域内开展终身学习的要求是冲突的。故在教育教学改革中要不断重塑教师的学习文化，如对教师在教育和教学领域内开展终身学习提出期望，提供给教师开展教育教学活动的特别假期，组织教师开展教育教学讨论，为教师提供教育教学方面各类培训和进修机会，要求教师制订教育教学方面的年度学习计划，利用教师发展中心为教师教育教学能力的发展服务等。

另外，应该逐步构建“以学生为中心”的文化，在全体师生中逐步形成相关共识并体现在行为方式上。如学校相关管理制度的制定时，应该以有利于学生发展作为基本出发点，而不是以有益于管理作为基本出发点。学生及其家庭作为购买教育服务的直接顾客，应当是学校服务的对象，学校管理人员、工作人员应当具有为学生服务的意识和行为。学生在教育、教学过程中处于主体地位，学生应当是教师的合作伙伴，而不是被管教、被领导、被灌输的处处被动的从属人群。学生进入学校后应当具有对自己未来职业生涯的了解和诉求，教师和学校应该帮助他们逐步形成明确的职业目标并制订个性化的学习计划。学校要向学生解释教育目标和对学生的期望标准，以及考核标准。学生应当参与教学过程的决策活动，例如培养大纲的建立、课程体系设计、教学计划的制订、教学过程实施的管理和评价等。

6.6.8.10 改革成效评估

基于 CDIO 工程教育模式的高职教育教学改革只有进行时，没有完成时。从专业层面来说，CDIO 能力大纲和 CDIO 标准是个极高的目标，即使世界上最好的专业也需要勤奋努力才能达到。从学校层面来说，基于 CDIO 工程教育模式的教育教学改革是个大的系统工程，需要多部门和多要素的协同和创新，需要制度创新、文化创新、环境创新。在改革巩固和推广阶段，学校需要定期对学校改革成效进行评估，以发现改革中所碰到的问题，进而研究对策，持续改进学校整体改革方案、措施、机制和制度等，以提高改革成效。

首先，要对改革方案执行过程进行全程监督和评估。在全校范围内推进的改革，必须在广大教职员工深入理解改革的基础上，严格改革流程，不折不扣地落实既定方案和措施，明确责任，确保改革取得实效，而且这需要科学的监督和评估机制。特别强调的是，要将广大教职员工对改革的理解和执行的态度作为重要监督内容和评估指标，因为大范围改革往往会出现大家对改革本质理解不到位，一知半解，甚至存在较大偏差的情况。也会出现消极应付、选择性改革、阳奉阴违、改革决心不坚定等问题。而这些问题会导致改革的失败。

其次，在全校范围推进的改革，应依据整体改革方案的阶段性目标，定期对改革阶段性成效开展科学评估，以判定是否取得预定阶段成效，评估结果也是检验改革方案和措施是否科学、执行是否坚决的重要依据，也是改革持续改进和深化的基础。改革是否促进学生的全面发展、是否有效提升人才培养质量、是否提升专业竞争力、是否提升学校办学水平和质量、是否促进社会服务能力提升等一般都是改革评估的主要观测点，当然具体评估指标依据学校基于 CDIO 工程教育模式改革的总目标而定，但这一般与基于 CDIO 标准的专业评估是有区别的。

最后，需要对学校人才培养系统的协同度进行评估。可从人才培养系统要素的构成协同、功能协同、组织管理协同、技术协同、权力协同、文化协同、环境协同、制度协同等多个方面去评价。如考察整个改革过程中，推出的各类制度与改革的相关性和一致性，以及各项制度是否有冲突和是否具有延续性等。

参考文献

[1] 袁振国. 教育改革论[M]. 南京：江苏教育出版社，1992.

[2] 张人杰. 现代教育改革论——从一次专家会议谈起[J]. 全球教育展望，1985(5)：1-4.

[3] 辛向阳. 提高改革决策的科学性[J]. 前线，2014(4)：18-20.

[4] 孙健敏. 企业成功变革的七要素[R/OL]. (2016-02-22)[2017-04-02]. http://it.sohu.com/20160212/n437232122.shtml.

[5] 王雪莉. 影响中国企业组织变革成功的因素研究[D/OL]. 北京：清华大学，2003：30[2017-04-10]. http://kns.cnki.net/KCMS/detail/detail.aspx?dbcode=CDFD&dbname=CDFD9908&filename=2004034511.nh&v=MDI4MTh6S1YxMjdHck83R3RUTnJwRWJQSVI4ZVgxTHV4WVM3RGgxVDNxVHJXTTFGckNVUkwyZllPWnFGeS9rVkw=.

[6] 克劳雷，等. 重新认识工程教育——国际 CDIO 培养模式与方法[M]. 顾佩华，沈民奋，陆小华，译. 北京：高等教育出版社，2009.

[7] 张树德. 当代课程改革成功机制研究——澳大利亚经验和启示[D/OL]. 上海：华东师范大学，2007：8[2017-04-10]. http://kns.cnki.net/KCMS/detail/detail.aspx?dbcode=CDFD&dbname=CDFD9908&filename=2007082743.nh&v=MzAxMjM3R2JPd0hOYklySkViUElSOGVYMUx1eFlTN0RoMVQzcVRyV00xRnJDVVJMMmZZT1pxRnkva1c3dk9WMTI=.

[8] 钮黔. 精益变革成功的八大影响因素[J]. 中国机电工业，2009(4)：86-89.

[9] 李伟，程红艳. "U-S"式学校变革成功的阻碍及条件[J]. 高等教育研究，2014(6)：68-75.

[10] 潘新民，庞立场. 共同适应：教育改革成功推进的关键[J]. 教育科学研究，2013(3)：38-40.

[11] 富兰. 变革的力量(续集)[M]. 北京：教育科学出版社，2004.

[12] 富兰. 变革的力量——透视教育改革[M]. 北京:教育科学出版社,2004.

[13] 孙翠香. 学校变革主体动力研究[D/OL]. 上海:华东师范大学,2010:38[2017-04-12]. http://kns.cnki.net/KCMS/detail/detail.aspx?dbcode=CDFD&dbname=CDFD0911&filename=2010199281.nh&v=Mjc1NDExMjZIckt4RjlQRXJwRWJQSVI4ZVgxTHV4WVM3RGgxVDNxVHJXTTFGckNVUkwyZllPWnFGeS9sVkw3TFY=.

[14] 欧文斯. 教育组织行为学[M]. 第7版. 窦卫霖,温建平,王成,译. 上海:华东师范大学出版社,2001.

[15] 周淑卿. 课程政策与教育革新[M]. 台北:师大书苑,2002.

[16] 马健生. 论教育改革过程中的利益冲突[J]. 教育科学,2002,18(4):1-3.

[17] WITKIN H. A. MOORE C. A. GOODENOUGH D. R, et al. Field-Dependent and Field-Independent Cognitive Style and Their Educational Implications[J]. Review of Educational Research, 1977,47(1):1-64.

[18] 中共中央马克思恩格斯列宁斯大林著作编译局. 马克思恩格斯全集[M]. 北京:人民出版社,2008.

[19] MITCHEL T R, BEACH L R. A Review of Occupational Preference and Choice Research Using Expectancy Theory and Decision Theory[J]. Journal of Occupational and organizational Psychology,1946,49(4):231-248.

[20] 翁文艳. 试论自上而下与自下而上相结合的教育改革新机制[R/OL]. (2014-08-28)[2017-04-15]. http://learning.sohu.com/20140828/n403861461.shtml.

[21] 杨东平. 自下而上的教育改革为什么是重要的?[R/OL]. (2015-04-17)[2017-04-15]. http://www.tianjinwe.com/edu/xwzx/201504/t20150417_816592.html.

[22] 林丹,柳海民. 渐进改革:当代中国基础教育改革路向的理性选择[J]. 教育研究,2009(7):26-32.

[23] 郭华鸿. 中国30年改革成功的原因探析——基于若干重大历史改革的比较研究[J]. 特区经济,2008,235(8):13-15.

[24] 刘树成. 渐进式,一条符合中国国情的改革之路[N]. 光明日报,2008-12-17 版.

[25] 尹倩. 对中国渐进式改革的思考[J]. 胜利油田党校学报,2008(11):6-10.

[26] 张湛彬. 中国渐进式改革的路径选择和制度变迁评析[J]. 中共党史研究,2002(4):24-30.

[27] 马作宽. 组织变革[M]. 北京:中国经济出版社,2004.

[28] 张娓. 变革管理[M]. 北京:中国纺织出版社,2004.

[29] 本杰明. 教育改革:从启动到成果[M]. 项贤明,洪成文,译. 北京:教育科学出版社,2004.

[30] 卡斯特,罗森茨维系. 组织与管理——系统方法与权变方法[M]. 傅严等译. 北京:中国社会科学出版社,2000.

[31] 李家成. 学校变革应关注学生的成长需要[J]. 人民教育,2005(18):2-5.

[32] 孙立飞. 学校变革领导之清晰性和焦点研究[D]. 金华:浙江师范大学,2014:10[2017-04-20]. http://kns. cnki. net/KCMS/detail/detail. aspx? dbcode=CMF D&dbname=CMFD201501&filename=1014386809. nh&v=MD g0MzRxVHJXTTFGckNVUkwyZllPWnFGeS9nVWIzTFZGMjZHckN3R05uTXBwRWJQSVI4ZVgxTHV4WVM3RGgxVDM=.

[33] 达林. 理论与战略:国际视野中的学校发展[M]. 范国睿译. 北京:教育科学出版社,2002.

[34] 富兰. 教育变革新意义[M]. 3 版. 赵中建,陈霞,李敏,译. 北京:教育科学出版社,2005.

[35] 王海英. 成功教育改革的系统设计、协同运行及效果评价[J]. 南京师大学报(社会科学版),2013(5):99-104.

[36] 周毓萍,秦顺子,李清. 招商银行核心竞争力系统协同度研究[J]. 武汉理工大学学报(信息与管理工程版),2012,34(5):618-620.

[37] 科特. 领导变革[M]. 罗立彬,翟润梅,李猛,译. 北京:机械工业出版社,2005.

附录A　CDIO能力大纲

A.1　CDIO能力大纲1.0版

1　技术知识和推理

1.1　基础科学知识

1.1.1　数学(包括统计学)

1.1.2　物理学

1.1.3　化学

1.1.4　生物学(具体由专业确定)

1.2　核心工程基础知识(由具体专业确定)

1.3　高级工程基础知识(由具体专业确定)

2　个人能力、职业能力和态度

2.1　工程推理和问题解决能力

2.1.1　发现问题和表述问题

2.1.1.1　评估数据和问题表象

2.1.1.2　分析假设和偏差源

2.1.1.3　把握总体目标、分清事情的主次

2.1.1.4　制订解决方案(包括建模、求解析解和数值解、定性分析、实验、不确定性分析)

2.1.2　建模

2.1.2.1　应用假设简化复杂的系统和环境

2.1.2.2　选择并应用概念性和定性模型

2.1.2.3　选择并应用定量模型和模拟

2.1.3　估计和定性分析

2.1.3.1　估计量级、范围、趋势

2.1.3.2 应用实验验证一致性和误差(范围、单位等)

2.1.3.3 展示解释解的一般性

2.1.4 带有不确定性的分析

2.1.4.1 提取不完整和不清晰的信息

2.1.4.2 应用事件和序列的概率统计模型

2.1.4.3 工程成本效益分析和风险分析

2.1.4.4 讨论决策分析

2.1.4.5 安排裕量和储备

2.1.5 解决方法和建议

2.1.5.1 综合问题的解决方案

2.1.5.2 分析解决方案的关键结果和测试数据

2.1.5.3 分析并调整结果中的偏差

2.1.5.4 形成总结性建议

2.1.5.5 评估解决问题过程中可以改善的地方

2.2 实验和知识发现

2.2.1 建立假设

2.2.1.1 选择需要验证的关键问题

2.2.1.2 选择需要测试的假设

2.2.1.3 讨论对照和对照组

2.2.2 查询印刷资料和电子文献

2.2.2.1 选择文献检索的策略

2.2.2.2 应用图书馆工具(在线检索、数据库、搜索引擎等)检索并获取信息

2.2.2.3 主要信息的整理和分类

2.2.2.4 信息的质量和可靠性甄别

2.2.2.5 提取信息中重点和创新的内容

2.2.2.6 找出尚未解决的研究问题

2.2.2.7 列出参考文献

2.2.3 实验性的探索

2.2.3.1 制订实验概念和策略

2.2.3.2 讨论当人为实验对象时应考虑的问题

2.2.3.3 构建实验

2.2.3.4 制订实验规定和实验步骤

2.2.3.5 进行实验测量

2.2.3.6 分析和报告实验数据

2.2.3.7 对照已有模型比较实验数据

2.2.4 假设检验和论证

2.2.4.1 讨论数据的统计有效性

2.2.4.2 讨论所用数据的局限性

2.2.4.3 形成由数据、需求和价值支持的结论

2.2.4.4 评估知识发现过程中可以改善的地方

2.3 系统思维

2.3.1 全方位思维

2.3.1.1 识别并定义一个系统、系统行为和系统单元

2.3.1.2 应用跨相关学科的方法,保证对系统的全方位理解

2.3.1.3 认识系统的社会、企业和技术的背景环境

2.3.1.4 识别外界与系统的交互作用和对系统行为的影响

2.3.2 系统内的显现和交互作用

2.3.2.1 讨论为定义系统和系统建模所需的抽象化

2.3.2.2 识别系统所表现的行为和功能特性(意向中和意向外的)

2.3.2.3 识别系统单元间的重要接口

2.3.2.4 认识系统随时间的演化

2.3.3 确定主次和重点

2.3.3.1 找出并区分与系统整体相关的全部因素

2.3.3.2 找出整体系统的驱动因素

2.3.3.3 解释为解决驱动问题所需要的资源分配

2.3.4 解决问题时的妥协、判断和平衡

2.3.4.1 找到系统的紧张关系和用妥协方法去解决问题的因素

2.3.4.2 选择并使用解决问题的办法,通过平衡各种因素消除紧张关系,优化整体系统

2.3.4.3 对比性描述系统在生命周期内的灵活解和最优解

2.3.4.4 评估系统思维过程中可以改进的地方

2.4 个人能力和态度

2.4.1 主动性和愿意承担风险

2.4.1.1 看到主动采取行动的必要性和机会

2.4.1.2 讨论一个行动所带来的利益和风险

2.4.1.3 解释启动项目的方法和时机

2.4.1.4 以适当的行动展示开拓新生事物的领导才能

2.4.1.5 采取明确行动,做出结果,总结工作

2.4.2 执着与变通

2.4.2.1 有自信、有激情、热爱事业

2.4.2.2 强调努力和紧张工作,关注细节的重要性

2.4.2.3 展示具有应变能力

2.4.2.4 愿意并且能够独立工作

2.4.2.5 愿意与他人合作,考虑和接受各种观点

2.4.2.6 能接受并正面对待批评

2.4.2.7 平衡个人生活和职业工作

2.4.3 创造性思维

2.4.3.1 具有概念化和抽象化能力

2.4.3.2 具有综合和通用化能力

2.4.3.3 解释发明过程

2.4.3.4 讨论创造性在艺术、科学、人文与技术中的作用

2.4.4 批评性思维

2.4.4.1 分析问题

2.4.4.2 选择逻辑论点和解决方法

2.4.4.3 评价支持证据

2.4.4.4 找出有矛盾的观点、理论和事实

2.4.4.5 找出逻辑谬误

2.4.4.6 验证假设与结论

2.4.5 了解个人的知识、能力、态度

2.4.5.1 描述个人的能力、兴趣、强项与弱点

2.4.5.2 讨论个人的能力范围及在自我改善主要弱点方面的责任

2.4.5.3 讨论知识的深度和广度的重要性

2.4.6 求知欲和终身学习

2.4.6.1 讨论继续自我教育的动力

2.4.6.2 展示自我教育的能力

2.4.6.3 讨论个人的学习风格

2.4.6.4 讨论与导师建立关系

2.4.7 时间和资源的管理

2.4.7.1 讨论任务安排的主次

2.4.7.2 解释任务的重要性和/或紧迫性

2.4.7.3 解释有效地执行任务

2.5 职业能力和态度

2.5.1 职业道德、正直、责任感和勇于负责

2.5.1.1 展示个人的道德标准和原则

2.5.1.2 具有敢于为坚持原则而承担风险的勇气

2.5.1.3 了解职业道德要求之间产生冲突的可能性

2.5.1.4 理解和接受出错,但犯错者必须承担责任

2.5.1.5 实事求是地承认合作者的工作

2.5.1.6 对工作尽职尽责

2.5.2 职业行为

2.5.2.1 讨论职业举止

2.5.2.2 解释职业礼仪

2.5.2.3 认识国际惯例和个人交往习惯

2.5.3 主动规划个人职业

2.5.3.1 讨论个人职业发展的愿景

2.5.3.2 说明职业人际关系网络

2.5.3.3 认识自己所具备的职业能力范畴

2.5.4 与世界工程发展保持同步

2.5.4.1 讨论科学新发现可能带来的影响

2.5.4.2 描述新技术和创新对社会和技术发展的影响

2.5.4.3 讨论对现有工程实践和技术的熟练程度

2.5.4.4 解释工程伦理和工程实践的关系

3 人际交往能力:团队工作和交流

3.1 团队工作

3.1.1 组建有效的团队

3.1.1.1 了解团队行程的步骤和生命周期

3.1.1.2 解释任务和团队工作过程

3.1.1.3 分清团队的作用和职责

3.1.1.4 分析每个成员的目标、需求和特征（工作风格、文化差异等）

3.1.1.5 分析团队的强项和弱项

3.1.1.6 讨论团队工作在保密、问责和主动性方面的基本规定

3.1.2 团队工作运行

3.1.2.1 选择目标和议程

3.1.2.2 实施计划和组织有效会议

3.1.2.3 执行团队基本规定

3.1.2.4 实施有效交流（聆听、合作、提供和接受信息）

3.1.2.5 进行正面和负面的反馈

3.1.2.6 实施项目的规划、安排和执行

3.1.2.7 形成问题的解决方案（创造性和决策能力）

3.1.2.8 谈判并解决冲突

3.1.3 团队成长和演变

3.1.3.1 讨论阶段性小结、评估和自评的策略

3.1.3.2 认识保障团队运行和成长的技巧

3.1.3.3 认识使团队每个成员成长的技巧

3.1.3.4 解释团队交流和写作策略

3.1.4 领导能力

3.1.4.1 解释团队的整体目标和具体目标

3.1.4.2 实施团队工作的过程管理

3.1.4.3 实施领导并展示组织风格（指导、教练、支持、授权）

3.1.4.4 解释提高积极性的方法（激励、榜样、认可等）

3.1.4.5 对外代表团队

3.1.4.6 描述指导和咨询

3.1.5 形成技术团队

描述在不同类型的团队工作：

3.1.5.1 跨学科团队（包括非工程人员）

3.1.5.2 小型团队相对于大型团队

3.1.5.3 远距、分散、电子化环境

3.1.5.4 展示与团队成员的技术合作

3.2 交流

3.2.1 交流的策略

3.2.1.1 分析交流环境

3.2.1.2 选择交流策略

3.2.2 交流的结构

3.2.2.1 提出具有逻辑和说服力的论点

3.2.2.2 建立概念间合理的结构和关系

3.2.2.3 选择相关、可信和准确的有利证据

3.2.2.4 采用简洁、明了、精确和清晰的语言

3.2.2.5 分析修辞因素（如考虑听众的偏好等）

3.2.2.6 理解跨学科和跨文化的交流

3.2.3 书面的交流

3.2.3.1 展示文章内容的连贯性和流畅性

3.2.3.2 以正确的拼写、标点符号和语法写作

3.2.3.3 对文件格式化

3.2.3.4 展示技术写作能力

3.2.3.5 使用不同的写作风格（非正式和正式的备忘录、报告等）

3.2.4 电子和多媒体交流

3.2.4.1 能制作电子演示材料

3.2.4.2 认识电邮、电话留言和视频会议中的工作惯例

3.2.4.3 应用各种电子表达形式（图形、网页等）

3.2.5 图表交流

3.2.5.1 能画草图和正式图纸

3.2.5.2 制作图表

3.2.5.3 解释正式技术图纸和图像效果

3.2.6 口头表达和人际交流

3.2.6.1 能够使用恰当的语言、风格、时间和流程准备报告和相应的支撑媒介

3.2.6.2 应用适当的非语言交流方式（手势、眼神接触、姿态）

3.2.6.3 能够有效回答问题

3.3 使用外语交流

3.3.1 英语

3.3.1.1 能够阅读、理解技术文献

3.3.1.2 能够书面、口头清晰表达观点

3.3.2 其他区域工业国语言

3.3.3 其他语言

4 在企业和社会环境下的构思、设计、实现和运行系统

4.1 外部和社会背景环境

4.1.1 工程师的角色和责任

4.1.1.1 接受工程职业的目标和角色

4.1.1.2 接受工程师的社会责任

4.1.2 工程对社会的影响

4.1.2.1 解释工程对现代文化下环境、社会、知识，以及经济体系的影响

4.1.3 社会对工程的规范

4.1.3.1 接受社会及其代理人对工程进行规范

4.1.3.2 认识法律和政治系统规范和影响工程的方式

4.1.3.3 描述职业学会如何发放执照和建立标准

4.1.3.4 描述知识产权是如何产生、利用和保护的

4.1.4 历史和文化背景环境

4.1.4.1 描述人类社会的多样性和历史，以及文学、哲学和艺术的传统

4.1.4.2 与语言、思想和价值观的讨论相适宜的论述与分析

4.1.5 当代课题和价值观

4.1.5.1 概述当代重要的政治、社会、法律及环境课题和价值观

4.1.5.2 确定当代价值观形成的过程及个人在这些过程中的作用

4.1.5.3 定义知识的扩展和扩散的机制

4.1.6 发展全球观

4.1.6.1 描述人类社会的国际化

4.1.6.2 认识各种文化中的政治、社会、经济、工商和技术行为习惯的相似和差异处

4.1.6.3 认识国际上企业间和政府间的条约和联盟

4.2 企业与商业环境

4.2.1 重视不同的企业文化

认识各种企业文化中成功的过程、文化和指标系统的差异：

4.2.1.1 企业相对于学术机构、相对于政府、相对于非营利和非政府机构

4.2.1.2 市场驱动相对于政策驱动

4.2.1.3 大型相对于小型

4.2.1.4 集中相对于分散

4.2.1.5 研发相对于运行

4.2.1.6 成熟相对于成长、相对于创业

4.2.1.7 长远发展相对于快速发展

4.2.1.8 有组织的劳动力的参与相对于无组织的劳动力的参与

4.2.2 企业战略、目标和计划

4.2.2.1 表述企业的使命和规模

4.2.2.2 认知企业的核心竞争力和市场

4.2.2.3 认识研究和技术开发的全过程

4.2.2.4 认识重要联盟和供应商关系

4.2.2.5 列出财务和管理的目标和指标

4.2.2.6 认识财务计划和财务控制

4.2.2.7 描述与利益相关者的关系(与所有者、雇员、顾客等)

4.2.3 技术创业

4.2.3.1 认识到技术创业的机会

4.2.3.2 认识能创造新产品和新系统的技术

4.2.3.3 描述创业融资和组织

4.2.4 成功地在一个组织中工作

4.2.4.1 定义管理的功能

4.2.4.2 描述组织内各种角色和相应责任

4.2.4.3 描述功能组织和项目组织的角色

4.2.4.4 描述如何在等级化组织中有效地工作

4.2.4.5 描述组织内的变化、动态过程和演化

4.3 系统的构思与工程化

4.3.1 设立系统目标和要求

4.3.1.1 识别市场需要和机会

4.3.1.2 找出并分析顾客需求

4.3.1.3 确定由新技术或潜在的需求所带来的机会

4.3.1.4 确定决定需求的背景环境因素

4.3.1.5 确定企业目标、战略、能力和联盟

4.3.1.6 确定并区分竞争者和比较信息

4.3.1.7 分析伦理、社会、环境、法律、法规的影响

4.3.1.8 解释影响系统、系统目标和现有资源因素变化的可能性

4.3.1.9 解释系统目标和要求

4.3.1.10 识别表示目标和要求的语言/形式

4.3.1.11 解释初期目标(基于需求、机会和其他影响)

4.3.1.12 解释系统性能指标

4.3.1.13 解释要求的完整性和一致性

4.3.2 定义功能、概念和结构

4.3.2.1 确定必要的系统功能(以及系统的行为指标)

4.3.2.2 选择系统的概念

4.3.2.3 利用合理的技术水平

4.3.2.4 分析概念间和概念重组后的取舍

4.3.2.5 区分高层次的架构形式和结构

4.3.2.6 讨论将架构形式分解为单元,给单元赋予功能并定义单元间的接口

4.3.3 系统建模和确保目标实现

4.3.3.1 找出技术性能指标的合理模型

4.3.3.2 讨论实现和运行的概念

4.3.3.3 讨论生命周期价值和成本(设计、实现、运行、机会等)

4.3.3.4 讨论各种目标、功能、概念和结构间的取舍,以及收敛所需的迭代

4.3.4 开发项目的管理

4.3.4.1 描述项目的成本、绩效和进度控制

4.3.4.2 解释适当的项目转折点和审查

4.3.4.3 解释配置管理和文档

4.3.4.4 以基线为比较标准进行表现分析

4.3.4.5 定义项目挣值过程

4.3.4.6 讨论资源的估算和分配

4.3.4.7 认识风险和替代方案

4.3.4.8 描述发展过程可能的改进

4.4 设计

4.4.1 设计过程

4.4.1.1 为系统目标和要求导出的每个单元或元件选择要求

4.4.1.2 分析备选设计方案

4.4.1.3 选择初始设计方案

4.4.1.4 在产品开发中使用样件和实验品

4.4.1.5 在约束条件下实施适合的优化

4.4.1.6 进行迭代直至收敛

4.4.1.7 综合最终设计

4.4.1.8 能适应需求的变化

4.4.2 设计过程的分段与方法

4.4.2.1 解释系统设计不同阶段(如概念设计、初步设计、详细设计)的工作

4.4.2.2 讨论适应特定开发项目的过程模型("自上而下"模式、螺旋模式、并行模式等)

4.4.2.3 讨论单一、平台和衍生平台的设计过程

4.4.3 知识在设计中的利用

4.4.3.1 利用科学和技术知识

4.4.3.2 实践创造性和批评性思维并解决问题

4.4.3.3 讨论领域中现有工作以及标准化和设计的再利用(包括反求工程和再设计)

4.4.3.4 讨论设计知识的获取

4.4.4 单学科设计

4.4.4.1 选择合适的技术、工具和过程

4.4.4.2 解释设计工具的标定和验证

4.4.4.3 对备选方案的量化分析

4.4.4.4 实施建模、模拟和测试

4.4.4.5 讨论设计的分析改进

4.4.5 多学科设计

4.4.5.1 识别学科间的交互作用

4.4.5.2 找出约定和假设的差异

4.4.5.3 解释学科模型成熟程度的差异

4.4.5.4 解释多学科设计的环境

4.4.5.5 解释多学科设计

4.4.6 多目标设计

展示基于以下目标的设计：

4.4.6.1 性能、生命周期成本和价值

4.4.6.2 美学和人本因素

4.4.6.3 实施、验证、测试以及环境的可持续性

4.4.6.4 运行

4.4.6.5 维护性、可靠性和安全性

4.4.6.6 鲁棒性、演化、产品改良和退役

4.5 实现

4.5.1 设计实现的过程

4.5.1.1 描述实施过程的性能、成本和质量的目标和指标

4.5.1.2 明确实施系统的设计

4.5.2 硬件制造过程

4.5.2.1 描述零件的制造

4.5.2.2 描述由零件装配成组件

4.5.2.3 确定公差、可变性、关键特征和统计过程控制

4.5.3 软件实现过程

4.5.3.1 解释将高层组成部分分解为模块设计(包括算法和数据结构)

4.5.3.2 讨论算法(数据结构、控制流程、数据流程)

4.5.3.3 描述编程语言

4.5.3.4 实现底层设计(编程)

4.5.3.5 描述系统构建

4.5.4 硬、软件的集成

4.5.4.1 描述电子硬件中的软件集成(处理器的尺寸、通信等)

4.5.4.2 描述软件与传感器、传动器和机械硬件的集成

4.5.4.3 描述硬件/软件的功能和安全性

4.5.5 测试、证实、验证及认证

4.5.5.1 讨论测试和分析的程序(硬件相对于软件，可接受性相对于合格性)

4.5.5.2 讨论证实系统性能达到要求

4.5.5.3 讨论验证性能达到客户要求

4.5.5.4 解释达标认证

4.5.6 实现过程的管理

4.5.6.1 描述实施的组织和结构

4.5.6.2 讨论采购、合作和供应链

4.5.6.3 认识实施成本、表现和进度的控制

4.5.6.4 描述质量和安全保障

4.5.6.5 描述实施过程可能的改进

4.6 运行

4.6.1 运行的设计和优化

4.6.1.1 说明运行表现、成本和价值的目标和指标

4.6.1.2 解释运行过程的架构和发展

4.6.1.3 解释运行(和使命)的分析和建模

4.6.2 培训与操作

描述职业化操作的培训:

4.6.2.1 模拟

4.6.2.2 指导和计划

4.6.2.3 程序

4.6.2.4 认识为消费者操作提供教育

4.6.2.5 描述操作过程

4.6.2.6 认识操作过程的相互作用

4.6.3 支持系统的生命周期

4.6.3.1 解释维护和物流

4.6.3.2 描述生命周期性能和可靠性

4.6.3.3 描述生命周期价值和成本

4.6.3.4 解释反馈协调系统的改进

4.6.4 系统改进和演变

4.6.4.1 定义预先计划的产品改进

4.6.4.2 基于运行中观察到的要求进行改进

4.6.4.3 认识演变性的系统升级

4.6.4.4 认识由于运行必要所产生的偶然性改进和解决办法

4.6.5 弃置与(产品或系统)生命终结问题

4.6.5.1 定义生命终结的问题

4.6.5.2 列出弃置选择

4.6.5.3 定义生命终结时的残余价值

4.6.5.4 列出弃置的环境考虑

4.6.6 运行管理

4.6.6.1 描述运行的组织和结构

4.6.6.2 确定合作者和同盟

4.6.6.3 认识运行成本、表现和进度的控制

4.6.6.4 描述质量和安全保障

4.6.6.5 定义生命周期管理

4.6.6.6 认识运行过程可能的改进

A.2 CDIO能力大纲2.0版

1 学科知识和推理(1.0版本是:技术知识和推理)

1.1 基础科学与数学知识 (1.0版本是:基础科学知识)

1.1.1 数学(包括统计学)

1.1.2 物理学

1.1.3 化学

1.1.4 生物学(具体由专业确定)

1.2 核心工程基础知识(由具体专业确定)

1.3 高级工程基础知识、研究方法和研究工具(1.0版本是:高级工程基础知识)(由具体专业确定)

2 个人能力、职业能力和态度

2.1 分析推理和解决问题能力(1.0版本是:工程推理和问题解决能力)

2.1.1 发现问题和表述问题

2.1.1.1 评估数据和问题表象

2.1.1.2 分析假设和偏差源

2.1.1.3 把握总体目标、分清事情的主次

2.1.1.4 制订解决方案(包括建模、求解析解和数值解、定性分析、实验、不确定性分析)

2.1.2 建模

2.1.2.1 应用假设简化复杂的系统和环境

2.1.2.2 选择并应用概念性和定性模型

2.1.2.3 选择并应用定量模型和模拟

2.1.3 估计和定性分析

2.1.3.1 估计量级、范围、趋势

2.1.3.2 应用实验验证一致性和误差(范围、单位等)

2.1.3.3 展示解释解的一般性

2.1.4 带有不确定性的分析

2.1.4.1 提取不完整和不清晰的信息

2.1.4.2 应用事件和序列的概率统计模型

2.1.4.3 工程成本效益分析和风险分析

2.1.4.4 讨论决策分析

2.1.4.5 安排裕量和储备

2.1.5 解决方法和建议

2.1.5.1 综合问题的解决方案

2.1.5.2 分析解决方案的关键结果和测试数据

2.1.5.3 分析并调整结果中的偏差

2.1.5.4 形成总结性建议

2.1.5.5 评估解决问题过程中可以改善的地方

2.2 实验、调查和发现知识(1.0版本是:实验和发现知识)

2.2.1 建立假设

2.2.1.1 选择需要验证的关键问题

2.2.1.2 选择需要测试的假设

2.2.1.3 讨论对照和对照组

2.2.2 查询印刷资料和电子文献

2.2.2.1选择文献和媒体检索的策略(1.0版本是:选择文献检索的策略)

2.2.2.2 应用图书馆、在线检索、数据库等工具进行检索并获取信息[1.0版本是:应用图书馆工具(在线检索、数据库、搜索引擎等)检索并获取信息]

2.2.2.3 主要信息的整理和分类

2.2.2.4 信息的质量和可靠性甄别

2.2.2.5 提取信息中重点和创新的内容

2.2.2.6 找出尚未解决的研究问题

2.2.2.7 列出参考文献

2.2.3 实验性的探索

2.2.3.1 制定实验概念和策略

2.2.3.2 讨论当人为实验对象时应考虑的问题

2.2.3.3 构建实验

2.2.3.4 制定实验规定和实验步骤

2.2.3.5 进行实验测量

2.2.3.6 分析和报告实验数据

2.2.3.7 对照已有模型比较实验数据

2.2.3.8* 基于社会科学方法的调查分析①

2.2.4 假设检验和论证

2.2.4.1 讨论数据的统计有效性

2.2.4.2 讨论所用数据的局限性

2.2.4.3 形成由数据、需求和价值支持的结论

2.2.4.4 评估知识发现过程中可以改善的地方

2.3 系统思维

2.3.1 全方位思维

2.3.1.1 识别并定义一个系统、系统行为、系统功能和系统单元(1.0版本是:识别并定义一个系统、系统行为和系统单元)

2.3.1.2 应用跨相关学科的方法,保证对系统的全方位理解

2.3.1.3 认识系统的社会、企业和技术的背景环境

2.3.1.4 识别外界与系统的交互作用和对系统行为的影响

2.3.2 系统内的显现和交互作用

2.3.2.1 讨论为系统的实体或元素的定义和建模所需的抽象化(1.0版本是:讨论为定义系统和系统建模所需的抽象化)

2.3.2.2 识别系统所表现的行为和功能特性(意向中和意向外的)

2.3.2.3 识别系统单元间的重要关联、交互作用和接口(1.0版本是:识别系统单元间的重要接口)

2.3.2.4 认识系统随时间的演化

2.3.3 确定主次和重点

2.3.3.1 找出并区分与系统整体相关的全部因素

2.3.3.2 找出整体系统的驱动因素

2.3.3.3 解释为解决驱动问题所需要的资源分配

2.3.4 解决问题时的妥协、判断和平衡

2.3.4.1 找到系统的紧张关系和用妥协方法去解决问题的因素

2.3.4.2 选择并使用解决问题的办法,通过平衡各种因素消除紧张关系,优化整体系统

2.3.4.3 对比性描述系统在生命周期内的灵活解和最优解

---

① 带*号的部分为2.0版本新增的内容。

2.3.4.4 评估系统思维过程中可以改进的地方

2.4 态度、思维和学习(1.0版本是:个人能力和态度)

2.4.1 主动性和愿意进行不确定性决策(1.0版本是:主动性和愿意承担风险)

2.4.1.1 看到主动采取行动的必要性和机会

2.4.1.2 讨论一个行动或决策所带来的利益和风险(1.0版本是:讨论一个行动所带来的利益和风险)

2.4.1.3 基于现有信息的决策(2.0版本新增,同时删除1.0版本以下主题:解释启动项目的方法和时机)

2.4.1.4 以适当的行动展示开拓新生事物的领导才能

2.4.1.5 开发行动过程(2.0版本新增,同时把1.0版本以下主题:"采取明确行动,做出结果,总结工作"移到2.4.2)

2.4.2 执着、紧迫感和及时实现、智慧与变通(1.0版本是:执着与变通)

2.4.2.1 有自信、勇敢、热爱事业(1.0版本是:有自信、有激情、热爱事业)

2.4.2.2 强调努力和紧张工作,关注细节的重要性

2.4.2.3 展示具有应变能力

2.4.2.4 准备、愿意并且能够独立工作(1.0版本是:愿意并且能够独立工作)

2.4.2.5 愿意与他人合作,考虑和接受各种观点

2.4.2.6 能接受并正面对待批评和反馈(1.0版本是:能接受并正面对待批评)

2.4.2.7 平衡个人生活和职业工作

2.4.2.8* 对结果负责(责任心)

2.4.2.9* 实现目标的决心

2.4.2.10* 采取明确行动,做出结果,总结工作(1.0版本在2.4.1.5)

2.4.2.11* 对资源的创造性的使用

2.4.3 创造性思维

2.4.3.1 具有概念化和抽象化能力

2.4.3.2 具有综合和通用化能力

2.4.3.3 解释发明过程

2.4.3.4 讨论创造性在艺术、科学、人文与技术中的作用

2.4.4 批评性思维

2.4.4.1 对问题(含有争议问题)及其目标的分析(1.0 版本是:分析问题)

2.4.4.2 选择逻辑论点(和谬误)和解决方法(1.0 版本是:选择逻辑论点和解决方法)

2.4.4.3 评价支持证据、事实和信息(1.0 版本是:评价支持证据)

2.4.4.4 找出观点和理论(1.0 版本是:找出有矛盾的观点、理论和事实)

2.4.4.5 分析结论和影响(2.0 版本新增,同时删除 1.0 版本以下主题:找出逻辑谬误)

2.4.4.6 对思维品质的反思(2.0 版本新增,同时删除 1.0 版本以下主题:验证假设与结论)

2.4.4.7* 建立假设

2.4.5 自我意识、元认知和知识综合能力(1.0 版本是:了解个人的知识、能力、态度)

2.4.5.1 描述个人的能力、兴趣、强项与弱点

2.4.5.2 讨论个人的能力范围及在自我改善主要弱点方面的责任

2.4.5.3 讨论知识的深度和广度的重要性

2.4.5.4* 展示进行有效思考的方式

2.4.5.5* 知识关联和知识结构的识别

2.4.6 终身学习和教育(1.0 版本是:求知欲和终身学习)

2.4.6.1 讨论继续自我教育的动力

2.4.6.2 展示自我教育的能力

2.4.6.3 讨论个人的学习风格

2.4.6.4 讨论与导师建立关系

2.4.6.5* 展示从他人身上学习的能力

2.4.7 时间和资源的管理

2.4.7.1 讨论任务安排的主次

2.4.7.2 解释任务的重要性和/或紧迫性

2.4.7.3 解释有效地执行任务

2.5 职业道德、职业平等和其他相关责任(1.0 版本是:职业能力和态度)

2.5.1 职业道德、正直和社会责任感(1.0 版本是:职业道德、正直、责任感和勇于负责)

2.5.1.1 展示个人的道德标准和原则

2.5.1.2 具有敢于为坚持原则而承担风险的道德勇气(1.0 版本是:具有敢于为坚持原则而承担风险的勇气)

2.5.1.3 了解职业道德要求之间产生冲突的可能性

2.5.1.4 尽责帮助他人和社会(2.0 版本新增,删除 1.0 版本以下主题:理解和接受出错,但犯错者必须承担责任)

2.5.1.5 诚实(1.0 版本是:实事求是地承认合作者的工作)

2.5.1.6 对工作尽职尽责

2.5.2 职业行为

2.5.2.1 讨论职业举止

2.5.2.2 解释职业礼仪

2.5.2.3 认识国际惯例和个人交往习惯

2.5.3 前瞻性地构想和意图(1.0 版本是:主动规划个人职业)

2.5.3.1 讨论个人职业发展的愿景

2.5.3.2* 对领袖潜力锻炼的渴望(2.0 版本新增,同时删除 1.0 版本以下主题:说明职业人际关系网络,并把删除内容整合到 3.2.10 主题上)

2.5.3.3 认识自己所具备的职业能力范畴

2.5.3.4* 考虑个人对社会的贡献

2.5.3.5* 激励他人

2.5.4 与世界工程发展保持同步

2.5.4.1 讨论科学新发现可能带来的影响

2.5.4.2 描述新技术和创新对社会和技术发展的影响

2.5.4.3 讨论对现有工程实践和技术的熟练程度

2.5.4.4 解释工程伦理和工程实践的关系

2.5.5* 平等性与多样性

2.5.5.1* 恪守对他人平等的原则

2.5.5.2* 在组织和员工中信奉多样性

2.5.5.3* 适应多样化的背景

2.5.6* 信任和忠诚

2.5.6.1* 对团队和同事的忠诚

2.5.6.2* 认识和强调对他人的贡献

2.5.6.3* 为他人成功而工作的品质

3 人际交往能力:团队工作和交流

3.1 团队工作

3.1.1 组建有效的团队

3.1.1.1 了解团队行程的步骤和生命周期

3.1.1.2 解释任务和团队工作过程

3.1.1.3 分清团队的作用和职责

3.1.1.4 分析每个成员的目标、需求和特征(工作风格、文化差异等)

3.1.1.5 分析团队及其成员的强项和弱项(1.0 版本是:分析团队的强项和弱项)

3.1.1.6 讨论团队工作在保密、问责和主动性方面的基本规定

3.1.2 团队工作运行

3.1.2.1 选择目标和议程

3.1.2.2 实施计划和组织有效会议

3.1.2.3 执行团队基本规定

3.1.2.4 实施有效交流(聆听、合作、提供和接受信息)

3.1.2.5 进行正面和负面的反馈

3.1.2.6 实施项目的规划、安排和执行

3.1.2.7 形成问题的解决方案(创造性和决策能力)

3.1.2.8 谈判并解决冲突

3.1.2.9* 团队的授权原则

3.1.3 团队成长和演变

3.1.3.1 讨论阶段性小结、评估和自评的策略

3.1.3.2 认识保障团队运行和成长的技巧

3.1.3.3 认识使团队每个成员成长的技巧

3.1.3.4 解释团队交流和写作策略

3.1.4 领导能力

3.1.4.1 解释团队的整体目标和具体目标

3.1.4.2 实施团队工作的过程管理

3.1.4.3 实施领导并展示组织风格(指导、教练、支持、授权)

3.1.4.4 解释提高积极性的方法(激励、榜样、认可等)

3.1.4.5 对外代表团队

3.1.4.6 描述指导和咨询

3.1.5 形成技术和跨学科团队(1.0版本是:形成技术团队)

描述在不同类型的团队工作:

3.1.5.1 跨学科团队(包括非工程人员)

3.1.5.2 小型团队相对于大型团队

3.1.5.3 远距、分散、电子化环境

3.1.5.4 展示与团队成员的技术合作

3.1.5.5* 展示与非技术团队及其成员的合作

3.2 交流

3.2.1 交流的策略

3.2.1.1 分析交流环境

3.2.1.2 选择交流策略

3.2.2 交流的结构

3.2.2.1 提出具有逻辑和说服力的论点

3.2.2.2 建立概念间合理的结构和关系

3.2.2.3 选择相关、可信和准确的有利证据

3.2.2.4 采用简洁、明了、精确和清晰的语言

3.2.2.5 分析修辞因素(如考虑听众的偏好等)

3.2.2.6 理解跨学科和跨文化的交流

3.2.3 书面的交流

3.2.3.1 展示文章内容的连贯性和流畅性

3.2.3.2 以正确的拼写、标点符号和语法写作

3.2.3.3 对文件格式化

3.2.3.4 展示技术写作能力

3.2.3.5 使用不同的写作风格(非正式和正式的备忘录、报告等)

3.2.4 电子和多媒体交流

3.2.4.1 能制作电子演示材料

3.2.4.2 认识电邮、电话留言和视频会议中的工作惯例

3.2.4.3 应用各种电子表达形式(图形、网页等)

3.2.5 图表交流

3.2.5.1 能画草图和正式图纸

3.2.5.2 制作图表

3.2.5.3 解释正式技术图纸和图像效果

3.2.5.4* 使用图形制作工具的能力

3.2.6 口头表达(1.0版本是:口头表达和人际交流)

3.2.6.1 能够使用恰当的语言、风格、时间和流程准备报告和相应的支撑媒介

3.2.6.2 应用适当的非语言交流方式(手势、眼神接触、姿态)

3.2.6.3 能够有效回答问题

3.2.7* 询问、聆听、对话

3.2.7.1* 仔细聆听他人说话并理解其意图

3.2.7.2* 经过深思后的提问

3.2.7.3* 对不同观点的分析

3.2.7.4* 建设性对话

3.2.7.5* 接纳可能比自己好的想法

3.2.8* 协商、妥协与矛盾的解决

3.2.8.1* 识别潜在的分歧、矛盾和紧张关系

3.2.8.2* 通过协商找到各方可接受的解决方案

3.2.8.3* 在坚持基本原则的前提下达成共识

3.2.8.4* 矛盾的扩散问题

3.2.9* 支撑自己的观点

3.2.9.1* 清晰地表达自己的观点

3.2.9.2* 说明如何得到结论

3.2.9.3* 评估自己的观点是否被理解

3.2.9.4* 针对不同对象调整论证方法

3.2.10* 建立多样化的社会联系和人际关系网

3.2.10.1* 欣赏拥有不同技能、文化或经验的人

3.2.10.2* 建立多元化的人际关系

3.2.10.3* 建立延伸的社会网络

3.2.10.4* 利用人际关系网达到目标

3.3 使用外语交流

3.3.1 英语(删除1.0版本中3.3.1.1和3.3.1.2部分)

3.3.2 其他区域工商业语言(1.0版本是:其他区域工业国语言)

3.3.3 其他语言

4 在企业、社会和环境下的构思、设计、实现和运行系统——创新的过程(1.0版本是:在企业和社会环境下的构思、设计、实现和运行系统)

4.1 外部、社会和环境背景(1.0版本是:外部和社会背景环境)

4.1.1 工程师的角色和责任

4.1.1.1 接受工程职业的目标和角色

4.1.1.2 接受工程师对社会和可持续未来的责任(1.0版本是:接受工程师的社会责任)

4.1.2 工程对社会和环境的影响(1.0版本是:工程对社会的影响)

4.1.2.1 解释工程对现代文化下环境、社会、知识以及经济体系的影响

4.1.3 社会对工程的规范

4.1.3.1 接受社会及其代理人对工程进行规范

4.1.3.2 认识法律和政治系统规范和影响工程的方式

4.1.3.3 描述职业学会如何发放执照和建立标准

4.1.3.4 描述知识产权是如何产生、利用和保护的

4.1.4 历史和文化背景环境

4.1.4.1 描述人类社会的多样性和历史,以及文学、哲学和艺术的传统

4.1.4.2 与语言、思想和价值观的讨论相适宜的论述与分析

4.1.5 当代课题和价值观

4.1.5.1 概述当代重要的政治、社会、法律及环境课题和价值观

4.1.5.2 确定当代价值观形成的过程以及个人在这些过程中的作用

4.1.5.3 定义知识的扩展和扩散的机制

4.1.6 发展全球观

4.1.6.1 描述人类社会的国际化

4.1.6.2 认识各种文化中的政治、社会、经济、工商和技术行为习惯的相似和差异处

4.1.6.3 认识国际上企业间和政府间的条约和联盟

4.1.7* 可持续性与可持续开发

4.1.7.1* 定义可持续性

4.1.7.2* 可持续性的目标和重要性

4.1.7.3* 可持续性的原则

4.1.7.4* 在工程活动中应用可持续性原则

4.2 企业与商业环境

4.2.1 重视不同的企业文化

认识各种企业文化中成功的过程、文化和指标系统的差异：

4.2.1.1 企业相对于学术机构、相对于政府、相对于非营利和非政府机构

4.2.1.2 市场驱动相对于政策驱动

4.2.1.3 大型相对于小型

4.2.1.4 集中相对于分散

4.2.1.5 研发相对于运行

4.2.1.6 成熟相对于成长、相对于创业

4.2.1.7 长远发展相对于快速发展

4.2.1.8 有组织的劳动力的参与相对于无组织的劳动力的参与

4.2.2 企业的利益相关者、战略和目标(1.0版本是:企业战略、目标和计划)

4.2.2.1 表述企业的使命、规模和目标(1.0版本是:表述企业的使命和规模)

4.2.2.2 认知企业的核心竞争力和市场

4.2.2.3 认识重要联盟和供应商关系

4.2.2.4* 对利益相关者的义务(2.0版本新增,同时将1.0版本的4.2.2.3 认识研究和技术开发的全过程;4.2.2.5 列出财务和管理的目标和指标;4.2.2.6 认识财务计划和财务控制移到新增的4.2.7)

4.2.2.5* 企业战略和资源分配

4.2.2.6 描述与利益相关者和受益者的关系(与所有者、雇员、顾客等)(1.0版本是:描述与利益相关者的关系(与所有者、雇员、顾客等))

4.2.3 技术创业

4.2.3.1 认识到技术创业的机会

4.2.3.2　认识能创造新产品和新系统的技术

4.2.3.3　描述创业融资和组织

4.2.4　成功地在一个组织中工作

4.2.4.1　定义管理的功能

4.2.4.2　描述组织内各种角色和相应责任

4.2.4.3　描述功能组织和项目组织的角色

4.2.4.4　描述如何在等级化组织中有效地工作

4.2.4.5　描述组织内的变化、动态过程和演化

4.2.5*　在国际化的团队中工作

4.2.5.1*　折射民族文化的企业的文化和传统

4.2.5.2*　资格证书和学位的等价关系

4.2.5.3*　在国际化工作方面的政府规定

4.2.6*　新技术的开发与评价

4.2.6.1*　认识研究和技术开发的全过程(原来是 1.0 版本的 4.2.2.3)

4.2.6.2*　对技术的认识和评估

4.2.6.3*　技术开发路线

4.2.6.4*　知识产权和专利制度

4.2.7*　工程项目的财务管理与经济状况

4.2.7.1*　列出财务和管理的目标和指标(原来是 1.0 版本的 4.2.2.5)

4.2.7.2*　认识财务计划和财务控制(原来是 1.0 版本的 4.2.2.6)

4.2.7.3*　项目的融资、投资、回报和时机

4.2.7.4*　项目对企业财务、收入和现金流的影响

4.3　系统的构思、工程化和管理(1.0 版本是:系统的构思与工程化)

4.3.1　了解市场需求并设立系统目标(1.0 版本是:设立系统目标和要求)

4.3.1.1　识别市场需要和机会

4.3.1.2　找出并分析顾客需求以及市场(1.0 版本是:找出并分析顾客需求)

4.3.1.3　确定由新技术或潜在的需求所带来的机会

4.3.1.4 确定决定需求的背景环境因素

4.3.1.5 确定企业目标、战略、能力和联盟

4.3.1.6 确定并区分竞争者和比较信息

4.3.1.7 分析伦理、社会、环境、法律、法规的影响

4.3.1.8 解释影响系统、系统目标和现有资源因素变化的可能性

4.3.1.9 解释系统目标和要求

4.3.1.10 识别表示目标和要求的语言/形式

4.3.1.11 解释初期目标(基于需求、机会和其他影响)

4.3.1.12 解释系统性能指标

4.3.1.13 解释要求的完整性和一致性

4.3.1.14* 找出并分析环境需求

4.3.2 定义功能、概念和结构

4.3.2.1 确定必要的系统功能(及系统的行为指标)

4.3.2.2 选择系统的概念

4.3.2.3 利用合理的技术水平

4.3.2.4 分析概念间和概念重组后的取舍

4.3.2.5 区分高层次的架构形式和结构

4.3.2.6 讨论将架构形式分解为单元,给单元赋予功能并定义单元间的接口

4.3.3 系统建模和确保目标实现

4.3.3.1 找出技术性能指标和其他属性合理的模型(1.0版本是:找出技术性能指标的合理模型)

4.3.3.2 讨论实施和运行的概念

4.3.3.3 讨论生命周期价值和成本(设计、实施、运行、机会等)

4.3.3.4 讨论各种目标、功能、概念和结构间的取舍,以及收敛所需的迭代

4.3.3.5* 讨论接口管理计划

4.3.4 开发项目的管理

4.3.4.1 描述项目的成本、绩效和进度控制

4.3.4.2 解释适当的项目转折点和审查

4.3.4.3 解释配置管理和文档

4.3.4.4 以基线为比较标准进行表现分析

4.3.4.5　定义项目挣值过程

4.3.4.6　讨论资源的估算和分配

4.3.4.7　认识风险和替代方案

4.3.4.8　描述发展过程可能的改进

4.4　设计

4.4.1　设计过程

4.4.1.1　为系统目标和要求导出的每个单元或元件选择要求

4.4.1.2　分析备选设计方案

4.4.1.3　选择初始设计方案

4.4.1.4　在产品开发中使用样件和实验品

4.4.1.5　在约束条件下实施适合的优化

4.4.1.6　进行迭代直至收敛

4.4.1.7　综合最终设计

4.4.1.8　能适应需求的变化

4.4.1.9*　在设计时考虑产品的生命周期

4.4.2　设计过程的分段与方法

4.4.2.1　解释系统设计不同阶段(如概念设计、初步设计、详细设计)的工作

4.4.2.2　讨论适应特定开发项目的过程模型(自上而下模式、螺旋模式、并行模式等)

4.4.2.3　讨论单一、平台和衍生平台的设计过程

4.4.3 知识在设计中的利用

4.4.3.1　利用科学和技术知识

4.4.3.2　思维模式(解决问题、调查、系统思考、创造性和批判性思维)(1.0 版本是:实践创造性和批评性思维并解决问题)

4.4.3.3　讨论领域中现有工作以及标准化和设计的再利用(包括反求工程和再设计)

4.4.3.4　讨论设计知识的获取

4.4.4 单学科设计

4.4.4.1　选择合适的技术、工具和过程

4.4.4.2　解释设计工具的标定和验证

4.4.4.3　对备选方案的量化分析

4.4.4.4　实施建模、模拟和测试

4.4.4.5 讨论设计的分析改进

4.4.5 多学科设计

4.4.5.1 识别学科间的交互作用

4.4.5.2 找出约定和假设的差异

4.4.5.3 解释学科模型成熟程度的差异

4.4.5.4 解释多学科设计的环境

4.4.5.5 解释多学科设计

4.4.6 为稳定性、安全性、美观性、可操作性及其他目标而设计(1.0 版本是:多目标设计)

展示基于以下目标的设计:

4.4.6.1 性能、质量、鲁棒性、生命周期成本和价值(1.0 版本是:性能、生命周期成本和价值)

4.4.6.2 美学(1.0 版本是:美学和人本因素)

4.4.6.3 实施、验证、测试,以及环境的可持续性

4.4.6.4 运行

4.4.6.5 维护性、可靠性和可信性(1.0 版本是:维护性、可靠性和安全性)

4.4.6.6 演化和产品改良(1.0 版本是:鲁棒性、演化、产品改良和退役)

4.4.6.7* 稳定性

4.4.6.8* 安全性和保密性

4.4.6.9* 人本因素、互动和监督

4.4.6.10* 产品退役、再利用和回收

4.5 实现

4.5.1 设计实施的过程

4.5.1.1 描述实施过程的性能、成本和质量的目标和指标

4.5.1.2 明确实施系统的设计:任务分配和单元/元件布局、工作流、考虑用户操作、考虑可持续性(2.0 版本对 1.0 版本进行细化,1.0 版本是:明确实施系统的设计)

4.5.2 硬件制造过程

4.5.2.1 描述零件的制造

4.5.2.2 描述由零件装配成组件

4.5.2.3 确定公差、可变性、关键特征和统计过程控制

4.5.3 软件实现过程

4.5.3.1 解释将高层组成部分分解为模块设计(包括算法和数据结构)

4.5.3.2 讨论算法(数据结构、控制流程、数据流程)

4.5.3.3 描述编程语言

4.5.3.4 实施底层设计(编程)

4.5.3.5 描述系统构建

4.5.4 硬、软件的集成

4.5.4.1 描述电子硬件中的软件集成(处理器的尺寸、通信等)

4.5.4.2 描述软件与传感器、传动器和机械硬件的集成

4.5.4.3 描述硬件/软件的功能和安全性

4.5.5 测试、证实、验证及认证

4.5.5.1 讨论测试和分析的程序(硬件相对于软件,可接受性相对于合格性)

4.5.5.2 讨论证实系统性能达到要求

4.5.5.3 讨论验证性能达到客户要求

4.5.5.4 解释达标认证

4.5.6 实施过程的管理

4.5.6.1 描述实施的组织和结构

4.5.6.2 讨论采购和合作(1.0 版本是:讨论采购、合作和供应链)

4.5.6.3 认识实施成本、表现和进度的控制

4.5.6.4 描述质量保障(1.0 版本是:描述质量和安全保障)

4.5.6.5 描述实施过程可能的改进

4.5.6.6* 讨论供应链和物流

4.5.6.7* 人身安全及安全保障

4.5.6.8* 环境安全保障

4.6 运行

4.6.1 可靠和安全运行的设计和优化(1.0 版本是:运行的设计和优化)

4.6.1.1 说明运行表现、成本和价值的目标和指标

4.6.1.2 解释运行过程的架构和发展

4.6.1.3 解释运行(和使命)的分析和建模

4.6.1.4* 可靠运行

4.6.1.5* 安全和可信运行

4.6.2 培训与操作

描述职业化操作的培训：

4.6.2.1 模拟

4.6.2.2 指导和计划

4.6.2.3 程序

4.6.2.4 认识为消费者操作提供教育

4.6.2.5 描述操作过程

4.6.2.6 认识操作过程的相互作用

4.6.3 支持系统的生命周期

4.6.3.1 解释维护和物流

4.6.3.2 描述生命周期性能和可靠性

4.6.3.3 描述生命周期价值和成本

4.6.3.4 解释反馈协调系统的改进

4.6.4 系统改进和演变

4.6.4.1 定义预先计划的产品改进

4.6.4.2 基于运行中观察到的要求进行改进

4.6.4.3 认识演变性的系统升级

4.6.4.4 认识由于运行必要所产生的偶然性改进和解决办法

4.6.5 弃置与(产品或系统)生命终结问题

4.6.5.1 定义生命终结的问题

4.6.5.2 列出弃置选择

4.6.5.3 定义生命终结时的残余价值

4.6.5.4 列出弃置的环境考虑

4.6.6 运行管理

4.6.6.1 描述运行的组织和结构

4.6.6.2 确定合作者和同盟

4.6.6.3 认识运行成本、表现和进度的控制

4.6.6.4 描述质量和安全保障

4.6.6.5 定义生命周期管理

4.6.6.6 认识运行过程可能的改进

4.6.6.7* 人身安全及安全保障

4.6.6.8* 环境安全

4.7* 工程领导力

4.7.1* 辨明问题、疑难或矛盾

4.7.2* 创造性地思考并联想其可能性

4.7.2.1* 创建新思想和方法

4.7.2.2* 满足客户和社会需求的技术系统的新愿景

4.7.2.3* 对产品和企业的愿景进行沟通

4.7.2.4* 激发人们对未来愿景的热情

4.7.3* 定义解决方案

4.7.3.1* 工程解决方案的愿景

4.7.3.2* 可行的质量、性能、预算和进度目标

4.7.3.3* 考虑客户和受益人因素

4.7.3.4* 进行技术方案选择

4.7.3.5* 考虑监管、政治和竞争力量因素

4.7.4* 建立新的解决理念

4.7.4.1* 设定需求和规范

4.7.4.2* 设定解决方案的高层概念

4.7.4.3* 设定系统结构和接口

4.7.4.4* 对接企业的其他项目

4.7.4.5* 对接企业战略、资源和基础设施

4.7.4.6* 交付愿景的相关主题

4.7.5* 组建、领导一个团队及其拓展组织

4.7.5.1* 招募具有互补技能的关键团队成员

4.7.5.2* 启动团队互动和技术交流

4.7.5.3* 确定团队的角色、责任和激励

4.7.5.4* 领导团队决策

4.7.5.5* 评估团队的进步和绩效

4.7.5.6* 设定成员的权限及权限转移规则

4.7.5.7* 与组织外部的合作

4.7.6* 计划、管理、完成工程项目

4.7.6.1* 按时交付项目的行动计划和备选方案

4.7.6.2* 偏离计划时的重新计划

4.7.6.3* 对计划所需的人力、时间、资金和技术资源的管理

4.7.6.4* 项目风险、配置和文档管理

4.7.6.5* 评估经济计划及其对决策的影响

4.7.7* 锻炼评价、批判性推理

4.7.7.1* 基于不确定和不完整信息的复杂技术问题的决策

4.7.7.2* 对他人的决策进行质疑和批判性评估

4.7.7.3* 从多渠道收集佐证

4.7.7.4* 对证据进行评估并确认关键假设的有效性

4.7.7.5* 理解他人提出的替代方案

4.7.7.6* 预判所有解决方案的预期发展

4.7.8* 创新——创新观念、创新设计，推广新的产品与服务

4.7.8.1* 设计和引进新的商品和服务到市场

4.7.8.2* 设计满足客户和社会需求的解决方案

4.7.8.3* 在新技术和现有技术间做适当平衡的解决方案设计

4.7.8.4* 设计健壮性、灵活性和适应性强的产品

4.7.8.5* 考虑当前和未来的竞争

4.7.8.6* 对方案的有效性进行验证

4.7.9* 为新产品、服务创造新的设备、新材料、新工艺而创造

4.7.9.1* 科学和技术基础和选项

4.7.9.2* 设想的可能性

4.7.9.3* 为新产品或解决方案发明实用的设备或工艺

4.7.9.4* 坚持知识产权制度

4.7.10* 实现与运行——创造并运行有价值的新产品、新服务

4.7.10.1* 领导实现和运行

4.7.10.2* 强调质量的重要性

4.7.10.3* 安全运行

4.8* 工程创业

4.8.1* 企业的组建、运营制度、组织与领导

4.8.1.1* 创办企业实体并建立财务基础

4.8.1.2* 构建支持团队的合作伙伴（银行、律师、会计等）

4.8.1.3* 考虑当地关于劳动的法律及其实践因素

4.8.1.4* 组建领导班子

4.8.1.5* 早期机构构建

4.8.1.6* 构建公司董事会

4.8.1.7* 公司顾问聘请

4.8.2* 商业发展规划

4.8.2.1* 需要填补的现实世界需求

4.8.2.2* 可以转换成产品的技术

4.8.2.3* 一支可以开发产品的团队

4.8.2.4* 发展计划

4.8.2.5* 资金使用计划

4.8.2.6* 流动性管理策略

4.8.3* 企业投资与财务管理

4.8.3.1* 企业到达下一个主要发展节点所需资本及时间要求

4.8.3.2* 作为资本来源的投资者管理

4.8.3.3* 其他资金来源(政府等)管理

4.8.3.4* 投资结构(条款、价格等)管理

4.8.3.5* 为投资者做财务报表分析

4.8.3.6* 资产管理

4.8.3.7* 支出与企业里程碑式的发展点

4.8.4* 弹性化的产品市场

4.8.4.1* 潜在市场规模

4.8.4.2* 竞争分析

4.8.4.3* 市场渗透策略剖析

4.8.4.4* 产品定位

4.8.4.5* 客户关系

4.8.4.6* 产品定价

4.8.4.7* 产品销售

4.8.4.8* 客户分布

4.8.5* 构想产品、服务及技术支持

4.8.5.1* 分析可用的新技术

4.8.5.2* 评估技术的准备情况

4.8.5.3* 评估企业基于技术的创新能力

4.8.5.4* 评估技术对产品的影响

4.8.5.5* 通过合作伙伴、许可证等取得技术

4.8.5.6* 生产技术团队

4.8.6* 组建创新体系、人际关系、基础设施与资金支持

4.8.6.1* 企业成功的各种关系

4.8.6.2* 企业领导的传帮带

4.8.6.3* 对财务服务提供支持

4.8.6.4* 建立投资者网络

4.8.6.5* 供应商

4.8.7* 创建开发团队、展开工程进度(构思、设计、实现和运作)

4.8.7.1* 组建合适的组合各种技能的团队

4.8.7.2* 启动技术过程

4.8.7.3* 构建工程文化

4.8.7.4* 构建企业流程

4.8.8* 管理知识产权

4.8.8.1* 产品或技术的知识产权全景

4.8.8.2* 知识产权战略进攻和防御

4.8.8.3* 申请专利和临时专利

4.8.8.4* 知识产权的法律支持

4.8.8.5* 借助于技术的创业机会

4.8.8.6* 可以创建产品和系统的技术

4.8.8.7* 创业企业的财务和组织

附录 B　CDIO 标准

B.1　CDIO 标准 1.0 版

背景

一项旨在改革本科工程教育的主要国际项目是在 2000 年 10 月发起的,这个被称为 CDIO 工程教育改革的项目已扩展到全世界,包括了各种工程类专业的教育。该项目的愿景是为学生提供一种强调工程基础的、建立在真实世界的产品和系统的构思—设计—实现—运行(CDIO)过程的环境基础上的工程教育。CDIO 改革的三个总体目标是把学生培养成能够:

- 掌握深厚的技术基础知识;
- 领导新产品和新系统的开发和运行;
- 理解技术的研究与发展对社会的重要性和战略影响。

CDIO 改革开发了一套资源,专业培养可利用这些资源来实现上述目标。这些资源支撑课程计划的制订,该课程计划建立在相互支撑的多种学科基础之上,让学生在这些学科的学习经验中融入个人、人际交往能力及产品、过程和体系建造能力。让学生们能够在教室里或现代学习实践环境中体验丰富的设计—制作经验、主动学习和经验学习的体验。本文件描述了作为这些资源之一的 CDIO 的标准。想要了解更多关于 CDIO 工程教育的信息,请登录网址 http://www.cdio.org。

CDIO 的标准

2004 年 1 月,CDIO 改革采用 12 条标准来描述满足 CDIO 要求的专业培养。这些标准旨在回应课程计划的制订者、校友和工业界中想要知道如何认证CDIO专业的人士以及由CDIO专业培养的毕业生。因此，这些CDIO标准可用来定义一个CDIO专业所应该具备的突出特点，作为教学改革和评估的指南，设立了世界通行的实施CDIO的基准和目标，并提供持续改进的框架。

CDIO的12条标准分别考查专业培养理念(标准1)，课程计划的制订(标准2、3、4)，设计—实现的经验和实践场所(标准5、6)，教与学的方法(标准7、8)，教师提高(标准9、10)，考核和评估(标准11、12)。这12条标准中有7条是最根本的，因为这7条标准(用*号即表示这些基本的标准)体现了CDIO专业培养与其他教育改革的不同之处。另外5条反映了工程教育的最佳实践，作为补充标准可丰富CDIO培养的内容。

对以下列出的每条标准，描述解释标准的具体含义，理由陈述设置本标准的原因，证据列举可用以证明符合本标准的文件和事例。

标准1:背景环境*

采用这样一个基本原理，此原理将产品、过程和系统生命周期的开发与运用即构思—设计—实现—运行作为工程教育的背景环境。

描述:CDIO专业基于CDIO基本原理:产品、过程和系统的生命周期的开发与实现是适合的工程教育的背景环境。构思—设计—实现—运行是整个产品、过程和系统生命周期的一个模型。构思阶段包括确定客户需求、考虑技术、企业战略和法规，以及制定概念、技术和商业计划。第二阶段，即设计阶段则主要集中在完成具体的设计，即描述实现设计的计划、制图及算法。实现阶段，则是把设计的内容转化为实际的产品、过程或系统，包括制造、编译、测试和产品认证。最后阶段是运行阶段，利用实现了的产品或过程来取得预期的价值，也包括系统的维护和进化及退役。

把产品、过程或系统的生命周期作为工程教育的背景环境是因为它是一个可以将技术知识和其他能力的教、练、学融为一体的一个文化构架或环境。当全体教师明确转向CDIO培养，且专业领导长期坚持CDIO理念的改革时，即可认为CDIO原则已为本专业培养中所采用了。

理由:新工程师应能在现代基于团队协作的环境中构思—设计—实现—运行复杂的、高附加值的产品、过程或系统。他们应能在工程组织中参与工程过程并对工程产品的开发有所贡献，这是职业工程师所应具备的基本素质。

证据:

· 在使命宣言或相关负责单位的文件中明确表明本专业是基于CDIO理念的专业培养；

· 教师和学生都能够解释将产品、过程或系统的生命周期作为工程教育背景环境的原则。

标准 2:学习效果*

具体和详细的学习效果——与专业目标一致，并得到利益相关者验证的个人、人际交往能力，产品、过程和系统建造能力，以及学科知识。

描述：把这些知识、能力和态度等列为预期的工程教育的结果，即CDIO能力大纲中的学习效果。这些学习效果详细规定了学生毕业时应学到的知识和应具备的能力。除了对技术学科知识（第1方面）的要求外，CDIO能力大纲也详列了个人、人际能力及产品、过程和系统建造能力的要求。个人能力（第2方面）的要求侧重于学生个人认知和情感发展，例如工程推理和解决问题的能力、实验和知识探索能力、系统思维、创新思维、批判思维和职业道德。人际交往能力（第3方面）的要求则侧重于个人和群体的互动，如团队工作、领导能力及沟通。产品、过程和系统建造能力（第4方面）则考察在企业、商业和社会环境下的关于产品、过程和工程系统的构思、设计、实现与运行。

为了使专业培养目标同工程实践保持一致，学习效果要通过对工科毕业生有关联的利益相关者和组织审查和认定。另外，利益相关者也帮助确定每一项学习效果所应达到的熟练程度或标准。

理由：设置具体的学习效果有助于确保学生取得未来发展的基础。工程职业社团和有代表性的企业已经列出了新工程师在技术上和职业操守上所需具备的重要素质。此外，许多工程教育认证机构也期待一个专业确定本科专业的学习效果，也就是学生经过培养后所获得的知识、能力和态度。

证据：

· 专业的学习效果中列出其毕业生所需获得的知识、能力和态度；

· 学习效果的内容和熟练程度是通过主要利益相关者的认可所确立的，主要利益相关者包括教师、学生、校友和工业代表等。

标准 3:一体化课程计划*

是一个由相互支持的专业课程和明确集成个人、人际交往能力，产品、过程和系统建造能力为一体的方案所设计出的课程计划。

描述:一体化课程计划要给学生提供一种学习经验,这些学习经验不仅让学生学到相互支持的各种学科知识,而且有明确的计划能让学生在学习过程中同时获取个人、人际交往能力及产品、过程和系统建造能力(标准 2)。当各学科的内容和学习效果之间有明确的关联时就可以认为学科间是相互支持的。而明确的计划是指整合这些能力和多学科知识的方法,例如将某一具体能力的培养落实到组成教学大纲的某些课程和课外活动中。

理由:个人、人际交往能力及产品、过程和系统建造能力的培养不应被视为专业课程计划之外的内容,而应该视为整个课程计划不可分割的一部分。为了达到预期的包含学科知识和能力的目标,教学大纲和学习经验必须充分利用已有时间。教师通过在各自的学科领域内建立本学科同其他学科的联系,并在各自的课程教学中为学生创造获取具体能力的机会,从而在一体化课程计划的设计上发挥积极作用。

证据:

- 一个书面计划明确阐明各学科知识的联系和个人、人际交往能力及产品、过程和系统建造能力;
- 课程和课外活动中包括具体能力的培养;
- 教师和学生意识到在教学大纲中的这些能力。

标准 4:工程导论

是一门工程导论课程,它提供产品、过程和系统建造中工程实践所需的框架,并且引出必要的个人和人际交往能力。

描述:导论课程通常是最早开设的一门的专业必修课,它为学生提供一个工程实践的框架。这个框架大致勾勒出一个工程师的任务和职责,以及如何应用学科知识来完成这些任务。学生通过解决简单的问题和简单的设计练习,以独立或团队的形式参与工程实践。这个课程还包括个人和人际交往的知识、能力和态度的训练,这些能力对学生今后进行更高级的产品、过程和系统建造能力的培养至关重要。例如,学生可以参加小团队的练习,为以后加入较大的开发团队做好准备。

理由:导论课程的重点是通过相关核心工程学科的应用来激发学生对工程领域的兴趣,明确学习动机。学生们选读工程专业通常是因为他们想要建造一些东西,导论课程正可以利用学生的这一心理实现他们的兴趣。此外，导论课程还为学生CDIO能力大纲要求的主要能力的发展提供了一个较早的起步。

证据：

· 介绍个人、人际交往能力及产品、过程和系统建造能力等综合的学习经验；

· 学生获取了标准2中要求的能力；

· 激发了学生对他们专业的较浓厚的兴趣，可以从问卷调查或今后课程的选修上来反映。

标准5:设计—实现的经验*

在课程计划中包括两个或更多的设计—实现的经验，其中一个为初级的，一个为高级的。

描述:设计—实现的经验是指以新产品和系统的开发为中心的一系列工程活动。包括了在标准1中设计阶段和实现阶段所描述的全部活动，以及在构思阶段的某些概念设计。学生在一体化教学大纲的设计—实现的经验中获取工程知识及产品、过程和系统的建造能力。设计—实现的经验按其规模、复杂度和培养中的顺序分为初级或高级。例如，初期的项目用较简单的产品和系统，而较复杂的设计—实现的经验则出现在后来的课程设计中，这将有助于学生把前述的课程和学习活动中所学到知识和能力整合到一起。产品、过程和系统的构思、设计、实现及运行的机会也可以包含在课外活动中，如本科研究项目和实习。

理由:为了帮助学生在初期工程实践活动中成功，设计—实现的经验的结构和顺序是经过精心设计的。复杂度逐步加深的一系列设计—实现的经验能够强化学生对产品、过程和系统开发过程的了解；同时也能让学生更深入地理解学科知识。强调在实际环境中制造产品和实现设计能让学生有机会把所学到的理论知识和他们的职业兴趣联系起来。

证据：

· 课程计划中有两个或两个以上的设计—实现课程(如一个导论课程和一个高级课程的部分内容)；

· 要求有设计—实现的经验的课外活动机会(如研究实验或实习)；

· 具体的、能为以后的学科学习打下基础的动手学习经验。

标准6:工程实践场所

工程实践场所和实验室能支持和鼓励学生通过动手学习产品、过程和系统建造能力,学习学科知识和社会学习。

描述:学习环境包括传统的学习空间,例如,教室、演讲厅、研讨室,以及实践场所和实验室。实践场所和实验室在辅助学科知识的学习的同时,辅助产品、过程和系统建造能力的培养。实践场所和实验室内强调在实践中学习,学生不仅从事自己的学习,并且有社会学习的机会,换句话说就是一个可以让学生相互学习并且可以进行团队互动的场所。新的实践场所的创建或现有实验室的改造的规模取决于专业规模和学校的资源。

理由:实践场所和其他支持动手学习的学习环境是学习设计、实现和运行产品、过程和系统所必须具备的基本资源。当学生使用具备现代工程的工具、软件和实验室时,他们就有机会通过实践来发展他们的知识、能力和团队精神,提高产品、过程和系统建造能力。学生的这些能力在以学生为中心、直接和互动的实践场所内能得到最好的发展。

证据:

- 配备现代工程工具的实践场所;
- 实践场所以学生为中心,方便学生使用、操作和互动;
- 教师、员工和学生对实践场所的满意度高。

标准7:一体化学习经验*

一体化学习经验带动学科知识与个人、人际交往能力,产品、过程和系统建造能力的获取。

描述:一体化学习经验是一种教学方法,旨在培养学科知识学习的同时培养个人、人际交往能力及产品、过程和系统建造能力。这种经验是把工程实践问题和学科问题相结合,例如,学生可以考虑将产品的分析、产品的设计,以及产品设计者的社会责任融入同一练习中进行。工业合作伙伴、校友及其他利益相关者往往可以提供这类练习的案例。

理由:标准2和标准3所描述的课程计划和学习效果,必须有一套充分利用学生学习时间的教学方法才能实现。此外,学生要以教师作为职业工程师的榜样,指导自己对学科知识,个人、人际交往能力及产品、过程和系统建造能力的学习。有了一体化的学习经验,教师可以更有效地帮助学生把学科知识应用到工程实践中，并且能让学生们做好更充分的准备，以达到职业工程师的要求。

证据：

- 在学习活动和学习经验中整合了学科知识和个人、人际交往能力及产品、过程和系统建造能力；
- 有工程经历的教师直接参与一体化教学实践；
- 工业合作伙伴和其他利益相关者参与筹划一体化学习经验。

标准8：主动学习

基于主动经验学习方法的教与学。

描述：主动学习方法让学生致力于对问题的思考和解决。该方法不将重点放在被动的信息传递上，而放在让学生更多地从事操作、运用、分析和判断概念上。在一些以讲授为主的课程里，主动学习可包括如合作和小组讨论、讲解、辩论、概念提问，以及从学生那里得到他们对学习的反馈。当学生模仿工程实践进行如设计—实现项目、仿真、案例研究时，即可以看作是经验学习。

理由：当学生被要求对概念，尤其是对新概念进行思考时，他们必须做出明确的回答，这样，学生不仅能学到更多知识，而且能更好地认识到该学什么、该如何学。这个元认知的过程有助于提升学生的学习动力以取得计划的学习效果，并养成终身学习的习惯。用主动学习方法，教师可以帮助学生理解一些重要概念的关联，并能灵活将这个知识应用到其他的条件下。

证据：

- 通过考察或自我报告记录下来的主动学习方法的成功实施；
- 多数教师采用主动学习方法；
- 学生的学习效果好；
- 学生对学习方法高度满意。

标准9：提高教师的工程实践能力*

采取行动，提高教师的个人、人际交往能力及产品、过程和系统建造能力。

描述：一个CDIO专业为改善教师本身的能力提供支持，包括标准2所描述的个人、人际交往能力及产品、过程和系统建造能力。最好是在工程实践的背景下提升这些能力。教师提高的性质和范围取决于专业要求、学校的目的和学校的资源。提高教师能力的例子包括:学校留职到公司工作,同工业合作伙伴开展研究和教育合作项目,将具备工程经验作为聘用和晋升的要求,以及在校内的相关职业发展经验。

理由:如果期望让教师教授综合学科知识和标准 3、4、5、7 所列出的能力,包括个人、人际交往能力及产品、过程和系统建造能力,那么教师本身就应该具有这些能力。许多教授只在他们各自学科的基础知识和研究领域称得上是专家,但只有有限的工程实践和工商环境下的应用经验。此外,技术创新的快速发展需要不断地更新工程能力。教师需要提升他们的工程知识和能力,才能够为学生提供相关的例子,并为学生做好当代工程师的榜样。

证据:

- 通过考察或自我报告证明多数教师具备的个人、人际交往能力及产品、过程和系统建造能力;
- 一支高数量的具有工程实践经验的教师队伍;
- 学校有以这些职业能力的发展来评估和聘用教师的政策和措施;
- 对教师发展这些能力的资源承诺。

标准 10:提高教师的教学能力

采取行动,提高教师在提供一体化学习,使用主动经验学习方法和考核学生学习等方面的能力。

描述:一个 CDIO 专业应支持教师自身能力的提高,包括在一体化学习经验(标准 7),主动和经验学习(标准 8),以及学生学习考核(标准 11)能力的提高。教师发展的性质和范围取决于专业的要求和学校的要求。支持提高教师教学能力的行动例子包括:支持教师参与校内外师资交流的计划,教师间交流实践经验和想法的平台,强调效果评估和引进有效的教学方法。

理由:如果教师期望采用标准 7、8、11 所描述的新方法来教学和考核,那么他们需要有机会去发展和提高这些能力。许多大学都有教师进修计划和服务,这些部门也许很希望能与参与 CDIO 培养的教师合作。此外,既然 CDIO 专业强调教学、学习和考核的重要性,它也必须承诺提供足够的资源使教师在这些方面得到发展。

证据：

- 通过考察或自我报告记录证明大多数教师具有教学、学习和制订考核方法的能力；
- 大学有政策和方法考查有效教学并以此作为对大学教师评估和聘用的一个依据；
- 对教师发展这些能力做出资源承诺。

标准 11：学习考核*

考核学生在个人、人际交往能力，产品、过程和系统建造能力。以及学科知识等方面的学习。

描述：学生学习考核是对每个学生取得的具体学习成果度量。老师通常在各自的课程中进行这些考核。有效的考核方法要采用不同的方式以配合相应的学习成果，学习成果包括标准 2 所列出的学科知识，个人、人际交往能力，产品、过程和系统建造能力等。考核方法包括笔试和口试，观察学生的表现，评定量表，学生的回顾总结、日记、作业卷案、互评和自评等。

理由：如果我们重视个人、人际交往能力，产品、过程和系统建造能力等，并把他们纳入课程内容和学习经验，那么我们必须拥有有效的考核过程来衡量它们。不同类别的学习成果需要不同考核方法。例如，与学科知识相关的学习效果可以通过口试或笔试来进行，而那些与设计—实现相关的能力则最好通过实际观察记录来考查。采用多种考核方法以适合于更广泛的学习风格，并增加考核数据的可靠性和有效性，这样，对学生学习效果的判定就具有更高的可信度。

证据：

- 具有与所有学习效果相适应的各种考核方法；
- 考核方法的成功实施；
- 多数教师采用适当的考核方法；
- 学生成绩的确定建立在可靠、有效的数据基础之上。

标准 12：专业评估

是一个对照 12 条标准评估专业，并以持续改进为目的，向学生、教师和其他利益相关者提供反馈的系统。

描述：专业评估是对 CDIO 的实施进展和是否达到既定目标的一个

总体判断。一个 CDIO 专业的实施要通过这 12 条标准来进行评估。专业总体评估的依据包括收集课程评估报告、教师总结、新生和毕业生的访谈、外部评审报告，以及对毕业生和雇主的跟踪研究等。这些结果可定期向教师、同学、校友、专业管理者及其他利益相关者通报。这种反馈是更新和不断完善 CDIO 的实施和计划的基础。

理由：专业评估的一个关键作用是确定实施的效果和达到预期目标的效率，在评估的过程中收集到的证据同时又是持续改善计划的基础。例如，如果在外部调查中大多数学生报告说他们无法取得某些学习效果，那么就应该制订一个计划，找出根源并实施改进方案。此外，许多外部评估和认证机构也要求有定期和一致性的专业评估。

证据：

- 用多种评估方法采集学生、教师、专业负责人、校友及其他利益相关者的反馈；
- 明文规定的基于专业评估结果的持续改进机制；
- 作为持续改进机制的一部分的量化证据。

B.2　CDIO 标准 2.1 版

背景

2000 年 10 月发起的，旨在改革本科工程教育的重要国际项目——CDIO 工程教育改革项目，已扩展到世界范围内的工程类专业。该项目的愿景是为学生提供一种强调工程基础，以真实世界的产品、过程和系统的构思—设计—实现—运行作为背景环境的工程教育。CDIO 改革的三个总体目标是把学生培养成能够：

- 掌握深厚的技术基础知识；
- 领导新产品和新系统的开发和运行；
- 理解技术的研究与发展对社会的重要性和战略影响。

CDIO 改革开发了供各专业为实现上述目标而使用的一套资源。这些资源支撑课程计划的制订，该课程计划建立在相互支撑的多种学科基础之上，为学生提供的这些学科的学习经验中融入个人、人际交往能力及产品、过程和系统建造能力。让学生们能够在教室里或现代学习实践环境中获得丰富的设计—实现的经验、主动学习和经验学习的体验。本文档描述了作为这些资源之一的 CDIO 的标准。想要了解更多关于 CDIO 工程教育的信息，请访问网站 http://www.cdio.org。

CDIO 的标准

2004 年 1 月，CDIO 改革采用 12 条标准来描述满足 CDIO 要求的专业培养。这些标准旨在回应课程计划的制订者、校友和工业界想要知道如何认证 CDIO 专业和由 CDIO 专业培养的毕业生。结果表明，这些 CDIO 标准详细说明了一个满足 CDIO 要求的专业的突出特点，可作为教学改革和评估的指南，设立了世界通行的实施 CDIO 的基准和目标，并提供持续提高的框架。这些标准也可以作为专业论证框架。

CDIO 的 12 条标准分别考查专业培养理念(标准 1)，课程计划的制订(标准 2、3、4)，设计—实现的经验和实践场所(标准 5、6)，教与学的方法(标准 7、8)，教师提高(标准 9、10)，考核和评估(标准 11、12)。在本文档中列出的每条标准，都分别从解释描述、设置理由和评估量规等三个方面进行说明。

描述：详细阐述标准内容，解释标准含义，给出标准的背景信息，并定义主要术语。

理由：基于教育研究、工程和高等教育最佳实践，给出标准设置的原因，并对基于 CDIO 标准，区分 CDIO 方法和其他工程教育改革的途径进行解释。

量规：量规是一个等级评定的评分指南。CDIO 标准的量规是用于评定对该标准符合程度的六点量表，量表中各等级标准的制定依据是 CDIO 标准的描述和理由。量规中等级标准具有层次性，即如果符合某等级的标准，就意味着符合比该等级更低的其他等级标准，同时量规强调对每个等级符合程度的证据性质。

自我评估：工程专业收集自己的证据，基于 CDIO 标准的量规，针对 12 条 CDIO 标准，对本专业的符合程度进行等级评定，即对 CDIO 标准的符合程度进行专业评估是一个自我报告过程。量规的通用模式如下表：

表 1　量规的通用模式

等级	标　　准
5	应用标准进行定期评估并用于改进的证据
4	有标准的实施计划被全面执行的文件证据及标准对专业各要素的影响证据
3	已经在专业各要素上，按该标准的实施计划开展实施
2	已经有标准的实施计划
1	已经认识到采用标准的必要性并且已经启动实施该标准的进程
0	没有标准相关的文件计划或活动

标准 1：背景环境

采用这样一个基本原理，此原理将产品、过程和系统生命周期的开发与运用即构思—设计—实现—运行作为工程教育的背景环境。

描述：CDIO 专业基于 CDIO 基本原理：产品、过程和系统的生命周期的开发与实现是适合的工程教育的背景环境。构思—设计—实现—运行是所有产品、过程和系统生命周期的一个模型。构思阶段包括确定客户需求、考虑技术、企业战略和法规，以及制定概念、技术和商业计划。设计阶段主要集中在完成设计，即描述实现设计的计划、制图，以及算法。实现阶段，则是把设计的内容转化为实际的产品、过程或系统，包括制造、编译、测试和产品认证。最后阶段是运行阶段，利用实现了的产品或过程来取得预期的价值，也包括系统的维护和进化，以及退役。

把产品、过程或系统的生命周期作为工程教育的背景环境是因为它是一个可以将技术知识和其他能力的教、练、学融为一体的一个文化构架或环境。当全体教师明确转向 CDIO 培养，且专业领导长期坚持 CDIO 理念的改革时，即可认为 CDIO 原则已为本专业培养中所采用了。

理由：新工程师应能在现代基于团队协作的环境中构思—设计—实现—运行复杂的、高附加值的产品、过程或系统。他们应能以专业水准在工程组织中参与工程过程并对工程产品的开发有所贡献，这是职业工程师所应具备的基本素质。

量规：

表 2 标准 1 量规

等级	标 准
5	专业采用 CDIO 基本原理得到所有利益相关者认可，并将 CDIO 基本原理作为专业持续改进的指南
4	有专业采用 CDIO 基本原理的文件证据并且在专业培养周期内实施
3	CDIO 在专业已经实施一年或以上
2	专业已经有采用 CDIO 基本原理的明确实施计划
1	专业已经有采用 CDIO 基本原理的意愿
0	专业没有采用 CDIO 基本原理(CDIO 作为工程教育的背景环境)的计划

标准 2：学习效果

具体和详细的学习效果——与专业目标一致，并得到利益相关者验证的个人、人际交往能力，产品、过程和系统建造能力，以及学科知识。

描述：把这些知识、能力和态度等列为预期的工程教育的结果，即 CDIO 能力大纲中的学习效果。这些学习效果详细规定了学生毕业时应学到的知识和应能具备的能力。除了对技术学科知识(第 1 方面)的要求外，CDIO 能力大纲也详列了个人、人际能力及产品、过程和系统建造能力的要求。个人能力(第 2 方面)的要求侧重于学生个人的认知和情感发展，例如工程推理和解决问题的能力、实验和知识探索能力、系统思维、创新思维、批判思维和职业道德。人际交往能力(第 3 方面)的要求则侧重于个人和群体的互动，如团队工作、领导能力、沟通，以及使用外语进行沟通。产品、过程和系统建造能力（第 4 方面）则聚焦于在企业、商业和社会环境下构思、设计、实现与运行系统方面。

为了与专业培养目标一致并与工程实践关联，学习效果要通过对工科毕业生有关联的利益相关者审查和认定。鼓励各专业根据 CDIO 能力大纲制定本专业的个性化大纲。另外，利益相关者也帮助确定每一项学习效果所应达到的熟练程度或标准。

理由：设置具体的学习效果有助于确保学生取得未来发展的基础。工程职业社团和有代表性的企业已经列出了新工程师在技术上和职业操守上所需具备的重要素质。此外，许多工程教育认证机构也期待一个专业确定本科专业的学习效果，也就是学生经过培养后所获得的知识、能力和态度。

量规：

表 3　标准 2 量规

等级	标　　准
5	基于利益相关者需求的改变，内外部利益相关者定期检查和修订专业学习效果和/或专业目标
4	专业学习效果与学校的愿景和使命相一致，并且所有学习效果都已经确定熟练程度
3	课程和/或专业的学习效果已经得到教师、学生、毕业生和工业界代表等本专业利益相关者的认定，并且所有学习效果都已经确定熟练程度
2	专业负责人、教师和其他利益相关者已经认可在课程、模块和专业层面要明确描述学习效果（融合知识，个人、人际能力，产品、过程和系统建造能力）的计划
1	已经认识到需要通过新建或修改，在课程、模块和专业层面设定融合知识，个人、人际能力，产品、过程和系统建造能力的学习效果的必要性，并且新建或修改过程已经启动
0	在课程、模块和专业层面没有设定明确的融合知识，个人、人际能力，产品、过程和系统建造能力的学习效果

标准 3：一体化课程计划

是一个由相互支持的学科课程和明确集成个人、人际交往能力，产品、过程和系统建造能力为一体的方案所设计出的课程计划。

描述：一体化课程计划要为学生提供一种学习经验，这些学习经验不仅让学生学到相互支持的各种学科知识以及专业工程中的应用，而且有明确的计划能让学生在学习过程中同时获取个人、人际交往能力及产品、过程和系统建造能力（标准 2）。当各学科的内容和学习效果之间有明确的关联时就可以认为学科间是相互支持的。而明确的计划是指整合这些能力和多学科知识的方法，例如将某一具体能力的培养落实到组成课程计划的某些课程和课外活动中。

理由：个人、人际交往能力，职业技能，以及产品、过程和系统建造能力的培养不应被视为专业课程计划之外的内容，而应该被视为整个课程计划不可分割的一部分。为了达到预期的包含学科知识和能力的学习效果，课程计划和学习经验必须充分利用已有时间。教师通过在各自的学科领域内建立本学科同其他学科的联系，并在各自的课程教学中为学生创造获取具体能力的机会，从而在一体化课程计划的设计上发挥积极作用。

量规：

表 4　标准 3 量规

等级	标　　准
5	内外部利益相关者定期检查专业的一体化课程计划，并提出相关建议，在必要时，对一体化课程计划进行调整
4	有证据表明学生已经获得预期的，关于个人、人际交往能力，产品、过程和系统建造能力的学习效果
3	被核准的集成个人、人际交往能力，产品、过程和系统建造能力的一体化课程计划已经在使用
2	集成个人、人际交往能力，产品、过程和系统建造能力的学习效果的课程计划已经被核准，并且该课程计划的实施程序已经启动
1	已经认识到需要对课程计划进行分析，并且在课程计划中对学科知识和能力的学习效果进行映射已经在进行中
0	在专业课程计划中，没有一门课程的学习效果整合了个人、人际交往能力，产品、过程和系统建造能力

标准 4：工程导论

是一门工程导论课程，它提供产品、过程和系统建造中工程实践所需的框架，并且引出必要的个人、人际交往能力。

描述：导论课程通常是最早开设的一门的专业必修课，它为学生提供一个工程实践的框架。这个框架大致勾勒出一个工程师的任务和职责，以及如何应用学科知识来完成这些任务。在该课程中，学生通过解决简单的问题和简单的设计练习，以独立或团队的形式参与工程实践。这个课程还包括个人和人际交往的知识、能力和态度的训练，这些能力对学生今后进行更高级的产品、过程和系统建造能力的培养至关重要。例如，学生可以参加小团队的练习，为以后加入较大的开发团队做好准备。

理由：导论课程的重点是通过相关核心工程学科的应用来激发学生对工程领域的兴趣，并强化他们的学习动机。学生们选读工程专业通常是因为他们想要建造一些东西，导论课程正可以利用学生的这一心理实现他们的兴趣。此外，导论课程还为学生CDIO能力大纲要求的主要能力的发展提供了一个较早的起步。

量规：

表5　标准4量规

等级	标　　准
5	根据学生、教师，以及其他利益相关者的反馈信息，对工程导论课程进行定期评估，在必要时进行改进
4	有学生取得工程导论课程预定学习效果的文件证据
3	包含工程学习经验并且引出基本的个人和人际交往能力的工程导论课程已经实施
2	开设提供工程实践框架的工程导论课程的计划已经被核准，并且该计划的实施已经启动
1	已经认识到需要开设提供工程实践框架的工程导论课程，并且实施计划的制定已经启动
0	专业没有开设提供工程实践的框架和引出主要能力的工程导论课程

标准5：设计—实现的经验

在课程计划中包括两个或更多的设计—实现的经验，其中一个为初级的，一个为高级的。

描述：设计—实现的经验是指以新产品和系统的开发为中心的一系列工程活动。包括了在标准1中设计阶段和实现阶段所描述的全部活动，以及在构思阶段的某些概念设计。学生在一体化的课程计划的设计—实现的经验中获取应用工程科学的能力及产品、过程和系统的建造能力。设计—实现的经验按其规模、复杂度和培养中的顺序分为初级或高级。例如,简单的产品和系统在培养初期引入,而较复杂的设计—实现的经验则出现在后来的课程设计中,这将有助于学生把前期的课程和学习活动中所学到的知识和能力整合到一起。产品、过程和系统的构思、设计、实现及运行的机会也可以包含在必修的课外活动中,如本科研究项目和实习中。

理由:为了帮助学生在初期工程实践活动中成功,设计—实现的经验的结构和顺序是经过精心设计的。复杂度逐步加深的一系列设计—实现的经验能够强化学生对产品、过程和系统开发过程的了解;同时也能让学生更深入地理解学科知识。强调在实际环境中制造产品和实现设计能让学生有机会把所学到的理论知识和他们的专业和职业兴趣联系起来。

量规:

表6 标准5量规

等级	标准
5	根据学生、教师,以及其他利益相关者的反馈信息,对设计—实现的经验进行定期评估和改进
4	有学生取得设计—实现的经验的预定学习效果的文件证据
3	至少有两个复杂度逐步加深的设计—实现的经验被实施
2	专业已经有开发初级的和高级的设计—实现的经验的计划
1	如何在课程计划中包含设计—实现的经验的需求分析已经实施
0	专业没有包括设计—实现的经验

标准6:工程实践场所

工程实践场所和实验室能支持和鼓励学生开展社会学习,以及在实践中学习学科知识和产品、过程和系统建造能力。

描述:学习环境包括传统的学习空间,例如,教室、演讲厅、研讨室,以及实践场所和实验室。实践场所和实验室在支持学科知识的学习的同时,支持产品、过程和系统建造能力的学习。实践场所和实验室内强调在实践中学习,学生不仅从事自己的学习,并且有社会学习的机会,换句话说就是一个可以让学生相互学习并且可以进行团队互动的场所。新的实践场所的创建或现有实验室的改造的规模取决于专业规模和学校的资源。

理由:实践场所和其他支持在实践中学习的学习环境是学习设计、实现和运行产品、过程和系统所必须具备的基本资源。当学生使用具备现代工程的工具、软件和实验室时,他们就有机会通过实践来发展他们的知识、能力和态度,以提高产品、过程和系统建造能力。学生的这些能力在以学生为中心、友好的、直接和互动的实践场所内能得到最好的发展。

量规:

表7　标准6量规

等级	标　　准
5	专业负责人、学生、教师和外部利益相关者定期评估实践场所的学习功能和学习目标,并提出改进建议
4	工程实践场所完全满足实践学习、知识学习和技能学习的需要
3	工程实践场所的建设计划已经在实施中,部分新建和改造的场所投入使用
2	包含利益相关者的内部评估小组已经对实践场所的教学功能和教学目标完成评估
1	已经认识到需要建设支持在实践中学习知识和能力的工程实践场所,并且已经着手解决
0	支持和鼓励学生开展社会学习及在实践中学习知识和能力的工程实践场所不充足或不符合要求

标准7:一体化学习经验

一体化学习经验带动学科知识与个人、人际交往能力,产品、过程和系统建造能力的获取。

描述:一体化学习经验是一种教学方法,旨在培养学科知识学习的同时培养个人、人际交往能力及产品、过程和系统建造能力。这种经验是把工程实践问题和学科问题相结合,例如,学生可以考虑将产品的分析、产品的设计,以及产品设计者的社会责任融入同一练习进行。工业合作伙伴、校友及其他利益相关者往往可以提供这类练习的案例。

理由:标准2和标准3所描述的课程计划和学习效果,必须有一套充分利用学生学习时间的教学方法才能实现。此外,学生要以教师作为职业工程师的榜样,指导自己对学科知识,个人、人际交往能力,以及产品、过程和系统建造能力的学习。有了一体化的学习经验,教师可以更有效地帮助学生把学科知识应用到工程实践中,并且能让学生们做好更充分的准备，以达到职业工程师的要求。

量规：

表 8　标准 7 量规

等级	标　　　准
5	对课程的一体化学习经验及成效定期开展评估和改进
4	有证据表明，依据一体化课程计划实施一体化学习经验的成效
3	在一体化课程计划的课程中，已经实施一体化学习经验
2	整合学科知识、个人和人际交往能力的学习效果及活动的课程计划已经被核准
1	为实现一体化课程计划，已经完成对现有课程计划的基准评估
0	没有证据表明开展了将学科知识和能力融合培养的一体化学习

标准 8：主动学习

基于主动经验学习方法的教与学。

描述：主动学习方法让学生致力于对问题的思考和解决。该方法不将重点放在被动的信息传递上，而放在让学生更多的从事操作、运用、分析和判断概念上。在一些以讲授为主的课程里，主动学习可包括如合作和小组讨论、讲解、辩论、概念提问，以及从学生那里得到他们对学习的反馈。当学生模仿工程实践进行如设计—实现项目、仿真、案例研究时，即可以看作是经验学习。

理由：当学生被要求对概念，尤其是对新概念进行思考时他们必须做出明确的回答，这样，学生不仅能学到更多，而且能更好地认识到该学什么、该如何学。这个过程有助于提升学生的学习积极性以取得计划的学习效果，并养成终身学习的习惯。用主动学习方法，教师可以帮助学生理解一些重要概念的关联，并能灵活地将这个知识应用到其他的条件下。

量规：

表 9　标准 8 量规

等级	标　　　准
5	内部和/或外部小组基于成果导向，定期检查各课程的主动学习活动，并且提出持续改进的建议
4	有文件证据表明，主动学习方法在课程计划的所有课程中得到有效实施

续 表

等级	标　　　准
3	主动学习方法在课程计划的所有课程中得到实施
2	已经有了在课程计划中的各课程中采用主动学习方法的计划和进程
1	已经意识到采用主动学习的益处，并且鼓励在课程中采用主动学习
0	没有证据表明采用了主动经验学习方法

标准9：提高教师的工程实践能力

采取行动，提高教师的个人、人际交往能力及产品、过程和系统建造能力。

描述：一个CDIO专业要为全体教师，提升标准2所描述的个人、人际交往能力及产品、过程和系统建造能力提供支持，最好是在工程实践的背景下提升这些能力。教师提高的性质和范围取决于专业要求、学校的目的和学校的资源。提高教师能力的例子包括：学校留职到公司工作，同工业伙伴合作开展研究和教育合作项目，将具备工程经验作为聘用和晋升的要求，以及在校内的相关职业发展经验。

理由：如果期望让教师教授综合学科知识和标准3、4、5、7所列出的能力，包括个人、人际交往能力及产品、过程和系统建造能力，那么教师作为一个群体，就应该具有这些能力。许多教授只在他们各自学科的知识和研究领域称得上是专家，但在工商环境下，其工程实践经验是有限的。此外，技术创新的快速步伐需要不断地更新工程能力。全体教师需要提升他们的工程知识和能力，才能够为学生提供相关的例子，并为学生做好当代工程师的榜样。

量规：

表10　标准9量规

等级	标　　　准
5	对教师个人、人际交往能力及产品、过程和系统建造能力，进行定期评估，并在需要时对教师这些能力进行保鲜
4	有证据表明，全体教师具有称职的个人、人际交往能力及产品、过程和系统建造能力
3	当需要时，教师能够参加提高教师个人、人际交往能力及产品、过程和系统建造能力的教师发展活动

续 表

等级	标 准
2	当需要时,有一个提高教师个人、人际交往能力及产品、过程和系统建造能力的教师发展的系统计划
1	已经认识到制订提高教师个人、人际交往能力及产品、过程和系统建造能力的教师发展计划的必要性
0	没有提高教师个人、人际交往能力及产品、过程和系统建造能力的计划或实践

标准10:提高教师的教学能力

采取行动,提高教师在提供一体化学习经验,使用主动经验学习方法和考核学生学习等方面的能力。

描述:一个CDIO专业应支持教师在一体化学习经验(标准7),主动和经验学习(标准8),以及学生学习考核(标准11)能力的提高。教师发展的性质和范围取决于专业的要求和学校的要求。支持提高教师教学能力的行动例子包括:支持教师参与校内外教师发展计划,提供教师间交流最佳实践和想法的平台,强调效果评估和引进有效的教学方法。

理由:如果教师期望采用标准7、8、11所描述的新方法来教学和考核,那么他们需要有机会去发展和提高这些能力。许多大学都有教师发展计划和服务部门,这些部门也许很希望能与CDIO专业的教师合作。此外,既然CDIO专业强调教学、学习和考核的重要性,它也必须提供足够的资源使教师在这些方面得到发展。

量规:

表11 标准10量规

等级	标 准
5	对教师教学、学习和考核的能力,进行定期评估,并在需要时对教师这些能力进行保鲜
4	有证据表明,全体教师共同努力,以提升教学、学习和考核的能力
3	教师持续参与关于考核方法、教学和学习方面的教师发展项目
2	已经制定了关于考核方法、教学和学习方面的教师发展系统计划,并且有相应的经费预算
1	需要进一步提高教学能力,已经在专业团队内得到认可和接受

续 表

等级	标　　准
0	没有提高教师教学能力的计划和实践

标准11:学习考核

考核学生在个人、人际交往能力,产品、过程和系统建造能力,以及学科知识等方面的学习。

描述:学生学习考核是对每个学生取得的具体学习成果度量。老师通常在各自的课程中进行这些考核。有效的考核方法要采用不同的方式以配合相应的学习成果,学习成果包括标准2所列出的学科知识,个人、人际交往能力,产品、过程和系统建造能力等。考核方法包括笔试和口试,观察学生的表现,评定量表,学生的回顾总结、日记、作业卷案、互评和自评等。

理由:如果我们重视个人、人际交往能力,产品、过程和系统建造能力等,并把他们纳入课程内容和学习经验,那么我们必须拥有有效的考核过程来衡量它们。不同类别的学习成果需要不同考核方法。例如,与学科知识相关的学习效果可以通过口试或笔试来进行,而那些与设计—实现相关的能力则最好通过实际观察记录来考查。采用多种考核方法以适合于更广泛的学习风格,并增加考核数据的可靠性和有效性,这样,对学生学习效果的判定就具有更高的可信度。

量规:

表12　标准11量规

等级	标　　准
5	内部和/或外部小组定期检查所使用的学习考核方法,并提出改进建议
4	有证据表明,所采用的学习考核方法具有匹配性
3	课程计划中所有课程的学习考核方法与课程学习目标相匹配
2	使学习考核方法与课程相匹配的计划已经制订
1	已经认识到需要进一步完善学习考核方法
0	采用了不充分,不恰当的或不一致的学习考核方法

标准12:专业评估

是一个对照12条标准评估专业,并以持续改进为目的,向学生、教师和其他利益相关者提供反馈的系统。

描述：专业评估是对 CDIO 的实施进展和是否达到既定目标的一个总体判断。一个 CDIO 专业的实施要通过这 12 条标准来进行评估。专业总体评估的依据包括收集课程评估报告、教师总结、新生和毕业生的访谈、外部评审报告，以及对毕业生和雇主的跟踪研究等。这些结果可定期向教师、同学、校友、专业管理者及其他利益相关者通报。这种反馈是更新和不断完善 CDIO 的实施和计划的基础。

理由：专业评估的一个关键作用是确定实施的效果和达到预期目标的效率，在评估的过程中收集到的证据同时又是持续改进计划的基础。例如如果在外部调查中大多数学生报告说他们无法取得某些学习效果，那么就应该制订一个计划，找出根源并实施改进。此外，许多外部评估和认证机构也要求有定期和一致性的专业评估。

量规：

表 13　标准 12 量规

等级	标　　准
5	有将持续的专业评估的结果，用于专业持续和系统的改进的文件证据
4	有文件证据表明，通过学生、教师、专业负责人、校友、企业界代表等主要利益相关方，对专业进行了评估
3	通过收集专业主要利益相关者（如学生、教师、专业负责人、校友、企业界代表等）的相关数据，对专业进行了评估
2	已经制订了一个持续的专业评估计划
1	已经认识到需要开展专业评估，并且已经开始制订所采用评估方法的基准
0	没有开展专业评估